Las Guías Visuales de España

EXTREMADURA

Las Guías Visuales de España

EXTREMADURA

EDITADO EN LA UE
Por NIF A-6142128

REALIZACIÓN Y PROYECTO GRÁFICO
Gil Sylvestre Miserachs Comunicación

REDACCIÓN
José María Campos (Historia y Gastronomía), Carlos Garrido Torres (Patrimonio Artístico y Monumental), J.L. Roig (Medio Natural), José Villamarín (Folclore, Costumbres y Tradiciones), Enric Balasc y Yolanda Ruiz (Rutas), Joan L. Escofet (Guía Práctica), Laura Manzanera y Felisa Vaquero (Textos de las ilustraciones y edición final), Berta Guillín Gontán (Índice), Irene Serra, Mariana Badia y Ana Manrique (Revisión de textos)

REPORTAJES FOTOGRÁFICOS
Prisma Archivo Fotográfico

ARCHIVOS FOTOGRÁFICOS
Prisma, Alfa Omega, J. Lorman, Boreal, Joan Massats, Lluís Echevarría, Tavisa (Aéreas), Montse Camps (Coordinación), Montserrat Roig, Isabel Pérez (Documentación)

ILUSTRACIONES
Gerard Fagot, Manel Ferrer (Rutas)

CARTOGRAFÍA
© 2000, Mairs Geograsphischer Verlag
D-73751 Ostfildern

MAQUETACIÓN
Albert Bernat, Mercedes Fernández

IMPRESIÓN
Printer Industria Gráfica, S.A.

Depósito legal: B. 28767-2000

ISBN: 84-492-1992-2

Nota del editor. La diversidad de formas toponímicas para designar un mismo enclave y, en ciertos casos, la escasa documentación por parte de las fuentes oficiales, obligan al editor a respetar el criterio de los autores, por lo que éstos se hacen responsables del contenido de la guía. Asimismo, debido al largo proceso que requiere la elaboración de una obra de estas características, determinados datos de la Guía Práctica y servicios en general son susceptibles de no concordar con la realidad en el momento de su publicación.

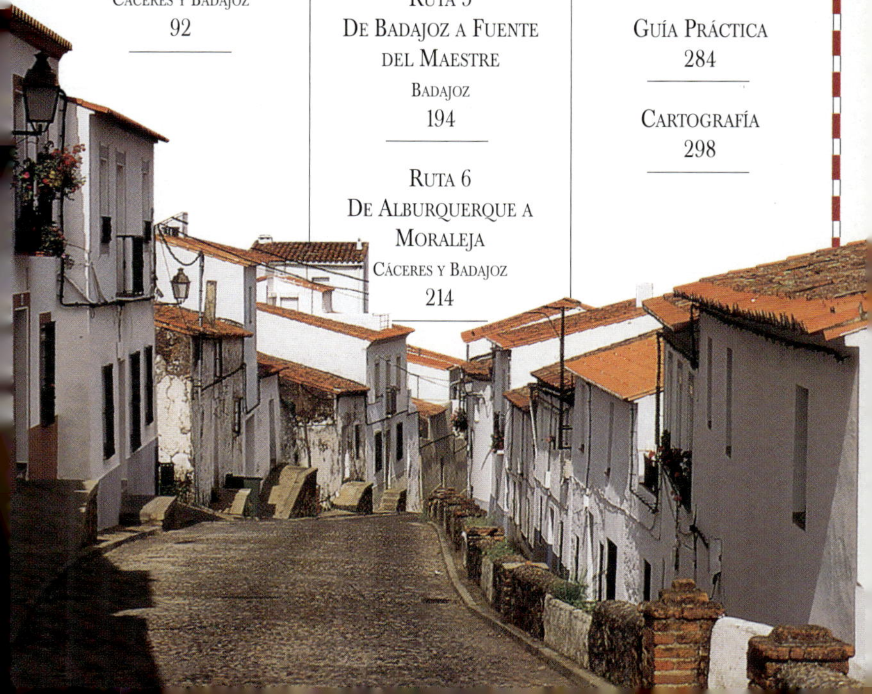

HISTORIA

Mezcla de culturas diversas en tierra de grandes conquistadores

Desde el esplendor de la antigua *Emerita Augusta* (Mérida), capital de una de las tres provincias romanas de *Hispania*, en la historia de Extremadura existen dos acontecimientos cruciales: el descubrimiento del Nuevo Mundo y los problemas del campo. En 1983, con la constitución de la comunidad autónoma, Mérida es designada capital y recupera, de este modo, el papel preponderante que había ostentado hace veinte siglos bajo el dominio del gran Imperio romano.

Vestigios de un recinto fortificado iberromano en el municipio de Quintana de la Serena, en la provincia de Badajoz. Los restos prehistóricos más antiguos encontrados en Extremadura corresponden al Paleolítico Inferior.

La Edad del Bronce está representada por las estelas funerarias decoradas, en las que aparecen ídolos y figuras esquemáticas antropromorfas. También se han encontrado broches, fíbulas, espejos y otros objetos. Arriba, ídolo prehistórico conservado en el Museo Arqueológico Provincial de Badajoz.

Aunque no existe una noción exacta de la aparición de los primeros núcleos habitados por el hombre en **Extremadura**, sí existen indicios que sitúan esa primera existencia humana en una época muy antigua, en torno a unos 20.000 años. De esa época son las valiosas pinturas rupestres halladas en el interior de la **cueva de Maltravieso**, en la provincia de Cáceres, pertenecientes al **Paleolítico Superior**. Y no distan mucho en el tiempo las pinturas halladas en diversas cuevas (**Castillo**, **Peine**, **Murciélago**), en el **Parque Natural de Monfragüe**, en la provincia de Cáceres. Precisamente la zona próxima al citado parque natural es rica en yacimientos y hallazgos prehistóricos, puesto que allí se han descubierto también las **estelas de**

Cronología

año 20000 a.C.
De esta época, aproximadamente, datan las valiosas pinturas rupestres de la cueva de Maltravieso (Cáceres).

siglo VI a.C.
Ruinas de Cancho Ruano (en Zalamea de la Serena), considerado presumiblemente un templo tartesio.

año 155 a.C.
Viriato comanda la revuelta de los lusitanos contra los romanos.

año 139 a.C.
Viriato es asesinado por dos traidores de su propia tribu.

Torrejón El Rubio (pertenecientes a la Edad del Bronce) y el **tesoro de Serradilla**, posiblemente de influencias fenicias y que puede tener un origen tartesio.

Cerca de las localidades de San Vicente de Alcántara y Valencia de Alcántara encontraremos la mayor concentración de dólmenes de Extremadura, lo que indica que allí hubo vida humana en una fecha muy primitiva.

Del tercer milenio antes de Cristo data el ídolo aparecido en **Rena**, uno de los más importantes de su época y que puede admirarse en el Museo Arqueológico Provincial de Badajoz. A la Edad del Bronce pertenecen las ***estelas de Cabeza de Buey***, hallados en la comarca de La Serena, y las numerosas pinturas rupestres halladas en abrigos y cuevas naturales de las sierras de **la Calderita**, del **castillo de Alange** y la del **arroyo de San Serván**.

Bastante más posterior es la presumible presencia del reino de **Tartessos** en tierras extremeñas.

Las ruinas de **Cancho Ruano**, en las cercanías de Zalamea de la Serena (Badajoz), descubiertas en el año 1978, llevan a considerar su pertenencia al todavía poco conocido mundo tartesio, por lo que pueden datar del siglo VI o VII a.C. Se trata de tres tem-

La época prehistórica mejor conocida de Extremadura es la que corresponde al megalitismo. En los alrededores de las localidades de San Vicente de Alcántara y Valencia de Alcántara es donde se encuentra la mayor concentración de dólmenes de toda la comunidad extremeña. Estos abundantes hallazgos demuestran que en esa zona hubo asentamientos humanos desde muy antiguo.

Los ritos de enterramientos colectivos en forma de dolmen se prolongaron hasta la Edad del Bronce. Arriba, ruinas de Cancho Ruano, cerca de Zalamea de la Serena, descubiertas en 1978. En otro tiempo fueron tres edificios tartesios superpuestos.

Roma no paga a los traidores, le dicen los generales romanos cuando pretenden cobrar su magnicidio.

año 25 a.C.
Los romanos fundan la colonia de *Emerita Augusta*, capital de la provincia de Lusitania. Es la actual capital de Extremadura, Mérida.

año 19 a.C.
Los romanos fundan la población de *Norbensis Caesarina*, origen de la actual Cáceres.

año 8 a.C.
Finalizan las obras del anfiteatro de *Emerita Augusta*.

Sobre estas líneas, escudo que preside la torre central del puente romano de Alcántara. Arriba, otro destacado puente romano, el de Medellín, sobre las aguas del Guadiana. A pie de página, vestigios del recinto de El Hijovejo, en Quintana de la Serena (Badajoz).

plos construidos con un lógico interés religioso y comercial, que se fueron superponiendo unos a otros hasta que fueron, finalmente, destruidos. Los objetos más interesantes hallados en estas ruinas se encuentran en el Museo Arqueológico Provincial de Badajoz. A estos mismos años pertenece el **carro de Mérida**, que está en Francia, concretamente en el museo de Saint Germain en Laye.

Arriba, un detalle del teatro de Medellín. Esta villa la fundó el cónsul Cecilio Metelo poco antes de la era cristiana. Sobre estas líneas, medallón procedente del pórtico del foro de Mérida, del siglo I, guardado en el Museo Nacional de Arte Romano de esta misma población.

■ EL MUNDO ROMANO

En Extremadura no parece que hubiera un paso intermedio entre la civilización tartesia y la romana. De hecho, no hallamos nada importante o reseñable en la historia extremeña hasta la aparición de las tropas romanas, en el siglo II antes de Cristo.

En la época romana, Extremadura formó parte de la provincia de la ***Lusitania***, una de las tres en que Augusto dividió la Península. Las otras dos fueron la *Tarraconense* (capital, Tarragona) y la Bética (capital, Hispalis). La capital de la provincia de *Lusitania* fue, como hoy, **Mérida**, entonces la colonia ***Emérita Augusta***, creada en el año 25 a.C. para acoger a los veteranos que venían de las durísimas guerras cántabras.

Cronología

año 7 a.C.
El cónsul Cecilio Metelo funda *Metellinum*, la actual ciudad de Medellín.

año 106
Durante la época del emperador Trajano se construye el puente de Alcántara (194 metros de longitud y 70 de altura).

año 303
Muere, tras sufrir martirio, Santa Eulalia, patrona y mártir emeritense.

año 441
Reguila, rey de los suevos, se hace con el control de todo el sur peninsular, incluyendo la Lusitania.

La romanización de Extremadura, como en el resto de la Península, estableció el latín como lengua oficial, posibilitó la introducción del cristianismo y mostró la belleza del arte clásico. Pero también impuso guerras ajenas a los indígenas.

Lápida romana en las murallas de la localidad cacereña de Coria, un buen ejemplo de la arquitectura militar del Bajo Imperio.

Los romanos han dejado muchísimas huellas de su paso por Extremadura, además de las maravillas que podemos admirar en Mérida. Al sur de la provincia de Cáceres, cerca de Casas de Reina, en plena vía de la Plata, estaba el núcleo de ***Regina***, en cuyo entorno los romanos explotaron diversos yacimientos mineros. En ***Regina*** se hallan los restos del **teatro romano**, construido en el siglo I de la era cristiana.

Romano es también el origen de **Zalamea de la Serena**. Su nombre en latín era ***Iulipa***, y de aquella época conserva un majestuoso **dístilo**, monumento funerario romano de origen griego, que debió alcanzar los 24 m de altura.

El cónsul Cecilio Metelo fundó la villa que dio origen a la actual **Medellín**. Y a los romanos se deben también las **termas de Alange** (utilizadas actualmente por el balneario del mismo nombre), posiblemente las mejor conservadas de la Península Ibérica.

Sobre estas líneas, moneda acuñada cerca de la colonia "Emerita Augusta" (Mérida), fundada en el 25 a.C. y capital de Lusitania.

VIRIATO

Pero para llegar a eso, **Roma** hubo de pacificar las tierras y a las tribus lusitanas. Y no le fue fácil. Los indígenas se pusieron a las órdenes de un inteligente pastor llamado **Viriato**, que durante años llevó a cabo

año 1022
El reino taifa de Badajoz se independiza del califato de Córdoba.

año 1169
Fernando II conquista Cáceres a los árabes.

año 1170
Los árabes levantan la alcazaba de Badajoz.

año 1186
Alfonso VIII de León funda la ciudad de Plasencia a orillas del río Jerte.

23 de abril de 1229
Alfonso IX de León reconquista Cáceres.

año 1230
Alfonso IX reconquista Badajoz.

Los romanos dejaron en Mérida un incomparable legado. Arriba, detalle del teatro, construcción circular con capacidad para 5.000 espectadores. Abajo, el puente, cuyos casi 800 metros de longitud lo convierten en el más largo conservado en España.

una eficaz guerra de guerrillas contra los romanos, que hubieron de traer nuevas fuerzas a las órdenes del cónsul **Fabio Máximo Emiliano**. Éste consiguió detener a los lusitanos, limitando su radio de acción. Pero Viriato no se rindió y siguió hostigando al invasor, lo que motivó que el nuevo cónsul, **Serviliano**, llegara a un acuerdo con él para cesar la lucha.

Pero el pacto no fue del agrado del general **Cepión**, que lanzó un nuevo ataque. Viriato, cansado de la lucha y ya con pocos hombres, buscó una paz concertada, pero los tres emisarios que envió para pactar terminaron por asesinarle, sobornados por sus enemigos. Cuando fueron a cobrar su premio, fueron expulsados del campamento romano al tiempo que les decían una frase que ha hecho historia: "Roma no paga a los traidores".

Viriato fue un destacado militar lusitano que luchó contra los romanos entre los años 155 y 136 a.C., obligándoles a firmar un tratado de paz. Sin embargo, Roma rompió el acuerdo y la lucha se reanudó hasta llegar a su fin con la derrota lusitana al ser asesinado Viriato por sus propios oficiales sobornados por Roma (arriba). Abajo, relieve de gladiadores en el Museo Nacional de Arte Romano de Mérida.

El esplendor de *Emerita Augusta*

Los primeros habitantes de la colonia de *Emerita Augusta* fueron los soldados veteranos que habían tratado de acabar con la resistencia de las tribus cántabras y vasconas en el norte de la Península. Augusto decidió potenciar la nueva ciudad,

Cronología

año 1232
Se inician las obras de la catedral de Badajoz.

año 1232
Fernando III el Santo conquista la ciudad de Trujillo.

mediados del siglo XIII

La orden de Santiago levanta el monasterio de *Tentudía*, en las primeras colinas de Sierra Morena.

año 1330
Alfonso XI ordena edificar el monasterio de Guadalupe sobre una pequeña iglesia anterior en estado ruinoso.

Detalle del magnífico mosaico que se conserva en el interior de la casa de Mitreo, en Mérida; representa a unos lagareros pisando uva. A la derecha, panorámica de las gradas y el escenario del anfiteatro de la ciudad. Esta colosal construcción de forma elipsoidal, datada del año 8 a.C., tenía capacidad para 14.000 personas.

Puerta de acceso al teatro de la ciudad de Mérida, la "Emerita Augusta", uno de los espléndidos vestigios que quedan de esta importante colonia romana. Fue construido por Marco Vispanio Agripa hacia el año 15 a.C. y se utilizó hasta finales del siglo IV. Es una gran construcción circular en la que cabían 5.000 espectadores. Estuvo durante siglos abandonado hasta que, en el siglo XIX, empezó a restaurarse. En la actualidad es el escenario de los Festivales de España de Teatro Clásico.

situada en una gran extensión de terreno, porque así también le daba un nuevo impulso a la provincia *Lusitania*, la más pobre de las tres de *Hispania*.

Pero el desvelo de Augusto se limitó a la ciudad y su entorno, descuidando el resto de la provincia. Las tierras circundantes convirtieron a Mérida en una de las capitales más espléndidas. Muchos colonos llegaron desde Roma para instalarse en los campos que la rodeaban. Los olivos crecieron de forma imparable y la fama del aceite extremeño llegó a la corte imperial.

Mientras, la ciudad se veía adornada y engrandecida con magníficos templos dedicados a Diana, a Marte y a la Concordia de Augusto. Y sus habitantes podían vivir los grandes espectáculos de la época en el **anfiteatro** y el **teatro**. La ciudad estaba perfectamente abastecida de agua, que llegaba a través de tres **acueductos**. Se conservan importantes restos del **de los Milagros**, de 830 metros, aunque el más largo era el **de San Lázaro** –también conocido como Rabo de Buey–, que alcanzaba los 1.600 metros y traía a la ciudad las aguas subterráneas del

año 1368
El rey Pedro I concede feria franca a la Puebla de Guadalupe, en torno a la festividad de la Virgen.

año 1380
El rey Juan I concede privilegios a la ciudad de Zafra y su Feria de San Miguel.

año 1404
Se construye el monasterio de Yuste, en Cuacos de Yuste (Cáceres).

año 1437
Se construye el alcázar de Zafra.

El espléndido arco de cuatro pilares, que puede verse actualmente en la localidad de Cáparra, es uno de los vestigios que quedan de la importante colonia fortificada de "Capera", en la antigua vía de la Plata. Esta ruta, la segunda columna vertebral del sistema de caminos de la Península, ayudó a aumentar la importancia de Mérida. Comunicaba dicha ciudad con la actual población de Astorga o "Asturica Augusta", en León.

entorno) desde el **pantano de Proserpina**, una gran obra de la ingeniería romana, el pantano mayor de su época, y que estaba a las afueras de Mérida. Mientras, una perfecta **red de alcantarillado** alejaba las aguas residuales de las casas.

■ LA VÍA DE LA PLATA

De la importancia que tuvo Mérida en la época romana existen, ya lo acabamos de leer, muchas pruebas. La creación de la **vía de la Plata** es otra razón más. Esta ruta fue la segunda columna vertebral del sistema de caminos que los romanos impusieron en la Península. La vía de la Plata seguía la antigua senda tartesia del estaño, comunicando *Emerita Augusta*

El acueducto de los Milagros (bajo estas líneas), en Mérida, se conserva todavía en bastante buen estado. La ciudad romana tenía tres acueductos, obras maestras de la ingeniería, que la abastecían de agua.

Cronología

año 1475
Nace, en Jerez de los Caballeros, Núñez de Balboa, que en el año 1513 cruzará el istmo de Panamá y descubrirá el océano Pacífico.

año 1477
Isabel la Católica jura los fueros y privilegios de Cáceres.

año 1478
Nace en Trujillo Francisco Pizarro, futuro descubridor y conquistador de Perú.

año 1480
Se inicia la construcción de la catedral de Plasencia.

En las dos imágenes superiores, uno de los monumentos de Mérida, el llamado hornillo de Santa Eulalia, martirizada en esta ciudad. Se edificó en el siglo XVIII con capiteles, columnas y friso del antiguo templo romano de Marte. Abajo, dos ejemplos del arte islámico en Extremadura.

con *Asturica Augusta* (la actual Astorga, en León), también colonia romana, situada mucho más al norte. Ese camino aún daba mayor importancia estratégica a Mérida, porque eso hacía que en la colonia romana de Extremadura confluyeran los caminos secundarios que desde Córdoba y Lisboa llegaban a la Meseta y al Ebro.

En la vía de la Plata construyeron los romanos una colonia fortificada, *Capera* (actual Cáparra), entre cuyos restos destaca el majestuoso arco tetrapilón, de cuatro pilares y otros tantos arcos, que merece la pena observar tras una magnífica restauración.

Abajo, monumento a Santa Eulalia, en la ciudad de Mérida. Se halla sobre tres reproducciones de aras votivas romanas.

■ El final del dominio romano

Antes de la caída del Imperio romano, hacia el siglo III aparecieron las primeras comunidades cristianas en Mérida, concretamente después de las persecuciones ordenadas por los emperadores **Decio** y **Diocleciano**. De esa época es la mártir Santa Eulalia, que fue ejecutada en suplicio en la propia Mérida, seguramente en el mismo lugar donde ahora se alza la **iglesia de Santa Eulalia**, edificada sobre la que, en el siglo IV, se erigió a la santa mártir, y en la que está el llamado **hornillo de Santa Eulalia**, uno de los escenarios de su suplicio.

En el año 411 empezaron a entrar los pueblos **bárbaros** en la Península. Uno de estos grupos, concretamente el de los **alanos**, ocupó buena parte de la **Lusitania** romana. Pero no había tranquilidad, como lo prueba el hecho de que la llegada de otro

año 1485
Nace, en Medellín, Hernán Cortés, futuro descubridor y conquistador de México.

año 1497
Nace, en Villanueva de la Serena, Pedro de Valdivia, descubridor de Nueva Extremadura, actual Chile.

pueblo, el de los **vándalos**, motivó ciertos cambios en el orden establecido. Los vándalos, en el año 428, derrotaron a los **suevos** –que habían establecido sus reales en el noroeste de la Península, donde crearon el reino suevo de Galicia, pero que tenían la idea de ensanchar sus dominios– muy cerca de Mérida. Sin embargo, pueblo inquieto por naturaleza, en lugar de disfrutar de su victoria, los vándalos prosiguieron su camino hasta pasar al norte de África, donde se instalaron definitivamente, al menos hasta la llegada de los ejércitos árabes desde Oriente.

El arte visigodo es el resultado de la fusión del hispanorromano, del bizantino y de la aportación germánica de los visigodos. Abajo, lápida de la taifa de Badajoz.

Sobre estas líneas, Rodrigo. Arriba, el rey visigodo Agila, asesinado en Mérida. Las dos fotografías superiores corresponden a la alcazaba de Mérida.

■ LOS VISIGODOS

Desde el año 469, Mérida se convierte en centro estratégico de la España visigoda. No existen muchos recuerdos del pasado visigodo en Mérida, pero aún podemos observar unas hermosas pilastras visigodas en la entrada y en el interior del aljibe de la **alcazaba árabe**, así como diversos restos arqueológicos hallados durante las excavaciones realizadas en la **basílica de Santa Engracia**. De la época visigoda –además de las lápidas, las inscripciones y las columnas que podemos contemplar en el Museo Arqueológico de Cáceres–, queda como mejor recuerdo la **basílica de Santa Lucía de Alcuéscar**, situada a medio camino entre Mérida y Cáceres. Se trata muy posiblemente de uno de los más perfectos conjuntos de construcción rural edificados durante la época visigosa en la Península Ibérica. Su construcción data del siglo VII.

Cronología

año 1511
Nace, en Trujillo, "cuna de conquistadores" Francisco de Orellana, futuro descubridor del río Amazonas.

septiembre de 1556
Carlos I abdica de todos sus reinos y se retira al monasterio de Yuste, donde morirá dos años después.

año 1593
Se funda la Real Fábrica de Armas de Plasencia.

año 1598
El pintor Francisco de Zurbarán nace en Fuente de Cantos (Badajoz).

La ciudad de Trujillo empezó a adquirir importancia con la llegada de los árabes. Abajo, un dinar de oro.

Abajo, una imagen de don Rodrigo. Arriba, panorámica de Trujillo desde el castillo de origen árabe. Arriba, a la derecha, vista general de la alcazaba musulmana de Mérida.

■ En poder de los árabes

Una vez unificada la Península bajo la **corona visigoda**, Extremadura vive unos años de cierta tranquilidad hasta que, en el año 711, los árabes cruzan el estrecho de Gibraltar y tras derrotar a don Rodrigo en la batalla de Guadalete se ven con fuerzas suficientes como para quedarse en el país y hacerse dueños de él, en vez de ser una simple tropa mercenaria como en un principio había sido acordado. Imparables, los ejércitos árabes se extienden por la Península, cayendo buena parte de la región extremeña en su poder a lo largo de los primeros años de su conquista. Durante varios siglos, Extremadura es territorio musulmán, aunque haya algunos cambios de bando sin demasiada importancia. Así, por ejemplo, en el año 1169, el rey de Portugal, **Alfonso Henriques**, reconquista **Badajoz** –que se había convertido en taifa y que conserva la mejor alzacaba de la región– pero vuelve a perder la plaza poco tiempo después.

Los árabes dominaron el territorio extremeño durante varios siglos. Y algunas poblaciones, como Zafra, aún conservan su característico trazado musulmán.

Hay poblaciones, como **Zafra** (*Sajra*, para los árabes) que conservan perfectamente el trazado antiguo de sus callejuelas y plazas procedente de los árabes, y en las que se adivinan el interés comercial y militar que éstos tuvieron en tierras extremeñas.

siglo XVI
Las dificultades económicas y la peste despueblan Extremadura, miles de cuyos hijos parten a la aventura americana.

siglo XVI
Juan de Herrera construye el puente sobre el Guadiana, en Badajoz, que tiene 628 metros de longitud.

año 1764
Brotes de agitación social en la región, que llevan a Carlos III a limitar los privilegios de la nobleza, dueña de gran parte de la tierra.

Alfonso VIII, rey de Castilla, consiguió reconquistar Plasencia en 1198. Arriba, "Abolición de la orden del Temple", según un grabado del siglo XIX. Bajo estas líneas, una brújula medieval.

■ ENTRE LEÓN Y CASTILLA

Unos años más tarde, en el 1198, Alfonso VIII de Castilla conquista **Plasencia**, y Alfonso IX de León (el último rey estrictamente leonés) toma buena parte del territorio extremeño a los musulmanes. De este modo, importantes enclaves como **Cáceres**, **Mérida**, **Badajoz** y **Montánchez** fueron liberados definitivamente entre los años 1227 y 1230. La localidad de **Montemolín,** al sur de la actual provincia de Cáceres, fue la última posesión musulmana en Extremadura fue conquistada por las tropas cristianas en el año 1248.

Extremadura fue, durante años, tierra fronteriza, lo que motivó que una buena parte de su territorio estuviera deshabitado. Por ello, el rey de León repobló la región, aunque haciéndolo de una forma lenta, hecho por el que la mayoría de edificaciones religiosas se han levantado sobre antiguas mezquitas y alcazabas árabes. La repoblación se hizo mayoritariamente con gentes que provenían del norte, al tiempo que el rey entregaba grandes partes del territorio a las órdenes militares, que se habían distinguido en su apoyo y que dominarían absolutamente la comarca, como las **órdenes del Temple**, **Alcántara** y **Santiago**.

Ese obsequio a las órdenes provocó numerosos e importantes enfrentamientos con las ciudades, sobre todo a lo largo del

Las órdenes militares, principalmente las del Temple, Alcántara y Santiago dominaron por completo la región extremeña. Abajo, estatua del gran conquistador Hernando del Soto en la plaza del Ayuntamiento en Barcarrota (Badajoz), lugar donde nació.

año 1765
El ilustrado Campomanes pone en práctica el tratado de la Regalía de la Amortización, primera reforma agraria en beneficio de los campesinos más pobres.

año 1767
Nace, en Badajoz, Manuel Godoy y Álvarez de Faria, que llegaría a ser primer ministro de Carlos IV y uno de los grandes responsables de la entrega de España a Napoleón.

siglo XIII. Por si fuera poco, en el año 1273, la creación de **la Mesta** señala el poder absoluto de los ganaderos, que inician la transhumancia de los rebaños a gran escala desde las frías tierras del norte castellano hacia las dehesas extremeñas. Fueron la Mesta y los nobles absensistas (dueños de grandes extensiones de terreno sin cuidar, mientras ellos vivían ricamente en la corte) quienes irán hundiendo Extremadura de forma paulatina. En el año 1297 quedaron fijadas las fronteras con Portugal, aunque este reino aún trataría, a lo largo del siglo XIV, de hacerse con el control de la región extremeña.

La importancia que tuvo el monasterio de Guadalupe en la conquista de América es notoria. No es por casualidad que más de un centenar de ciudades y villas de América y Filipinas lleven el nombre de Guadalupe.

El Real Monasterio de Guadalupe, monumento nacional, es históricamente uno de los más importantes de España y alberga numerosos y excepcionales tesoros artísticos.

■ El monasterio de Guadalupe

A comienzos del siglo XIV, un vaquero de nombre **Gil Cordero** halló una imagen de la Virgen que, a buen seguro, había sido escondida allí por unos religiosos al comienzo de la dominación musulmana. Al hecho se le dio una gran trascendencia porque, poco después, Alfonso XI obtuvo un gran triunfo sobre los musulmanes en la **batalla del Salado**.

El rey castellano, creyendo ver una intercesión de la Virgen en el triunfo, levantó, como acción de gracias, un templo en el lugar donde había sido encontrada la imagen. En el año 1340, el mismo rey concedió al templo de Guadalupe la categoría de Real y años más tarde fue se estableció como basílica. El **Real Monasterio de Guadalupe** ha sido, históricamente, uno de los más impor-

año 1801
Como consecuencia de la llamada *guerra de las naranjas* declarada por Godoy a Portugal, la ciudad de Olivenza (actualmente provincia de Badajoz) pasa a ser española.

año 1879
El santuario de Guadalupe es declarado monumento nacional.

año 1907
La Virgen de Guadalupe es proclamada patrona de Extremadura.

año 1932
Luis Buñuel estrena su película "Tierra sin pan", que

Mapa de Tenochtitlán, antigua ciudad de México y capital de los aztecas, realizado en 1560 y aparecido en el "Islario General del Mundo", obra del cronista y cosmógrafo Alonso de Santa Cruz, que se conserva en la Biblioteca Nacional, en Madrid.

Sobre estas líneas, detalle de un bordado del siglo XV, obra de Diego de Toledo, conservado en el monasterio de Guadalupe. Arriba, el interior de la basílica. A la derecha, un grabado de Hernán Cortés en México. Nacido en Medellín en 1488, Cortés partió a la conquista del imperio azteca y logró apoderarse del actual territorio mexicano.

tantes del arte hispano. En su interior se han guardado tesoros valiosísimos; tiene dos claustros excepcionales (uno gótico, el otro mudéjar), el genial pintor extremeño Diego de Zurbarán pintó, en el siglo XVII, numerosas capillas, retablos y la sacristía del templo.

En el terreno de lo religioso, la trascendencia de Guadalupe en la **conquista de América** fue también muy importante. Influyó poderosamente el hecho, que comentaremos a continuación, de la gran presencia de extremeños en los primeros años de la conquista del Nuevo Mundo. Sea por esa razón, sea porque la devoción a la Virgen de Guadalupe en aquellos tiempos era muy fuerte en toda la Península, lo cierto es que en América y Filipinas existen más de un centenar de ciudades y villas que llevan el nombre de Guadalupe.

EXTREMADURA EN AMÉRICA

El descubrimiento de América supone, para muchos extremeños, una posibilidad irrepetible de salir de la miseria. Pocas regiones españolas se volcarían en el **Nuevo Mundo** como lo hicieron los habitantes de Extremadura, que partieron a cientos con la esperanza de un futuro mejor. De todos los pueblos de Extremadura salieron, sobre todo, jóvenes aventureros, algunos hidalgos, la mayoría con los conocimientos justos para emprender tamaña aventura.

Cronología

impacta al gran público por la tenebrosa visión de una región extremeña olvidada, Las Hurdes.

14 de agosto de 1936
Las tropas franquistas entran en Badajoz y llevan a cabo una carnicería entre sus habitantes.

Queipo de Llano

14 de agosto de 1936
Tras una dura defensa, Badajoz cae ante las tropas franquistas.

Parte oficial de guerra

Y extremeños son algunos de los hombres más importantes en la primera hora del descubrimiento. De la templaria Jerez de los Caballeros era **Vasco Núñez de Balboa**, que descubrió el océano Pacífico. En **Medellín** nació **Hernán Cortés**, que partió de Cuba a la conquista del imperio azteca y logró apoderarse del inmenso país que hoy es México. De Villanueva de la Serena era **Pedro de Valdivia**, descubridor de Chile, en sus inicios llamado, precisamente, Nueva Extremadura.

Y de **Trujillo**, conocida como *cuna de conquistadores*, salieron más de 600 hombres a la conquista de América. Muchos, a su vuelta, proporcionaran a la ciudad un espléndido legado artístico y patrimonial. De Trujillo salieron **García de Paredes**, **Orellana** (descubridor del Amazonas), **Nuño de Chaves** y **Francisco Pizarro**, el más grande, vencedor del imperio inca, conquistador de Perú y fundador de la ciudad de Lima.

Hombres, todos, duros y arriesgados, capaces de vencer en la tarea que se habían impuesto o de morir en el empeño. Si Cortés incendió los barcos y superó la durísima noche de Otumba, Pizarro inició la conquista de un gran imperio con sólo 180 hombres y, en un momento determinado, ante el temor o desconfianza de quienes le acompañaban, trazó una línea en el suelo con la espada, diciendo que quien quisiera seguirle, pasara la raya.

En la imagen inferior, uno de los retratos de Hernán Cortés. Arriba, "Manda Cortés echar las naves a pique", fragmento de un cuadro de Miguel González que ilustra la batalla que enfrentó a Cortés con Pánfilo de Narváez, en la que este último salió derrotado.

El río Amazonas (arriba, en un mapa de Alonso Peres) fue descubierto por Francisco de Orellana, nacido en Trujillo en 1511. Abajo, estatua de Francisco Trujillo en esa misma ciudad.

año 1952
Se aprueba el I Plan Badajoz, para extender el regadío a más de 130.000 hectáreas de la provincia.

agosto de 1978
Recuperadas las libertades democráticas en España, se constituye la Junta de Extremadura.

año 1982
El papa Juan Pablo II, durante su visita a España, visita el santuario de Guadalupe.

El monasterio de Yuste (en las dos imágenes superiores) fue la última morada del emperador Carlos I (bajo estas líneas), quien permaneció en él desde 1556 hasta 1558, año en que murió.

Los serios problemas que venía padeciendo el campo extremeño se agravaron en la segunda mitad del siglo XVIII.

Carlos I (arriba, en una moneda), al decidir retirarse al monasterio de Yuste, dejó la mayoría de sus vastos dominios en manos de su hijo, el futuro Felipe II (abajo).

El problema agrario

El problema que arrastraba el campo extremeño, por los enfrentamientos entre jornaleros y propietarios, se agrava en la segunda mitad del siglo XVIII. El ministro Campomanes se empeñó en acabar con el **latifundismo**. Su **tratado de la Regalía de la Amortización** permitía distribuir las tierras comunales entre los campesinos, obligando a los terratenientes a arrendar parte de sus dehesas. Pero éstos siguieron campando a sus anchas y la reforma agraria seguiría siendo una asignatura pendiente.

El ministro Campomanes insistió en el intento de acabar con el latifundismo.

La emigración del siglo XIX

En 1833 Extremadura fue dividida en las dos provincias actuales, pero seguía siendo una región pobre y no logró coger el tren del progreso que las regiones más avanzadas consiguieron a mediados del siglo XIX. Esto motivó que gran parte de la población abandonase el campo y fuese a las grandes ciudades peninsulares. La **emigración** ha sido constante a lo largo de los dos últimos siglos por la falta de un sólido tejido industrial en la región.

Cronología

26 de febrero de 1983
Entra en vigor el Estatuto de Autonomía. Mérida es nombrada capital de la comunidad. El PSOE gana las elecciones y Rodríguez Ibarra es nombrado presidente extremeño, cargo que todavia ocupa en la actualidad.

septiembre de 1986
Rafael Moneo culmina el Museo de Arte Romano en Mérida.

26 de noviembre de 1986
El conjunto monumental de la ciudad de Cáceres es nom-

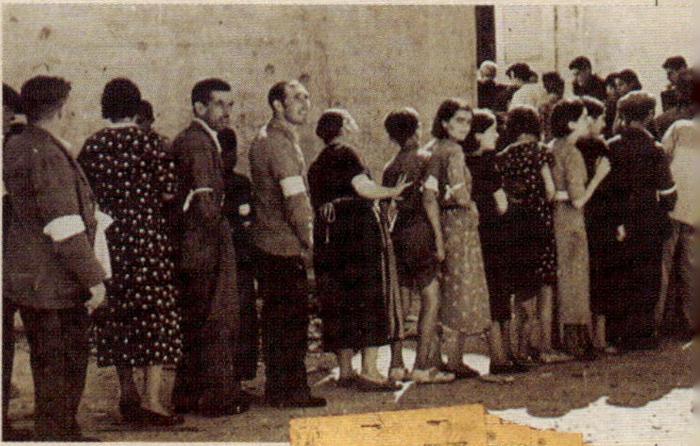

Carlos III (arriba) contó con algunos de sus ministros "ilustrados" para tomar medidas frente a las fuertes quejas de los ganaderos.

Durante la invasión napoleónica, Badajoz fue un importante objeto de deseo francés, y estuvo dominado entre los años 1811 y 1812.

■ La Guerra Civil y el franquismo

Una vez caída Sevilla en manos nacionales, Extremadura fue presa fácil. La caída de Badajoz, donde murieron muchísimas personas –muchas ametralladas en la plaza de toros–, fue uno de los episodios más terribles y criticables de la guerra más injusta.

Ya en la época franquista, la comunidad siguió sumida en el letargo de siglos hasta que surgió una idea la cual, por lo menos, trataba de paliar en algo sus necesidades. Fue la puesta en práctica, en 1952, del **Plan Badajoz** lo que permitió el regadío en 130.000 hectáreas de la provincia.

La Guerra Civil fue especialmente dura para los extremeños, que ya tenían graves problemas económicos. Sobre estas líneas, cartillas de racionamiento. Arriba, los habitantes de Medellín haciendo cola para proveerse de alimentos. Bajo estas líneas, el edificio que acoge la sede de la actual Junta de Extremadura, en Mérida.

■ Extremadura hoy

Con la recuperación de las **libertades democráticas**, Extremadura inicia también el camino hacia un mejor destino. En agosto de 1978 se constituye la **Junta de Extremadura**. Cinco años más tarde, alcanza su **Estatuto de Autonomía** y queda constituida como **Comunidad Autónoma**, siendo designada la ciudad de Mérida como capital de la misma. La antigua ciudad romana recuperaba, 20 siglos después, la primacía de la región que había tenido con el Imperio. En el antiguo hospital de San Juan, de finales del siglo XVIII, está la sede de la actual **Asamblea Regional de Extremadura**.

Desde entonces, el gobierno de Extremadura ha estado siempre en manos del **PSOE**, que ha ganado todas y cada una de las consultas electorales que se han hecho. **Rodríguez Ibarra**, presidente extremeño, es, además, uno de los líderes socialistas más valorados del Estado.

brado patrimonio de la humanidad por la Unesco.

Torre de la Plata, en las antiguas murallas de Cáceres.

año 1998
El rey Juan Carlos visita Las Hurdes recordando el viaje que había realizado su abuelo y que tanto había impactado a la opinión pública, que descubrió una región olvidada y muy atrasada.

Patrimonio Artístico y Monumental

Reviviscencia romana, visigoda y gótica

Extremadura posee un patrimonio artístico y monumental de excepción. Destaca, en primer lugar, la época romana, que dejó alguno de los conjuntos arquitectónicos mejor conservados de toda España, como el teatro de Mérida o el puente de Alcántara. Posteriormente, los tiempos visigodos están también presentes a través de numerosos restos. Algo infrecuente en otras zonas del país.

Del período musulmán, muy presente en el urbanismo y la toponimia, sobrevivieron sobre todo las fortificaciones. El gótico supone un momento de auténtico esplendor, con catedrales, palacios y castillos. Un factor singular es la influencia portuguesa, presente en algunos detalles arquitectónicos. El renacimiento y el mudéjar constituyen otros estilos que alcanzan en tierras extremeñas su plenitud.

En conjunto, Extremadura cuenta con pueblos y ciudades que son, en su totalidad, verdaderos monumentos. Una historia todavía viva.

Arriba, vista general del teatro romano de Mérida y detalle de los capiteles. Fue construido en el año 24 a.C. Está formado por una fachada de dos pisos con 32 columnas de mármol. Abajo, detalle del castillo de Trevejo.

■ PREHISTORIA

Pinturas rupestres

Dentro de las pinturas rupestres de época paleolítica destaca el conjunto de la **cueva de Maltravieso** (Cáceres). Descubiertas en 1951, representan numerosas manos pintadas al negativo, puntos, un serpentiforme, tres figuras triangulares, un

grupo de líneas curvas, trazos paralelos, y un signo pediforme. La significación de estas pinturas hace pensar a los arqueólogos que, probablemente, se tratara de un "santuario de manos", semejante a los que se conocen en otros lugares. Algunas manos tienen el meñique amputado, lo que podría corresponder a ritos de iniciación que tal vez se realizaban en la misma cavidad. Esto hace que se trate de un yacimiento excepcional dentro del arte paleolítico español.

Ya de época posterior, probablemente del Bronce inicial, el abate *Breuil* estudió el grupo de pinturas de la **cueva Chiquita**, cerca de Cañamero en la sierra de Guadalupe. Aparecen figuras humanas muy esquemáticas y signos diversos. Otras localizaciones de pinturas rupestres se encuentran en: **Peñalsordo** (Badajoz), **Alburquerque** (Risco de San Blas), **Alange**, **Oliva**, la **sierra de San Serván**, **Hornacho**, y **Helechal**.

Pinturas rupestres del Abrigo de Sierra Pino de Hornachos (izquierda). A la derecha, detalle de las pinturas de la Posada de los Buitres, en Capilla, provincia de Badajoz. Sobre estas líneas, Henri Breuil, uno de los iniciadores del estudio del Paleolítico y el arte rupestre francés y español. Abajo, dolmen de Magacela, en Badajoz.

Megalitismo

Un apartado importante en la prehistoria extremeña son los monumentos megalíticos. Se denominan así a las construcciones levantadas con grandes losas de piedra ("mega" grande en griego, y "litos" piedra). Fundamentalmente, se trata de sepulcros o dólmenes y estelas o "menhires". Comenzaron a construirse en el neolítico y siguieron en uso hasta el comienzo de la edad del Bronce. Los sepulcros megalíticos fueron las primeras construcciones prehistóricas europeas, y surgieron en la fachada atlántica de la península Ibérica, por lo que tuvieron pronto a Extremadura en su ámbito de irradiación.

Dolmen de Tapada de Anta (izquierda) y dolmen de Juan Ron (arriba), ambos en la zona de Valencia de Alcántara.

Fundamentalmente, existen dos tipos de dólmenes. Un primer modelo tiene la cámara funeraria en forma circular, cubierta de falsa cúpula, mientras que otros cuentan con un corredor que conduce a la cámara. Todos estaban cubiertos por un túmulo de tierra y piedras, sustentado a veces por un círculo exterior de piedras o peristalito.

Destacan los dólmenes de la **Vega del Guadancil**, que se encuentran en Las Seguras, Cerro del Garrote y Miajadas. También es importante el sepulcro megalítico de **Guadalperal** (cerca de Navalmoral de la Mata), con una serie de círculos de piedras alrededor. Otros grupos se conservan en la zona de **Valencia de Alcántara**, así como otros en la parte meridional como los de **Leoncillo, Romo, Vega de la Harnina, El Espartal, Prado de Lácara, Cueva del Monte, Cueva del Moro, Granja de Toniñuelo** y **La Pizarrilla**.

En el Museo Arqueológico de Badajoz se exhiben monolitos (a la izquierda y sobre estas líneas) descubiertos en Siruela, con inscripciones ibero-tartésicas, datados del siglo VII. En el mismo museo se encuentra el ídolo de forma antropomorfa de Rena (abajo), así como "La estela del guerrero", (derecha).

■ PROTOHISTORIA

Las estelas de piedra con grabados son otras piezas características del patrimonio extremeño, y se sitúan en la edad del Hierro. Aparecen figuras de jinetes con escudos, lanzas, cascos con cuernos y otros signos de poder. Su significación exacta continúa siendo un misterio. Para algunos autores, se trataba de monumentos erigidos en memoria de guerreros muertos y, tal vez, señalaban el lugar exacto donde éstos fueron sepultados. Sin embargo, otras teorías sostienen que las estelas tenían como misión indicar el emplazamiento de algunos recursos naturales como el agua o pastizales, o que tal vez servían de indicadores para los caminos indicando algún tipo de accidente geográfico.

La figura humana en estas representaciones suele estar asociada con un carro de dos ruedas tirado por

En lo que se refiere a conjuntos arqueológicos, uno de los más importantes se encuentra situado en Cancho Ruano, en Zalamea de la Serena (Badajoz).

El tesoro de Aliseda fue descubierto en 1920 en esta localidad; está integrado por diversas piezas de oro así como por numerosas placas unidas y con adornos en relieve.

bueyes, que en aquellos tiempos era un signo de poder y privilegio. A pesar de su esquematismo, estos grabados transmiten algunos detalles de una forma muy fiel. Como, por ejemplo, el tipo de escudos, que tanto pueden ser circulares como aparecer con un corte en forma de V.

Impresiona especialmente la **estela de Magacela** (Badajoz), que se muestra en el Museo Arqueológico Nacional. En ella aparece un personaje de aspecto sobrehumano, con largos brazos acabados en manos abiertas y tocado con un casco con cuernos. A sus pies se encuentra el típico escudo con el relieve en V. De esta manera, el guerrero aparece como un personaje mítico, con la categoría sobrenatural del héroe. Ello permite pensar que estas imágenes tuvieron, además de un significado social, una vertiente hondamente mágica y religiosa.

Extremadura también participó de la llamada "cultura de los Verracos", cuando pueblos ganaderos de origen indoeuropeo vivían en castros o poblados y tallaban rústicos toros y verracos de piedra, como tótems o imágenes sagradas. Algunos recintos fortificados tenían grandes dimensiones, como es el caso del de **Villavieja de Plasencia**. En cuanto a los animales de piedra, en Cáceres se conservan una veintena de ejemplares.

La cultura tartésica se desarrolló también en zonas extremeñas, con una gran influencia orientalizante que se explica por la presencia de una gran colonia fenicia en Andalucía. A ese momento corresponde el excepcional tesoro de la Aliseda, que se expone en el Museo Arqueológico Nacional de Madrid. Otros conjuntos valiosos son los torques de Berzocana o los tesoros de Serradilla, Bodonal y Sagrajas. En lo que se refiere a conjuntos arqueológicos, uno de los más importantes se encuentra en **Cancho Ruano** (Zalamea de la Serena).

■ Romanización

El plato fuerte del patrimonio extremeño se encuentra en la época romana. No sólo se hallan aquí conjuntos de primer orden, como el famoso teatro romano de Mérida, sino que la variedad y cantidad de restos adquiere caracteres de excepción. Lo mismo ocurre con las piezas artísticas que se han conservado, fiel testimonio de la importancia que la Lusitania tuvo dentro del conjunto de Hispania.

Mérida, la antigua Colonia Augusta Emerita, fue fundada en el año 25 a.C. para establecer legionarios licenciados ("emeriti") de las guerras cántabras que acababan de concluir, y tras las cuales Hispania gozó finalmente de estabilidad política. Capital de la Lusitania, fue calificada como una de las grandes ciudades del orbe romano. Y los restos que en ella se han conservado no desmerecen en absoluto tal consideración.

Destaca, en primer lugar, el conjunto formado por el teatro y el anfiteatro. El **teatro** fue levantado en el siglo I a.C. y corresponde a la típica edificación romana de este tipo, sólo que con una gran magnificencia. Se levanta escalonado sobre una pendiente, y tenía capacidad para 6.000 personas, con 35 gradas y 15 puertas. Su diámetro total alcanza los 96 metros, y la "cavea" o graderío estaba dividida en tres sectores que correspondían a los diferentes estamentos sociales. El más próximo a la escena era el preferente y se llamaba "ima cavea", con 22 filas. En su parte más baja, un pasillo le separaba de las tres gradas de honor donde se sentaban las autoridades políticas, religiosas y administrativas. Esa especie de "palco presidencial" estaba cubierto de mármol como signo de prestigio. Los dos cuerpos superiores correspondían a la "media" y "summa cavea".

El teatro romano de Mérida fue levantado en el siglo I a.C. y corresponde con una edificación romana ejemplar en tales casos. Se levanta escalonado sobre una pendiente, y tenía capacidad para 6.000 personas, con 35 gradas y 15 puertas. Su diámetro total alcanza los 96 metros y el graderío estaba dividido en tres sectores.

A partir de una inscripción se sabe que el teatro fue construido en los años 16-15 a.C. y donado por Marco Vipsanio Agripa, probablemente un cónsul de la colonia. Su escena fue reformada en el siglo I d.C., y, posteriormente, sería rehecha

entre los años 333 y 337, ya en época de Constantino, cuando Mérida se convirtió en la nueva capital de la Hispania romana. Las tres fases corresponden a partes diferentes de la estructura. Durante la primera se construyó el graderío y el pórtico situado detrás de la escena. La segunda reforma consistió en levantar la escena, mientras que durante las obras constantinianas se efectuó el majestuoso frente escénico que hoy se puede contemplar todavía.

Se trata del más suntuoso de los teatros romanos conservados en España, que son una veintena, y también uno de los más completos de cuantos se mantienen en pie dentro del mundo romano.

Lo más espectacular es, sin duda, la monumental escena, reconstruida, en gran parte, con cuerpos arquitectónicos a base de columnas y capiteles corintios, esculturas y materiales de gran riqueza como mármoles de diversos colores. Ello se explica por el hecho de que los teatros sirvieron como instrumento de romanización, y al mismo tiempo escenificaban el sentido de orden y autoridad del imperio. Ante la escena, con las figuras de dioses y emperadores, el público recibía un claro mensaje ideológico de pertenencia a un sistema de valores que estaba muy por encima del individuo. Otros teatros romanos fueron descubiertos en **Reina** y **Medellín**.

Teatro romano de Medellín (arriba, a la izquierda). Anfiteatro de Mérida (derecha). Al lado, el arco de Trajano. Abajo, columnas reconstruidas en el peristilo del teatro de Mérida.

El **anfiteatro** es algo posterior al teatro, y no tiene la grandeza de éste a pesar de sus considerables dimensiones. Por otro lado, el circo se encuentra entre los más importantes de España. Pero, como ocurre con la mayor parte de estas construcciones, se ha perdido en gran medida a lo largo de los siglos. Su capacidad era de 26.000 personas y en él se celebraban las famosas carreras de caballos y cuádrigas, a lo largo de una pista de más de 400 metros que rodeaba la parte central o "spina" donde también se levantaban conjuntos escultóricos y conmemorativos.

Puente romano de Mérida (arriba, a la izquierda), construido en el siglo I a.C. A la derecha, puente romano de Alconétar. A la izquierda de estas líneas, el arco de Triunfo de Cáparra, en la llamada "Calzada de Plata". Abajo, columna romana de Talavera la Vieja. Y detalle de esculturas existentes en el anfiteatro de Mérida.

La Mérida romana llegó a tener 80 hectáreas, y se conserva la que fue puerta norte del recinto amurallado, conocida popularmente como **Arco de Trajano**. Tiene grandes dovelas y sillares muy bien trabajados, que permiten imaginar el majestuoso aspecto que tendría la fortificación en sus tiempos de esplendor. Otros elementos de importancia son los **puentes**. El que atraviesa el Guadiana tiene casi 800 metros de longitud, con un total de 60 arcos. Resulta así el mayor puente romano del país, que conserva además las características de sus sillares almohadillados (con relieve), el trazado recto y los arcos secundarios para aliviar el caudal en el caso de grandes avenidas. El puente que cruza el Albarregas es de menor tamaño, con 100 metros y cuatro arcos de medio punto.

Los **acueductos** también sorprenden. Como ocurre con el llamado acueducto de los Milagros, con pilares que llegan a los 25 metros de altura y una hermosa combinación de sillares rojos y grises, que lo convierten en un monumento único. Directamente relacionados con ellos se encuentran las **presas**. El pantano llamado de Proserpina es una de las muestras más importantes de esta ingeniería romana, que además sigue en uso. Por otro lado, la presa de Cornalvo es de la misma época y tiene más de 200 metros de longitud y una torre.

Otro monumento romano excepcional de Extremadura es el **puente romano de Alcántara** (Cáceres), sin duda el más bello de su género. Sirve para salvar un profundo desnivel del Tajo, con una longitud de casi doscientos metros. Los enormes pilares y los arcos tienen una armonía sorprendente, a lo que contribuyen los sillares almohadillados de la construcción. A pesar del paso de los siglos no ha quedado excesivamente modificado. En la orilla izquierda permanece un templete donde se conserva una inscripción según la cual el puente fue obra de Caius Julius Lacer, en el siglo II de nuestra era. Otros puentes romanos son los de **Alconé-**

tar, **Medellín**, **Corba** y **Cáparra**. Destaca igualmente el **arco de Triunfo de Cáparra**, en la llamada "Calzada de la Plata". Bajo sus arcos se cruzaban dos calles perpendiculares de una ciudad romana. Probablemente estuvo cubierto por una cúpula. Fue construido en tiempos de Trajano. Otros testimonios romanos son los restos de la **curia de Augustobriga** (Talavera la Vieja) con varias columnas, **el dístilo** (monumento conmemorativo a base de dos columnas) **de Zalamea de la Serena**, y las estaciones termales de **Baños de Montemayor** y **Alange**.

Escultura y mosaicos

La importancia de la presencia romana queda patente también por los restos artísticos que se han conservado: esculturas, ornamentos, frescos y mosaicos. En Mérida han aparecido piezas escultóricas tan notables como la representación de Ceres, una Venus, una Diana cazadora, y bustos como la cabeza de Augusto.

Mosaico de los Aurigas (arriba), del siglo IV. Sobre estas líneas, monedas romanas. Abajo, estatua de Chronos o Mitra con la serpiente enrollada; y estela de Avintianus, datada de los siglos I-II.

También en la misma ciudad se han hallado pinturas al fresco, así como conjuntos muy interesantes de mosaicos como los llamados "del Cosmos".

Arte paleocristiano y visigodo

De la época paleocristiana destacan algunas muestras de escultura, como 2 sarcófagos y, sobre todo, el disco de metal llamado de Teodosio. Hallado en Almendralejo, es de plata y representa a Teodosio I con Valentiniano II y Arcadio en el marco de un palacio real. Se trataba de un "missorium" o regalo del emperador a los altos dignatarios.

Al contrario que en otras regiones, los tiempos visigodos han dejado en Extremadura un rico legado. Muchos elementos decorativos como pilastras, relieves, losetas, hornacinas y capiteles muestran el estilo entre tosco y elaborado de esta época. Sin embargo, no han quedado construcciones bien conservadas, aunque en **Reina** y **Puebla de**

Reina se advierten los restos de una población visigoda de cierta entidad. Otros elementos singulares son las fíbulas o piezas metálicas que servían para sostener las prendas de vestir de origen germánico.

ÉPOCA MUSULMANA

La herencia musulmana en Extremadura es grande, pero no ha dejado grandes conjuntos monumentales. Queda una concepción estética y urbanística de fuerte regusto árabe, lo mismo que muchos de los topónimos. Pero el hecho de que la mayor parte de las construcciones islámicas fueran realizadas con materiales frágiles, como el ladrillo, ha sido un obstáculo para su conservación. Las fortificaciones son algunos de los monumentos que han sobrevivido al paso de los siglos. En **Cáceres** se conservan las murallas musulmanas, con torres octogonales, cuadradas y prismáticas construidas en tapial durante la época almohade, entre los siglos XII y XIII. **Badajoz** cuenta también con los restos de la alcazaba almohade, con grandes torres prismáticas y una octogonal. Destaca la hermosa Puerta del Capitel, con arco de herradura y de probable origen romano.

Otra alcazaba importante se hallaba en **Reina**, así como en **Mérida**, y destaca el conjunto monumental del **castillo-alcazaba de Trujillo**. Dentro de las obras de ingeniería musulmana son notables las conducciones de agua y los aljibes. El más señalado se encuentra en la llamada **casa de las Veletas** de Cáceres, con hermosos arcos de herradura y bóvedas de medio cañón. Otros depósitos parecidos se hallan en **Montánchez**, la **alcazaba de Trujillo** y el de la **alcazaba de Mérida**, muy espectacular.

Por último, de época musulmana son también numerosas piezas como capiteles y lápidas sepulcrales.

La herencia musulmana en Extremadura resulta muy interesante. Cabe destacar, entre otros monumentos, los restos de la alcazaba almohade de Badajoz (en las imágenes superiores), con grandes torres prismáticas y una octogonal.

ROMÁNICO

El peso del románico en la arquitectura extremeña es reducido, teniendo en cuenta que la mayor parte del territorio pasó a manos cristianas cuando ya se imponía el gótico. Aun así, se conservan conjuntos románicos procedentes de las partes más antiguas de algunos templos. Destaca la **iglesia de Santa Eulalia** de Mérida, con una portada típicamente románica con arco de medio punto y archivoltas. La **catedral de Plasencia** es otro

Los restos arqueológicos del templo de Marte, se encuentran bajo la iglesia de Santa Eulalia de Mérida (izquierda). Arriba, iglesia de Santa María la Mayor de Trujillo.

A la izquierda de estas líneas, exterior de la catedral de Plasencia, formada por dos templos unidos en sentido longitudinal (sobre estas líneas, detalle del interior). A la derecha, detalle exterior de la iglesia de Santa María la Mayor de Trujillo. Abajo, vista de la imponente torre de la misma.

de los monumentos importantes, aunque en este caso la parte que más destaca es la sala capitular, con un cimborrio y decoración exterior que recuerda mucho a las catedrales de Zamora y Salamanca. Arquillos, torrecillas y decoración en escamas son sus trazos más característicos.

Otra muestra románica la encontramos en la **torre de la iglesia de Santa María de Trujillo**, modernamente reconstruida.

También es plenamente románico el **interior de la iglesia de Nuestra Señora de las Reliquias** en el castillo de Alburquerque. Tres naves con bóvedas de medio cañón y cuartos de esfera en los ábsides. Otras iglesias románicas son las de **San Martín**, **San Nicolás**, **San Pedro** y **El Salvador de Plasencia**.

En cuanto a la **imaginería**, hay que citar la Virgen del Sagrario de Plasencia, la Virgen de la iglesia de Santiago en Trujillo, Nuestra Señora del Buen Varón de Hoyos, y la Virgen de Guadalupe del santuario de las Villuercas.

El sustrato musulmán produjo en Extremadura una interesante **arquitectura mudéjar**, combinada muchas veces con elementos románicos. El empleo del ladrillo es uno de sus signos más característicos. Así ocurre con el **ábside de la iglesia parroquial de Galisteo**.

■ Gótico

El gótico representa otro de los grandes momentos artísticos de Extremadura. Muchas de sus ciudades conservan grandes monumentos como iglesias y monasterios, pero también caserones y castillos que forman un conjunto único.

Arquitectura religiosa

Las catedrales ocupan un lugar destacado en el florecimiento del gótico en Extremadura. La

La catedral vieja de Plasencia comenzó a construirse en el siglo XIII (imágenes superiores y abajo). A la izquierda, la concatedral de la iglesia de Santa María de Cáceres, que alberga en su interior sepulcros y landas de granito. Sobre estas líneas, detalle de la portada de la catedral de Badajoz, iniciada en el siglo XIII.

catedral Vieja de Plasencia comenzó a construirse en el siglo XIII. Tiene tres naves cubiertas por finas bóvedas de crucería, con detalles escultóricos. Destaca el claustro, con elementos todavía románicos.

La **catedral de Coria** aunque comenzó a levantarse en el siglo XIII fue modificada varias veces. Es notable su portada septentrional, que conserva los elementos góticos.

La **catedral de Badajoz** se inició en el siglo XIII pero también sería reformada en numerosas ocasiones. Su interior mantiene sin embargo la estructura gótica, lo mismo que la torre campanario.

Por otro lado, la **concatedral de Santa María de Cáceres** mantiene un modelo del siglo XIII, a base de tres naves y tres ábsides, aunque igualmente reformado con el paso del tiempo.

También hay que señalar la **iglesia del monasterio de Guadalupe**, construida en el siglo XIV. Tiene tres naves y tres tramos, y sobre el crucero se levanta una linterna octogonal. La majestuosidad del conjunto recuerda a las iglesias del llamado "estilo toledano".

Otro monasterio importante, el de **Yuste**, ya participa a medias en el gótico y el renacimiento. La iglesia es de nave única sin capillas laterales, con un claustro gótico y otro renacentista.

A finales del siglo XV y principios del XVI el gótico evoluciona hacia nuevas formas, en la fase influida por los modelos europeos. Las tendencias flamígeras se combinan con las que proceden de Portugal, dando como resultado obras muy

espectaculares y delicadas. Así ocurre con la **portada de la iglesia de Nuestra Señora de la Candelaria** en Fuente del Maestre, que combina las líneas atrevidas con la estructura de una construcción defensiva.

La **iglesia de Santa María del Valle** en Villafranca de los Barros posee una estrecha portada en forma de retablo, con un magnífico juego de líneas que parece ascender hacia lo alto para volverse a derramar. Las tres figuras, la Virgen con Jesús y San Juan Bautista, son también destacables.

La **iglesia parroquial de Azuaga** destaca por su portada, con el característico conopio o arco en forma de quilla invertida, que estructura todo el equilibrio de figuras y decoraciones y sobre la que se levanta una hermosa torre con columnas, bolas y decoraciones en cuerdas.

Otra fachada destacada de este gótico tardío es la de **la parroquia de Arroyo de la Luz**. Mientras que la influencia portuguesa resulta muy

Las catedrales y los monumentos religiosos en general ocupan un lugar destacado en el florecimiento del gótico extremeño.

patente en el interior de la **iglesia de la Magdalena** en Olivenza, donde los elementos estructurales juegan un papel muy decorativo, como ocurre con los pilares retorcidos que sustentan las bóvedas.

Arquitectura civil y militar

Uno de los platos fuertes del patrimonio extremeño son los castillos, que en potente interacción con el paisaje se levantan todavía majestuosos. En algunos casos, además de fortaleza, sirvieron como palacio, aunando así la función defensiva con la ostentosa.

Uno de los más espectaculares es el de **Alburquerque**, con varios recintos reforzados por torres. También el conjunto de **Montánchez** contaba con una planta compleja. El castillo de **Burguillos del Cerro** destaca por la variedad de torres cuadradas y circulares. Mientras que el de **Puebla**

Arriba, el castillo de Luna de Alburquerque. Sobre estas líneas, edificio defensivo de Fregenal de la Sierra.

A la derecha, arriba, la torre de Bujaco y una parte del arco de la Estrella. Al lado, castillo de Puebla de Alcocer.

Sobre estas líneas, detalle del escudo nobiliario de la familia Solís, existente en la fachada de la "Casa del Sol", en Cáceres. Abajo, torre de Bujaco y ermita de la Paz.

de Alcocer se singulariza por su torre del homenaje cilíndrica.

Otros edificios defensivos notables son: la **torre del castillo de Coria**, los restos del **castillo de Feria**, el de **Fregenal de la Sierra**, así como el de **Almorchón**.

Por otro lado, el **alcázar de los Suárez de Figueroa** de Zafra es un palacio, hoy convertido en parador de turismo, que cuenta con uno de los acabados más ricos de Extremadura.

En **Cáceres** encontramos elementos tan interesantes como la torre de Bujaco, la torre de Roda de los Plata, la del palacio de las Cigüeñas, y la de los Espaderos.

Los palacios civiles son otra buena muestra del esplendor del gótico extremeño. Así ocurre con el **Hospital de Zafra**, con una portada muy hermosa y estilizada, la **casa de Solís** en Cáceres, la de los **Becerra** en la misma ciudad, que se combinan con pueblos auténticamente góticos como **Hoyos**, **Acebo** y **Gata**.

Pintura

La pintura gótica está representada en Extremadura por piezas como el tríptico flamenco dedicado a la Epifanía, que se guarda en el **monasterio de Guadalupe**, o el retablo mayor de la **iglesia de Santa María de Trujillo**. Otro conjunto muy impresionante es el **retablo de la iglesia de Calzadilla de los Barros**, que tiene forma de un gigantesco tríptico.

Detalle de cerámica en el monasterio de Guadalupe (izquierda). Arriba, vista de la fachada gótica del mismo. A la derecha, detalle de su claustro mudéjar de dos pisos, en cuyo centro se levanta un pequeño templete. Bajo estas líneas, detalle de una escultura en el camarín. A la derecha, monasterio de Tentudía.

■ Gótico mudéjar

La tradición mudéjar también se integró en los modos góticos. Extremadura ofrece en este campo ejemplos de gran belleza. Sin lugar a duda, la muestra señera la encontramos en el **monasterio de Guadalupe**. Es un conjunto extraordinario de torres, chapiteles, murallas y un gigantesco cimborrio que se alza como un auténtico símbolo de fortaleza espiritual. El elemento mudéjar consiste en las molduras y adornos de yeso, azulejos o ladrillo, junto con arcos y decoraciones de claro regusto arabizante. Las partes con elementos más claramente mudéjares son la fachada, y el claustro con arcos de herradura y un templete central. Por otro lado, muchos de los pináculos que rematan el conjunto están adornados con azulejería.

En la misma Guadalupe, destacan también el **claustro de la Hospedería** del monasterio, y el del antiguo **Colegio para Gramáticos**, hoy parador de turismo. En lo alto de la montaña que domina la villa, el **templete del Humilladero** sigue la misma técnica que el edificio central del claustro.

El mudéjar está presente también en el antiguo monasterio cisterciense de **Abadía**, el **monasterio de Tentudía**, la **torre de la iglesia parroquial de Granja de Torrehermosa**, la **iglesia del Espíritu Santo de Cáceres**, la **portada de la iglesia parroquial de Alange**,

y la **parroquial de Puebla de Alcocer**. También se pueden contemplar muestras muy bien conservadas de "casas mudéjares" en los barrios antiguos de **Cáceres** y **Badajoz**. Igualmente hay que destacar los característicos artesonados, cuyas mejores muestras son la Sala Dorada y la techumbre de la antigua capilla del **castillo-palacio de Zafra**, parador de turismo.

RENACIMIENTO

Tal como ocurrió en otras regiones españolas, el tránsito del gótico al renacimiento pleno se realizó muy lentamente en Extremadura. Coincidiendo con el reinado de los Reyes Católicos y el descubrimiento de América, se expande el plateresco, llamado así por integrar influencias góticas, clásicas y mudéjares con una estética preciosista que recuerda el trabajo de los plateros.

Arquitectura religiosa

Una de las obras más consideradas del plateresco español es la reforma de la **catedral de Plasencia**. Aunque no llegó a concluirse, los dos pilares exentos y las bóvedas estrelladas de la llamada Catedral Nueva se encuentran entre las creaciones más logradas de este momento. También las reformas de la **catedral de Coria** siguen los esquemas platerescos.

Patio renacentista del alcázar de Zafra (izquierda). A la derecha, el parador de turismo de Guadalupe. Abajo, detalle de la catedral de Plasencia y escultura en el coro de la misma.

El conjunto conventual de **San Benito de Alcántara** es otra de las muestras destacables del primer renacimiento, con unas bellas arcadas abiertas hacia el exterior.

El interior del ábside de la **iglesia parroquial de Logrosán** recuerda, con su bóveda estrellada, a las reformas de la catedral placentina. Y en cuanto a portadas, destacan las de la **iglesia parroquial de Los Santos de Maimona**, con columnas, medallones y hornacinas muy al gusto renacentista; y la de poniente de la **parroquial de Brozas**, a base de un arco de medio punto.

Cuando se acabaron por imponer las ideas estéticas italianas y europeas, frente a la raigambre hispánica de lo plateresco, se produce el renacimiento pleno. A ese momento corresponden algunos monumentos extremeños de envergadura como la portada de mármol de la **iglesia de la Magdalena en Olivenza**, y el

interior de la **iglesia de Santa María** en la misma localidad.
En cuanto a monasterios, **Guadalupe** guarda una bella puerta renacentista en el acceso del claustro mudéjar al piso alto, mientras que **Yuste** destaca por el segundo claustro.

Arquitectura civil

Los edificios renacentistas abundan en conjuntos como el **barrio histórico de Cáceres**; éste es el caso de los palacios de los Golfines de Abajo, Mayoralgo, Roco, Ovando, La Isla, o el palacio Episcopal. Otros edificios notables son el **palacio de Mirabel** en Plasencia, el **palacio de Godoy** en Cáceres, la **casa de los Orellana-Pizarro**, el **palacio de los duques de San Carlos**, y el balcón del **palacio de los marqueses de la Conquista**, éstos tres últimos en Trujillo.
También destaca el patio del antiguo **alcázar de Zafra**, realizado en mármol que sigue exactamente las normas de los edificios palladianos. Un conjunto de gran interés lo encontramos en los jardines que el duque de Alba hizo construir en **Abadía**, al modo italiano, con escalones, fuentes y pensiles. Un lugar que mereció una descripción del propio Lope de Vega.

De la arquitectura religiosa extremeña cabe destacar la catedral de Plasencia (izquierda). A la derecha, la fachada del enlosado de la catedral. Sobre estas líneas, detalle del exterior. Abajo, detalle del palacio de los Golfines de abajo, edificio renacentista en el barrio histórico de Cáceres.

Escultura y pintura

La presencia de Carlos V en Yuste y el influjo espiritual de Guadalupe fueron factores que impulsaron nuevos modos artísticos en Extremadura. Durante el renacimiento se abandonan los sepulcros adosados a los muros, al modo medieval, para realizar suntuosos conjuntos que centran incluso las capillas, como es el caso de los monumentos funerarios del comendador Bravo de Jerez, en **Nuestra Señora de Almocóbar**, o de Vasco de Jerez y su esposa, en la **iglesia de San Bartolomé de Jerez de los Caballeros**.
Los retablos adquieren gran suntuosidad, con ejemplos destacables en la **iglesia de Santa Ana de Fregenal de la Sierra**, el retablo mayor de la **concatedral de Cáceres**, o los de las iglesias de **Descargamaría** y **Casas de Millán**.

Vista general del alcázar de Zafra (izquierda). A la derecha, iglesia de San Bartolomé de Jerez de los Caballeros. Sobre estas líneas y a la izquierda, detalles del palacio de Mirabel. A la derecha, iglesia de la Magdalena de Olivenza. Abajo, torres de las iglesias de San Bartolomé y de San Miguel.

En pintura, destaca la figura de Luis de Morales que fundó una importante escuela.

BARROCO

El barroco supuso un nuevo lenguaje de las formas. El predominio de la línea curva sobre la recta, la abigarrada decoración frente a la sobriedad clasicista, y los efectos más teatrales en lugar de la contención renacentista.

Uno de los terrenos donde se desarrolla el nuevo estilo se encuentra en las ermitas. En estos edificios se desarrollan elementos barrocos con inspiraciones andaluzas, hasta llegar a los extremos más recargados del rococó.

La **ermita de Nuestra Señora de los Remedios**, cerca de Fregenal de la Sierra, es un buen ejemplo con su atrio y soportal, dos cúpulas y, en el interior, grandes y complejos retablos.

También **Nuestra Señora de Belén**, cerca de la villa de Cabeza de Buey, destaca por su exterior barroco que recuerda incluso a lo colonial. Una construcción que sirvió de modelo para las capillas barrocas extremeñas fue el **camarín de la virgen del monasterio de Guadalupe**, una auténtica obra maestra de este estilo.

Dos ejemplos de la aplicación de cerámicas dentro de un conjunto barroco los hallamos en la torre y la fachada de la **iglesia de San Bartolomé**, en Jerez de los Caballeros. Otra torre destacable es la de **Nuestra Señora de la Granada**, en Llerena.

Escultura y pintura

Los retablos fueron uno de los terrenos donde el barroco alcanzó cotas de mayor paroxismo. Así ocurre con los de las

La sacristía del monasterio de Guadalupe (arriba, a la derecha), aparece decorada en oro y blanco, con numerosas pinturas en el techo, obra de artistas anónimos.

Cuenta también con ocho famosos cuadros de Zurbarán. A la derecha, iglesia de la Concepción de Badajoz.

iglesias de **Fuente del Maestre**, **San Juan Bautista de Hervás**, y **Nuestra Señora de la Granada** en Fuente de Cantos, entre otros muchos. En ellos participaron las firmas más importantes del arte español de los siglos XVII y XVIII. Dentro de la pintura del siglo XVII destaca un nombre de primerísima fila: Francisco de Zurbarán.

Neoclasicismo

El neoclasicismo fue la reacción contra los excesos barrocos, a base de una vuelta al academicismo y la contención clásicas. Pocas son las muestras que este estilo dejó en Extremadura, donde la tradición barroca estaba tan hondamente arraigada. Varios edificios resultan representativos de este paso entre el barroco y el neoclasicismo. En primer lugar, la **iglesia de la Inmaculada Concepción de Badajoz**, proyectada por el famoso arquitecto Ventura Rodríguez considerado como el "padre del neoclasicismo español". El templo tiene planta circular dentro del rectángulo formado por el recinto del convento. La **parroquia de Castuera** presenta una curiosa combi-

nación de elementos barrocos con esquemas y soluciones neoclásicas. También el **Palacio de Justicia** de Cáceres sigue las líneas clásicas, sobre todo en el patio.

■ SIGLOS XIX Y XX

Durante el siglo XIX, y después del desastre que supuso la guerra napoleónica para las tierras extremeñas, la economía regional se empobrece, con lo que se resiente la producción artística. A caballo entre un siglo y otro, destacan algunos grupos escultóricos del zamorano Eduardo Barrón y del segoviano Aniceto Marinas.

De época contemporánea, hay que citar la obra de los pintores: Eugenio Hermoso, Felipe Checa, Adelardo Covarsí, Godofredo Ortega Muñoz, y Juan Barjola. En escultura destacaron Juan de Avalos y Enrique Pérez Comendador.

■ MUSEOS

En la ciudad de Cáceres se encuentra el **Museo de Cáceres**, instalado en la casa de las Veletas.

En la provincia no se puede obviar la visita al **Museo Histórico-Artístico de Cuacos** de Yuste. Otro tanto ocurre con el **real monasterio de Nuestra Señora de Guadalupe**. Por otro lado, en Hervás se encuentra el **Museo Pérez-Comendador-Lerroux**, instalado en el palacio de los Dávila. En Plasencia hay que señalar: el **Museo Catedralicio**, el **Museo Etnográfico y Textil Provincial**, así como un curioso **Museo de la Caza**.

Arriba, la casa de las Veletas. A la derecha, el soberbio Museo Nacional de Arte Romano de Mérida.

Sobre estas líneas, "La Gitana", retrato femenino del siglo I; y, abajo, cubilete y dados de hueso de un juego de mesa. Ambos objetos se encuentran en el Museo Nacional de Arte Romano de Mérida.

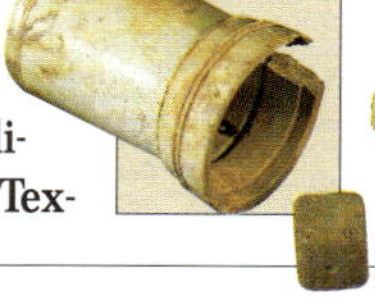

Badajoz posee un **Museo Arqueológico Provincial** que expone piezas de los yacimientos de la provincia. El **Museo de Bellas Artes** contiene una interesante colección de obras pictóricas, escultóricas y obra gráfica. En el **Museo Catedralicio** se guardan pinturas de Luis de Morales y otras atribuidas a Valdés Leal. También hay que citar el **Museo extremeño e iberoamericano de Arte Contemporáneo** y el **Museo Taurino**.

En la provincia, merecen una visita: la **Colección Marqués de Monsalud**, el **Museo Etnográfico Comarcal de la Sierra y la Campiña Sur** de Azuaga; la **Casa-Museo de Zurbarán** en Fuente de Cantos; y el **Museo Municipal González Santana** de Olivenza.

La oferta museística de Mérida es de primera categoría. Destaca entre otros el **Museo Nacional de Arte Romano**. En la misma ciudad encontramos la **Colección de Arte Visigodo**, el **Museo del Ferrocarril**, y el **Museo de Geología de Extremadura**.

Una comunidad con tradición literaria

Las primeras manifestaciones literarias que se conocen en tierras extremeñas se remontan a la época romana, a una referencia del poeta Marcial sobre un poeta y jurisconsulto de Mérida llamado Deciano. En época musulmana, se dieron los más diversos géneros literarios, destacando el poeta y escritor ascético Abul Walid Jonás ben Abdalos, el historiador Almuzaffar Said ben al Aftás y el poeta Abu Bekr ben Ayyub.

Francisco Sánchez de las Brozas (izquierda). A la derecha, Felipe Trigo. En la imagen superior, José de Espronceda. Sobre estas líneas, Juan Antonio Meléndez Valdes. Abajo, Vicente García de la Huerta.

En el siglo XV comienza a florecer la literatura extremeña, con figuras como **fray Alonso de Medina** o los autores de libros de viajes **fray Marcos de Lisboa** y **fray Diego de Mérida**. El renacimiento, que ve surgir figuras como Cortés, Pizarro o Zurbarán, también cuenta con figuras equivalentes en el campo de la literatura como los humanistas **Benito Arias Montano** y **Francisco Sánchez de las Brozas** "el Brocense". En el teatro, hay que citar entre otros a **Bartolomé de Torres Naharro**, **Micael de Carvajal**, **Vasco Díaz Tanco** y **Luis de Miranda**.

En el barroco, **Cristóbal de Mesa** tradujo a los clásicos, y **Gonzalo de Correas** fue autor de un largo repertorio de refranes.

La figura capital de la lírica dieciochesca es **Juan Meléndez Valdés**, uno de los poetas más importantes de su tiempo. **Vicente García de la Huerta** destacó por sus obras de teatro. También Juan Pablo Forner brilló como polemista. En el romanticismo destaca **José de Espronceda**, que se ha convertido en el arquetipo del poeta romántico con obras famosísimas y populares. También **Carolina Coronado** ocupa un lugar importante en las letras decimonónicas, igual que el orador Juan Donoso Cortés.

Ya en época moderna, entre muchos otros, hay que señalar al novelista **Felipe Trigo**, al poeta **Antonio Reyes Huertas**, al poeta y ensayista **José María Valverde**, y a los novelistas **Alfonso Martínez Garrido** y **Víctor Chamorro**.

Medio Natural

La conjunción armónica del ser humano con la naturaleza

Con 41.602 kilómetros cuadrados y poco más de un millón de habitantes, Extremadura es una de las comunidades autónomas menos pobladas de España; quizás por eso es también la comunidad con el espacio natural mejor conservado. El territorio extremeño, que constituye el sector occidental de la submeseta meridional, consiste en una vasta penillanura de materiales antiguos, cuyos austeros tonos cromáticos armonizan con una vegetación compuesta por oscuras encinas y matorral leñoso de apagado verdor.

Protegida de los fríos del norte por las altas cumbres del Sistema Central y abierta a las influencias atlánticas por los amplios valles del Tajo y del Guadiana, su clima benigno favorece la presencia de una gran riqueza biológica, con la que los extremeños han sabido convivir sin degradarla.

■ EL SISTEMA CENTRAL

El sector del Sistema Central, que accidenta el norte de Extremadura y la separa de Castilla y León, comprende las vertientes meridionales de las sierras de Gredos, Béjar, Peña de Francia y Gata, con diversos cordales que se desprenden de ellas y penetran enteramente dentro de territorio extremeño. Las cotas más altas se localizan en el sector de Gredos, con alturas que sobrepasan los 2.000 metros e importantes huellas de glaciarismo; luego, a medida que nos desplazamos hacia el oeste, las cotas van descendiendo hasta los 1.367 m de la sierra de Gata, cerca ya de Portugal. Entre todo este conjunto de montañas discontinuas, algunos bloques hundidos, han abierto depresiones por cuyo fondo circulan los ríos. Este es el caso del Tiétar, el Jerte, el Alagón y su afluente el Árrago, en cuyos valles se han establecido poblaciones que han dado carácter a comarcas como La Vera, el Valle del Jerte, el Valle del Ambroz o Las Hurdes.

■ LAS HURDES

Esta comarca, que sale de su total aislamiento en 1922 a través de las noticias del viaje del rey Alfonso XIII y que, más tar-

El río Jerte circula por el fondo de una depresión delimitada por los montes de Tras la Sierra y la sierra de los Tormantos.

1 *Los cerezos en flor son una imagen característica de la fértil comarca del Valle del Jerte, que se abre en plena Cordillera Central, ocupando el fondo de una larga y estrecha fosa tectónica recorrida por el río Jerte.* **2** *Antes de reunirse con el Tiétar, el río Alardos, que desciende de los picos de Gredos, marca el límite entre las provincias de Cáceres y Toledo. La imagen recoge su paso bajo el puente romano de Madrigal de la Vera.* **3** *La comarca de La Vera se localiza al pie de las altas cumbres de Gredos. Se trata de un bloque hundido y arrasado, que forma una rampa de erosión, limitada al sur por el valle del Tiétar. Jarandilla de la Vera ocupa el centro de la comarca, que se extiende por la margen derecha del Tiétar, desde tierras de Plasencia hasta el límite con Toledo.*

Fauna y flora

Madroño

Águila imperial

Tejo

Gineta

1 El pueblo de Casares de las Hurdes se halla al norte de esta singular comarca cacereña, que se extiende desde Las Batuecas salmantinas hasta las vegas del río Alagón, al sur de las sierras de Gata y de Francia. 2 Las Hurdes se configuran como un abigarrado entrelazado de escarpadas montañas, surcadas por los cauces retorcidos de sus cuatro ríos: el Ladrillar, el Hurdano, el de los Ángeles y el Esparabán. 3 Cerca de Nuñomoral, el río Hurdano divaga entre el oscuro roquedo de pizarras que delimita su valle. Precisamente, el nombre de Las Hurdes deriva de los brezos –"hurdes", en dialecto leonés– que crecen por doquier sobre los pobres suelos pizarrosos, poco a poco repoblados con pino. 4 La tenaz labor del agua sobre el roquedo cuarcítico y pizarroso ha sido el gran artífice de la comarca de Las Hurdes.

de, el cineasta Luis Buñuel populariza a través de un implacable documental que subtitula significativamente *Tierra sin pan*, se localiza en el corazón de un espacio montañoso de incomparable belleza, entre la sierra de Gata y el valle del Alagón. El tesón de los hurdanos ha logrado domeñar estas tierras agrestes, y maravilla ver las laderas de las montañas pacientemente labradas por innumerables bancales, defendidos con muros de pizarra seca, que florecen en primavera. Cuatro ríos, que serpentean por entre esta maraña de montes, surcan la comarca: el Ladrillar, el Hurdano, el de Los Ángeles y el Esparabán; en sus valles se refugian las cuarenta alquerías que integran los cinco municipios de la comarca.

La penillanura septentrional

En primer lugar quizás convendría aclarar el término de penillanura. Una penillanura no es nada más que una superficie llana, establecida en materiales antiguos –pizarras, cuarcitas y granitos– como consecuencia de la erosión de un relieve anterior. Hace más de 300 millones de años, el roquedo extremeño estuvo plegado formando un relieve montañoso, que, luego, un largo proceso erosivo fue arrasando, hasta dejar únicamente como hitos sobresalientes las rocas más duras -cuarcitas y granitos-, que forman pequeñas serrezuelas o montes isla, como el de Trujillo o el cerro de San Cristóbal, rodeados de rañas.

El río Hurdano serpentea entre los oscuros montes buscando una salida hacia el Alagón. Allí donde se forma una pequeña vega, surge una población; en este caso, Nuñomoral.

Vista desde el cerro que corona el castillo de Trujillo, la penillanura extremeña se presenta como una dilatada superficie llana.

En esta penillanura casi ininterrumpida, que va desde el norte de Cáceres hasta los montes de Toledo, el río Tajo se ha encajado en dirección transversal a los pliegues preexistentes, abriendo un profundo foso, limitado por altos escarpes, especialmente acusados al atravesar las rocas más duras. Es el caso del fabuloso paraje de Monfragüe, en donde el río labra el impresionante paredón del Salto del Gitano al encontrarse con grandes bloques cuarcíticos.

Las rañas

Se trata de formaciones típicas de las tierras extremeñas, aunque también existan en otros lugares de la Meseta. Consisten en depósitos de sedimentos modernos, en donde se mezclan grandes bloques, cantos mal rodados y tierras arcillosas y arenosas, que suelen rodear los macizos cuarcíticos y graníticos; su color varia del amarillento al rojizo, y su espesor puede llegar a alcanzar decenas de metros. Su disposición es horizontal o con una leve inclinación, y su origen se atribuye a grandes avalanchas ocasionadas por lluvias torrenciales, que arrancaron de las montañas materiales

En primavera, las dehesas florecen y brindan uno de los más bellos espectáculos naturales que se puedan contemplar por estas tierras.

que se depositaron al final de los barrancos; luego, se fueron esparciendo lentamente por una vasta superficie, rellenando las depresiones de la penillanura. Hoy las rañas se aprovechan para el cultivo de cereales o en ellas se han instalado hermosos olivares, alcornocales y madroñeras.

El Tajo

Cuando el Tajo penetra en tierras extremeñas trae ya un largo trecho recorrido; desde la sierra de Albarracín, en donde nace, hasta aquí son más de 400 km surcando la Meseta y recogiendo aportes del Sistema Central y de los montes de Toledo. Hasta ahora el río discurría por un cauce de riberas anchas, establecido en los sedimentos de la depresión tectónica que limitan aquellas dos cordilleras; pero al llegar a Extremadura, el Tajo se encuentra con el duro zócalo primario y se encaja en él, labrando un valle angosto, que se ensancha en ocasiones, pero sin perder nunca ese carácter de foso inundado que le acompañará durante todo su tramo extremeño. Y es que durante los 200 km de recorrido cacereño, el Tajo es un gran embalse, que va descendiendo de cota a través de sucesivas presas. A la salida de El Puente del Arzobispo, todavía en la provincia de Toledo, se inicia la cola del embalse de Valdecañas, al que siguen el de Torrejón y el de Alcántara. Este último, con 91 km de longitud y 3.150 hm^3 de capacidad, es el mayor de toda la Península y uno de las más grandes de Europa. Su colosal presa, situada a escasos metros del famoso puente romano, empequeñece esta espléndida obra de ingeniería antigua. Después del embalse de Alcántara, y con el río haciendo frontera entre España y Portugal, sigue el de Cedillo, cuya presa se levanta poco antes de internarse definitivamente en el país vecino.

Los montes de Toledo

El sector occidental de los montes de Toledo forma las sierras centrales de Extremadura y marca la divisoria de aguas entre la cuenca del Tajo y la del Guadiana. Se trata de un conjunto montañoso, resultado de un complejo proceso de erosión y fragmentación, que se inicia con la sierra de Altamira, lindante con Toledo, a la que siguen, la de Guadalupe y el macizo de Las Villuercas, la de Montánchez, la de San Pedro y la de San Mamede, fronteriza con Portugal. Como el Sistema Central, su orientación es de este a oeste, aunque su altura, en este caso, es mucho menor; la cumbre de Las Villuercas, la cota máxima, apenas supera los 1.600 metros.

Aspecto del embalse de Torrejón, en el curso del río Tajo, durante el verano. Las escasas lluvias afectan visiblemente el nivel de las aguas.

1 y 2 *Después de abandonar el embalse de Alcántara, las aguas del Tajo pasan por debajo del puente romano y siguen su camino hacia el Atlántico a través de un cauce encajado en las pizarras del zócalo paleozoico. Apenas 10 km más adelante, el gran colector se reúne con el Erjas y pasa a delimitar la frontera entre España y Portugal a lo largo de unos 60 km, que son los del embalse hispano-portugués de Cedillo.* 3 *La sierra de Guadalupe está formada por una serie de alineaciones más o menos paralelas, de orientación noroeste-sudeste, conforme a los plegamientos hercinianos. Su roquedo está constituido por pizarras cámbricas y cuarcitas silúricas.* 4 *En Las Villuercas, el verde brillante de los pinares de repoblación contrasta con los tonos oscuros del matorral y los encinares autóctonos; al fondo, la sierra de Guadalupe.*

Buitre negro

Tejón

Enebro

Pino piñonero

1 *Dos cigüeñas se pasean en busca de alimento por las aguas del Gévora, un afluente del Guadiana. En las islas y sotos fluviales extremeños existen hermosas colonias de cigüeñas y de garzas.* **2** *y* **3** *Dos aspectos del río Guadiana; primero a la altura de Medellín, y luego, a su paso por Mérida. El Guadiana es el único gran río peninsular que no nace en un macizo montañoso importante, por lo que su caudal sufre grandes variaciones estacionales en función de las lluvias y del aprovechamiento agrícola de sus aguas. Como contrapartida, es el único los grandes ríos peninsulares que fluye libre a lo lago de su curso inferior y medio, pues la primera presa que interrumpe su curso, la presa de Orellana, se halla a 400 km aguas arriba de su desembocadura.* **4** *Los viñedos de la comarca de Sierra de Gata producen el vino de Pitarra, de reconocida calidad.*

La cuenca del Guadiana

La penillanura, que se cuela por entre los eslabones que componen los montes de Toledo, continua hacia el sur hasta las orillas del Guadiana, formando, de oeste a este, la comarca de los baldíos de Alburquerque, las llanuras de Almoharín y Miajadas y los amplios y despoblados espacios por los que el Guadiana circula semiencajado en el primitivo roquedo. Esta circunstancia ha favorecido la construcción de los pantanos de Cíjara, García Sola y Orellana; casi cien kilómetros de aguas represadas que aseguran el suministro a los ricos regadíos de la comarca las Vegas del Guadiana. Esta comarca, dividida en las Vegas Altas y las Vegas Bajas por el estrecho umbral granítico de Mérida, es una de las dos grandes depresiones que se encuentran en la cuenca del Guadiana y que fueron rellenadas con arcillas y aluviones. La otra comarca que ocupa una antigua gran depresión pantanosa es la Tierra de Barros, que como la de las Vegas del Guadiana goza de unos fértiles suelos que justifican su vocación agrícola. El este de la Tierra de Barros está la comarca de La Serena.

La Serena

Esta bella comarca abarca un fragmento de la penillanura extremeña recorrido por el Zújar, que, describiendo un sorprendente arco, la riega por el sur, el este y el norte. La variedad paisajística de esta comarca se articula en función de dos grandes sectores: uno pizarroso y llano, al este, y otro cuarcítico y muy quebrado, al oeste, entre los que se dispone un gran afloramiento

Buena parte del macizo de Las Villuercas está formado por una serie de serrezuelas de cuarcitas silúricas.

Las Villuercas

Este macizo montañoso, que constituye una comarca netamente individualizada, se halla en el corazón material y espiritual de Extremadura, pues además de estar a caballo de las dos provincias extremeñas, en él se encuentra el santuario de la venerada Virgen de Guadalupe. El conjunto de sierras que integran la comarca son el resultado de la erosión diferencial de los ríos sobre los materiales antiguos plegados, erosionados y levantados en bloque durante la orogenia alpina. Este levantamiento reactivó el ciclo erosivo, que ha rebajado los menos resistentes y ha dejado como cumbres los más duros. Otro factor que puede haber contribuido al aspecto laberíntico de este macizo podría ser el cambio de dirección del río Guadiana, que en un pasado remoto, al llegar aquí, probablemente se dirigiese hacia el Tajo a través del valle del Guadarranque. Más tarde, una captura desvió su curso hacia el sur y estableció el recorrido actual.

Los ásperos crestones cuarcíticos sobresaliendo desnudos por encima de las lomas adehesadas es un paisaje típico de Las Villuercas.

A su paso por Mérida, el Guadiana se bifurca en dos brazos y define una isla que suele reunir rebaños de cabras y grupos de pescadores.

granítico. Aquí es fácil observar los espectaculares "dientes de perro", un tipo de erosión diferencial que hace resaltar sobre el paisaje, como verdaderos caninos, un tipo de pizarras silíceas más resistentes que las demás. Es una región de tradición y vocación ganadera, antiguo patrimonio de los caballeros de la orden de Alcántara, con dehesas, monte y pastizales, que acogen en invierno a las merinas trashumantes. Con la decadencia de la ganadería y los grandes rebaños, cereales y viñedos han ganado terreno a la dehesa, que continua manteniendo una numerosa cabaña de cerdo ibérico, base de una tradicional industria chacinera. Las poblaciones serenas son grandes y distantes, y además de Don Benito y Villanueva de la Serena, en situación marginal, cabe destacar Campanario, Castuera y Cabeza de Buey.

El Tiétar corre por la vertiente meridional de la sierra de Gredos, y tras 150 km de recorrido, confluye con el Tajo al terminar la comarca de La Vera.

■ SIERRA MORENA

Más allá de los límites de las dos depresiones de la cuenca del Guadiana, la penillanura se prolonga hacia el sur hasta encontrar Sierra Morena. Esta cordillera montañosa es el escalón que separa la Meseta de la Depresión del Guadalquivir, y la divisoria de aguas entre la cuenca del Guadiana y la del gran colector andaluz. En el sector extremeño, los relieves estructurales antiguos han quedado al descubierto por la erosión, definiendo líneas de cumbres en dirección NO-SE como las sierras de Salvatierra y Castellar, entre Jerez de los Caballeros y Zafra, la de los Hornachos, o las que dominan por oeste los Llanos de Llerena; pero en otros puntos, la proximidad del valle del Guadiana, que a partir de Badajoz se incurva hacia el sur, y la potente acción remontante de los afluentes del Guadalquivir, varían la orientación de las sierras, que pasan a tener una clara dirección E-O, como las de San Salvador y la de Tudía, en el límite con Huelva, o la del Pedroso, en el límite con Córdoba. Las comarcas de Sierra Morena, onduladas y abiertas a las influencias atlánticas y andaluzas a través de los valles del Guadiana y del Guadalquivir, son comarcas ganaderas y forestales, en las que el cultivo del olivo, la higuera y otros frutales ocupa las mejores tierras.

■ LA RED FLUVIAL

Los ríos extremeños se organizan en dos grandes cuencas, la del Tajo y la del Guadiana; únicamente al sur del territorio, algunos de los cursos nacidos en Sierra Morena se dirigen hacia el Guadalquivir.

1 *El río Jerte nace al pie del puerto de Tornavacas, límite provincial entre Cáceres y Ávila y divisoria de las aguas que caen sobre las cumbres de la Cordillera Central, entre las sierras de Gredos y de Béjar; desde allí, el río desciende en dirección noreste-sudoeste, regando la fértil comarca del Valle del Jerte, hasta alcanzar Plasencia, donde se incurva y prosigue su camino hasta reunirse con el Alagón.* **2** *Entre Trujillo y Plasencia, las aguas del río Tozo, afluente del Almonte, se intercalan en el paisaje de dehesa y componen una bella estampa rural.* **3** *El curso de agua de la Garganta Mayor desciende de la sierra de los Tormantos, estribación de la sierra de Gredos, y alcanza la población de Garganta de la Olla mediante una sucesión de pequeñas cascadas, que llenan de rumor un paraje especialmente tranquilo, próximo al monasterio de Yuste.*

Jara

Águila perdicera

Pino albar

En Extremadura, los rigores propios del clima de carácter continental del interior de la Meseta se ven suavizados por las influencias atlánticas.

Desde su entrada la provincia de Cáceres, el Tajo recibe por la derecha, procedentes de las sierras del Sistema Central, el Tiétar, que baja de Gredos, el sistema Jerte-Alagón, que vienen de la sierra de Béjar y de la Peña de Francia, respectivamente, y el Erjas, fronterizo con Portugal, que desciende de la sierra de Gata; por la izquierda, procedentes de los montes de Toledo, recibe al Ibor, al Almonte y al Salor, todos ellos de menor caudal.

Por su parte, el Guadiana, después de realizar un sorprendente cambio de rumbo en el Portillo de Cíjara, en el límite con Ciudad Real, atraviesa la provincia de Badajoz en dirección este-oeste, y recibe por la derecha, el Guadarranque, el Ruecas, el Burdalo, el Aljucén y el Gévora, que descienden de los montes de Toledo; y por la izquierda, procedentes de Sierra Morena, el Zújar, el Ortigas, el Guadámez, el Matachel, el Guadajira, y el Ardilla.

Salvo los afluentes de la margen derecha del Tajo y el propio colector, los ríos extremeños, incluido el propio Guadiana, son de caudal irregular, sujeto a largos estiajes capaces de secarlos de julio a septiembre. Tanto el Tajo, como sus afluentes del Sistema Central, el Guadiana y el Zújar han sido objeto de importantes obras hidráulicas –Plan Badajoz y Plan Cáceres–, que se realizaron entre 1950-1970 bajo la tutela del Instituto Nacional de Colonización, a fin de aumentar las superficies irrigadas por sus aguas.

UN CLIMA BENIGNO CON TENDENCIA A LA ARIDEZ

Extremadura goza de un tipo de clima mediterráneo continental, matizado por las influencias atlánticas que penetran por los valles del Tajo y del Guadiana. Esto hace que los valores extremos característicos de este tipo de clima se moderen, sobre todo los de invierno, cuyo mes más frío –enero– da temperaturas de 6,8 °C en Cáceres y 8,1 °C en Badajoz. En verano las temperaturas dan con medias mensuales alrededor de los 25 °C en ambas capitales, aunque en Badajoz, situada más al sur, pueden alcanzarse valores extremos superiores a los 40°.

El régimen de lluvias, con máximos en invierno y mínimos en verano, está muy irregularmente repartido, superándose los 1.300 mm anuales en las áreas montañosas del norte y registrandose apenas 400 mm en las comarcas del sur. Tanto las precipitaciones en forma de nieve como las heladas son escasas, aunque las lluvias pueden ser torrenciales y caer 100 mm de precipitación de una sola vez y en muy poco tiempo.

La dehesa extremeña es un ecosistema agropastoral de gran diversidad y productividad, cuyo origen quizás se remonte a épocas neolíticas.

El dominio de las dehesas

Las variadas altitudes de las tierras extremeñas, que van de los más de 2.000 metros de las cumbres del Sistema Central a los apenas 200 metros de los valles del Tajo y del Guadiana, determinan una gran diversidad de climas locales y de diferentes paisajes, en los que viven distintas especies vegetales y animales. De los seis ecosistemas distintos que podemos establecer en el solar extremeño, el más extenso y singular es el de las dehesas, con la encina como especie dominante.

Una dehesa es un pastizal abierto, con árboles dispersos y sin matorral. Esta formación, que predomina en casi toda la penillanura extremeña, está constituida comúnmente por **encinas**, aunque también hay dehesas de **alcornoques** y quejigos, como las del valle del Tiétar, o incluso de robles, fresnos y hasta de **pino piñonero**, como las de Alcántara. La diversidad de biotopos que existen en la dehesa, explica su riqueza faunística, de la que sobresalen, como mamífero, la **gineta**, y, como ave, el **rabilargo**. Por encima de los 1.000 metros, con lluvias más abundantes y nevadas en invierno, hay bosques de **pino silvestre**, **roble rebollo** y **brezos**; en enclaves aislados sobreviven bosquetes de **abedules** y algunos **tejos**. Estos son parajes habitados por la **cabra montés**, el **corzo** y el **lince** ibérico, y en donde se refugian endemismos, como el **lagarto verdinegro** y la **rana patilarga**.

En las sierras menores, que se destacan pocos cientos de metros sobre la penillanura, encinas, quejigos, **acebuches**, **alcornoques**, **madroños**, **lentiscos** y **labiérnagos** forman espesuras impenetrables donde se refugia el **jabalí**, el **lince**, el **águila imperial** y el **buitre negro**. En los riscos y roquedos, entre **enebros** y **piornos**, anidan el **buitre leonado**, el **águila perdicera**, el **búho real** y el **alimoche**.

Allí donde el arbolado ha desaparecido, lo substituye un matorral a base de labiadas –**tomillo**, **romero**, **cantueso** y **espliego**– y especies de mayor porte como las **jaras**, las **aulagas**, el **lentisco** y el **torvisco**.

Los nidos de las cigüeñas adornando las torres de las iglesias constituyen todo un espectáculo para el amante de la naturaleza.

Espacios naturales de excepción

El interés del espacio natural de Extremadura viene acreditado por sus 600.000 hectáreas adscritas al programa Red Natura 2000, que promueve de la Unión Europea, distribuidas en más de medio centenar de parajes protegidos. De entre todos ellos cabe destacar los parques naturales de Monfragüe y de Cornalvo, la reserva natural de la Garganta de los Infiernos y los monumentos naturales de Los Barruecos y la Cueva de Castañar de Ibor.

Monfragüe (Cáceres)

Situado en la confluencia del Tajo con el Tiétar, este paraje constituye la representación más extensa y mejor conservada del ecosistema mediterráneo, con unas 1.400 especies vegetales catalogadas. El bosque, formado por alcornoques, encinas, madroños, durillos, cornicabras, brezos y, en algunos puntos, quejigos y arces, es una verdadera selva impenetrable en la que vive una rica fauna, de la que cabe destacar el lince. Hay también dehesas y zonas en las que la vegetación natural ha sido substituida por eucaliptos. En sus riscos vive la mayor colonia de buitre negro del mundo y es uno de los últimos reductos del águila imperial. La cigüeña negra también encuentra en los rellanos de los cantiles de Monfragüe un buen lugar para su reproducción.

Garganta de los Infiernos (Cáceres)

Zona de montaña del Sistema Central que abarca estribaciones de la sierra de los Tormantos y de los montes de Tras la Sierra, que delimitan el valle del Jerte. Es un sector de riberas y gargantas, de rica vegetación, con bosques de alisos, fresnos y almeces, en el fondo del valle, en los rebollares con retamas y brezos en las vertientes y los pastos en las cumbres.

Cornalvo (Badajoz)

El parque se reparte entre los municipios de Aljucén, Mirandilla y Mérida, y comprende el pequeño embalse de Cornalvo, en el curso del río Albarrega, y la sierra Bermeja. El paisaje está constituido por bosques de encinas y alcornoques, zonas de matorral con jaras, aulagas y cantuesos, dehesas, cultivos y aguas embalsadas. En estos distintos hábitats viven la cigüeña negra, la cigüeña blanca, el elanio azul, el milano real, el milano negro, la grulla y la avutarda.

Los Barruecos (Cáceres)

Se trata de una zona rocosa granítica, enclavada en plena penillanura extremeña, en el término de Malpartida de Cáceres, dedicada a pastos y cultivos, que comprende dos pequeños embalses. La vegetación es de matorral, con dominio de la retama y pies aislados de encina. Entre la fauna cabe destacar el tejón, la nutria y el milano real; en los embalses viven somormujos, cigüeñuelas y garzas reales.

Cueva de Castañar de Ibor (Cáceres)

Se trata de una cavidad cárstica de espectacular belleza y valor científico. Está labrada en materiales precámbricos muy antiguos, de hace unos 600 millones de años, y presenta interesantes formaciones de calcita y aragonito,de gran variedad y colorido. En la actualidad no es visitable, dada la fragilidad del microclima de conservación.

Los espacios naturales sobre el mapa

1. Monfragüe (Cáceres)
Localización: **Al noreste de Cáceres, en el curso del río Tajo**
Superficie: **17.852 ha**
Altitud máxima: **450 m**
Altitud mínima: **750 m**

2. Cornalvo (Badajoz)
Localización: **Al noreste de Mérida**
Superficie: **10.570 ha**
Altitud máxima: **588 m**
Altitud mínima: **200 m**

3. Garganta de los Infiernos (Cáceres)
Localización: **Al noreste de Cáceres, en el límite con Salamanca**
Superficie: **6.800 ha**
Altitud máxima: **2.000 m**
Altitud mínima: **300 m**

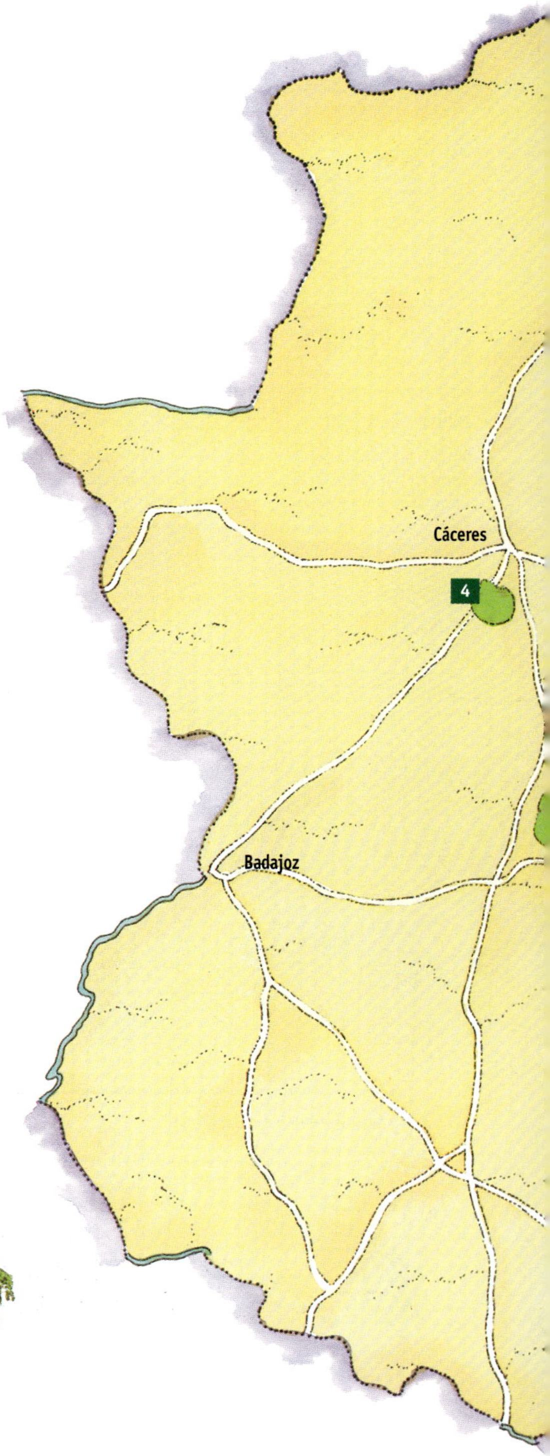

4. Los Barruecos (Cáceres)
Localización: **Al sur de la ciudad de Cáceres**
Superficie: **271 ha**
Altitud máxima: **390 m**
Altitud mínima: **379 m**

5. Cueva de Castañar de Ibor (Cáceres)
Localización: **Al este de Cáceres, en el término de Castañar de Ibor**
Recorrido: **2.135 m**
Desnivel: **-31 m**

Folclore, Costumbres y Tradiciones

Colorido, originalidad y variedad de las fiestas extremeñas

Los pueblos extremeños tienen una cultura viva, basada en las tradiciones y las creencias, que conforman un patrimonio cultural valiosísimo que se puede convertir en un elemento fundamental de atracción turística. Extremadura tiene, como el resto de pueblos españoles, una larga y fecunda historia. Podemos conocerla a través de sus hechos de armas, pero también mediante sus costumbres, sus fiestas y sus tradiciones, hechos que marcan la pauta de la forma de ser de un pueblo. La inmensa riqueza del pueblo extremeño se refleja en la variedad y colorido de sus festejos. De enero a diciembre, los pueblos, ciudades y comarcas reviven antiguas tradiciones, convertidas hoy en sentidas manifestaciones de fe, en multitudinarios espectáculos y, siempre, en manifestaciones originales y ancestrales.

La riqueza del pueblo extremeño en cuanto a costumbres, tradiciones y fiestas refleja el colorido y la amplia variedad de una cultura viva.

La fiesta del Jarramplas y la de las Carantoñas cuentan con un llamativo vestuario.

La localidad de **Navalvillar de Pela**, al este de la provincia de de Badajoz, vive, entre el 16 y 17 de enero, festividad de San Antón, la ***Encamisá***. Con esta fiesta, los habitantes de la localidad conmemoran la salvación del pueblo de un ataque árabe, conseguida tras engañar a los musulmanes encendiendo hogueras y cabalgando con unas camisas blancas, lo que indujo a los árabes a pensar que estaban ante un enemigo muy superior en número.

Los jinetes, con sus camisas blancas y pañuelos rojos al cuello, se concentran a las puertas de la iglesia. Entre hogueras, los jinetes inician las carreras a media tarde del día 16, al son del tamborilero que recorre las calles de la localidad, junto al abanderado, la Cofradía y la corporación municipal. Es habitual que los visitantes sean obsequiados con el buen vino de pitarra y los excelentes y afamados buñuelos de la villa.

Resonando aún el eco de las cabalgadas, los festejos se trasladan a **Piornal**, al norte de la

provincia de Cáceres, donde, entre el 19 y 20 de enero, festividad de San Sebastián, se celebra la fiesta del **Jarramplas**, un curioso personaje de muy antiguo origen. Vestido con ropajes llamativos, el protagonista recorre las calles tocando el tambor, mientras los vecinos le lanzan una auténtica lluvia de nabos. El Jarramplas acompañará también la procesión que se hace en honor del santo. A medianoche del día 19 se cantan las *alborás*, mientras los asistentes prueban las deliciosas migas y los buenos vinos de pitarra de la tierra. Los días 20 y 21 de enero, en **Acehuche**, al oeste de la provincia de Cáceres, se celebran las fiestas de **Las Carantoñas**. Desde la víspera, un tamborilero recorre el pueblo recordando el inicio de la fiesta en honor de San Sebastián. Al amanecer, *la alborá* tiene por objeto despertar a las Carantoñas, personajes de origen muy antiguo, que cubren su cuerpo con máscaras y pieles y que van acompañadas de las *regaoras*, mozas vestidas con trajes típicos, y del mayordomo de las fiestas.
Tras la misa, tiene lugar la procesión, entre el ruido de las escopetas, mientras las mozas "riegan" al santo con confites y las Carantoñas se quedan extasiadas al paso de la comitiva.

Arriba, la romería de los Gitanos, en Fregenal, en Badajoz. A la izquierda, el misterioso personaje de la fiesta del Jarramplas, de Piornal, en Cáceres, tocando el tambor y recibiendo una lluvia de nabos. El Jarramplas acompaña también la procesión que se hace en honor al Santo (arriba). A la izquierda, detalle de tamborileros en las fiestas de las Carantoñas de Acehuche.

FIESTAS DE ENERO

16 Fiesta de San Fulgencio, en Plasencia (Cáceres)

16 y 17 La Carrera de San Antón, en Navalvillar de la Pela (Badajoz)

19 y 20 El Jarramplas, en Piornal (Cáceres)

20 y 21 Las Carantoñas y Fiestas de San Sebastián, en Acehuche (Cáceres)

De los numerosos carnavales que se celebran en tierras extremeñas cabe destacar El Peropalo (arriba, los tamborileros), que tiene lugar en la localidad de Villanueva de la Vera. Sobre estas líneas, detalle de diversos carteles sobre el carnaval extremeño.

FIESTAS DE FEBRERO

2 Fiestas de la Candelaria, en Cáceres. Las Candelas, en Almendralejo (Badajoz). Las Candelas y San Blas, en Montehermoso (Cáceres)

3 Fiestas de San Blas, en Malpartida de Plasencia (Cáceres)

20-22 Feria de Muestras, en Don Benito (Badajoz)

Carnaval en Badajoz, Navalmoral de la Mata y Losar de la Vera (Cáceres)

Carnaval, El Peropalo, en Villanueva de la Vera (Cáceres)

LAS CANDELAS Y LOS CARNAVALES

Desde el siglo XVII se celebran en **Almendralejo** las fiestas de **Las Candelas**, el día 2. Los habitantes de la ciudad han estado guardando muebles viejos y maderas, que van a amontonar en las plazas, realizando bellas piras que se rematan con figuras que representan personajes o hechos acaecidos a lo largo del año.

De los numerosos **carnavales** que se celebran hay que hacer especial mención de tres de ellos. El **Peropalo**, curioso personaje, cuyos últimos días se viven en las calles y plazas de **Villanueva de la Vera**, y a quien se le hacen todo tipo de *judiás*.

El **Carnaval de Badajoz** es el más multicolor. Cientos de personas participan en los festejos, que finalizan en el clásico Entierro de la Sardina.

La espectacularidad de estas fiestas se da cita en el **Carnaval de Campo Arañuelo**, que se celebra en **Navalmoral de la Mata**, y que está datado documentalmente en el siglo XVII. Las fiestas comienzan el sábado con el chupinazo, mientras peñas, charangas y comparsas comienzan a concentrarse.

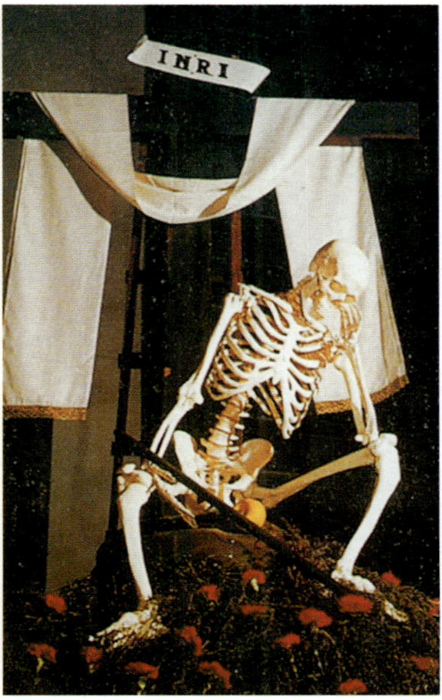

■ LA SEMANA SANTA

Entre los numerosos actos que llenan la Semana Santa extremeña, resalta, por su espectacularidad e impacto, la cita de ***Los Empalaos***, en **Valverde de la Vera**, al noreste de la provincia de Cáceres. Desde hace siglos, en la madrugada del Jueves al Viernes Santo, existe la costumbre en la localidad de cargar a sus espaldas el apero que usan para la labranza, atado al cuerpo con cuerdas. Durante la noche, recorren así "empalados" las calles.

La **Semana Santa** de **Cáceres** ofrece momentos de gran belleza, con atractivos y espectaculares imágenes que recuerdan la Pasión de Cristo, y que van acompañadas por costaleros, mujeres con mantilla y miles de fieles.

La **Semana Santa** de **Jerez de los Caballeros**, al sur de la provincia de Badajoz, mantiene viva toda su tradición, desde la popular "borriquita" del Domingo de Ramos hasta el Santo Encuentro, del Domingo de Resurrección. El sonido inconfundible de tambores y cornetas resuena en las calles de Jerez de los Caballeros, mientras las saetas, hondas y sentidas, surgen de gargantas anónimas y el olor del incienso envuelve el entorno.

La **Pasión Viviente** de **Oliva de la Fron-**

FIESTAS DE MARZO

Domingo de Pasión Procesión de Nuestro Padre Jesús de los Pasos, en Olivenza (Badajoz)

Semana Santa *Los Empalaos*, en Valverde de la Vera (Cáceres). Procesiones de Cáceres y Jerez de los Caballeros (Badajoz). La Pasión Viviente, en Oliva de la Frontera (Badajoz)

Pascua de Resurrección La Carrerita, en Villanueva de La Serena (Badajoz)

Lunes de Pascua Romería al santuario de Piedraescrita, en Campanario (Badajoz). Las Carreras, en Arroyo de la Luz (Cáceres). El Chíviri, en Trujillo (Cáceres). Virgen de Hitos, en Alcántara (Cáceres)

Primer domingo tras la Semana Santa Romería de la Virgen del Puerto, en Plasencia (Cáceres)

Entre los actos que llenan la Semana Santa extremeña, resalta, por su espetacularidad, la cita de "Los Empalaos" en Valverde de la Vera. Asimismo, cabe destacar la Semana Santa de Cáceres, la de Jerez de los Caballeros y la Pasión Viviente de Oliva de la Frontera, en Badajoz.

Arriba y a la derecha, detalles de la celebración de "Los Empalaos", en Villanueva de la Vera, en la provincia de Cáceres. Desde hace siglos, en la madrugada del Jueves al Viernes Santo, existe la costumbre en la localidad, por parte de quienes hayan hecho una promesa en ese sentido, de cargar a sus espaldas un apero bien atado al cuerpo con recias cuerdas. Los penitentes recorren así, empalados, las calles del pueblo durante toda la noche. Abajo, detalle del Cristo Yacente de Jerez de los Caballeros, en la provincia de Badajoz.

FIESTAS DE ABRIL

15 Ferias y fiestas de Alcántara (Cáceres)

23 Fiestas de San Jorge, en Cáceres

25 Romería de San Marcos, en Almendralejo (Badajoz)

Último domingo La Chanfaina, en Fuente de Cantos (Badajoz)

Sin fecha fija Feria del Queso, en Trujillo (Cáceres)

FIESTAS DE MAYO

1 al 3 Fiestas de la Santa Cruz, en Feria (Badajoz)

3 Cruces de Mayo, en Cabeza de Vaca (Badajoz)

15 Romería de San Isidro Labrador, en Fuente de Cantos (Badajoz). Romería de San Isidro Labrador, en Valencia de Alcántara (Cáceres)

Corpus Christi Procesión del Corpus, en Helechosa de los Montes y Fuenlabrada de los Montes (Badajoz). Fiestas del Corpus, en Peñalsordo (Badajoz)

tera, en la provincia de Badajoz, se celebra con gran intensidad. Los habitantes del pueblo dejan sus ocupaciones habituales y se convierten en soldados romanos, sacerdotes judíos y personajes históricos de la Pasión: Jesús, Pilatos, Caifás, etc...

EL LUNES DE PASCUA

Tras la alegría del Domingo de Resurrección, se celebran en algunas localidades extremeñas la festividad del Lunes de Pascua. En la plaza Mayor de **Trujillo** se celebra el **Chíviri,** como preámbulo de la romería que tiene lugar cerca de la ciudad desde hace muchos siglos. El mismo día, en **Campanario**, tiene lugar la **Romería de la Virgen de Piedraescrita**, cuya ermita está situada a pocos kilómetros de esta localidad del sudeste de la provincia de Badajoz. Allí se venera la imagen de una virgen hallada sobre un ara romana,

que tenía diversas inscripciones en latín. **Arroyo de la Luz** es el escenario de la fiesta de **Las Carreras**, con carruajes bellamente engalanados y caballos al trote en torno a la iglesia de San Sebastián.

Arriba, detalle de la Octava de Corpus, que se celebra en Peñalsordo, al noreste de Badajoz. El resto de imágenes corresponde a distintos instantes de la romería de San Isidro Labrador de Fuente de Cantos, en Badajoz.

La Chanfaina y las Cruces

El último domingo de abril, cocineros y cocineras de todo Extremadura se dan cita en **Fuente de Cantos** para elaborar el mejor guiso de cordero en la cita por excelencia de la gastronomía extremeña, la **Fiesta de la Chanfaina**.

La **Exaltación de la Santa Cruz** es la gran fiesta de **Feria**. La fiesta, nacida como conmemoración del nacimiento de la condesa Doña Ana de la Cruz Ponce de León, ha ido derivando definitivamente hacia su concepto actual.

Fiestas de junio

Primeros días Festivales de España, Mérida (Badajoz)

7 al 11 Feria de Junio, en Plasencia (Cáceres)

24 Toros y Fiestas de San Juan, en Coria (Cáceres)

El Corpus y San Isidro

En el siglo XVI hallamos el origen de una fiesta, la **Octava de Corpus**, que se celebra en la población de **Peñalsordo**, al noreste de Badajoz. Una fiesta que celebra la toma a los moriscos del castillo de la vecina localidad de Capilla. El sábado, unos caballeros cofrades recorren la población con numerosas antorchas, reuniéndose en torno al ayuntamiento

Arriba y a la derecha, danzantes durante la celebración de la Octava de Corpus en Peñalsordo, una fiesta que celebra la toma a los moriscos del castillo del vecino pueblo de Capilla.

Correr los Toros de San Juan, en Coria, data de principios del siglo XVII, siendo rey Felipe II. Primero, en la plaza del Ayuntamiento se dan unos pases y después dejan correr a los toros libremente tras cerrar las puertas de la muralla.

FIESTAS DE AGOSTO

Primer martes Martes Mayor, en Plasencia (Cáceres)

15 Fiestas de la Virgen de la Piedad, en Almendralejo (Badajoz)

23 La *Enramá*, en Pinofranqueado (Cáceres)

24 Fiestas de San Bartolomé, en Jerez de los Caballeros (Badajoz)

FIESTAS DE SEPTIEMBRE

Primer domingo Romería de los Remedios, en Valencia de Alcántara (Cáceres)

8 Fiesta de Nuestra Señora de Guadalupe (Cáceres)

8-10 Fiestas de Nuestra Señora de Tentudía, en Calera de León (Badajoz)

14 Ferias y fiestas del Santísimo Cristo de la Salud, en Hervás (Cáceres). Las Capeas, en Segura de León (Badajoz)

donde se llevan a cabo las *mojigangas*, sátiras sobre los hechos acaecidos en el año. **Fuente de Cantos** vuelve a ser escenario de un interesante festejo el 15 de mayo, la **romería de San Isidro Labrador**. A pie, a caballo o en engalanados carruajes, los habitantes de la comarca se trasladan hasta la pradera en la que está la ermita del Santo Patrón del campo. El mismo día, **Valencia de Alcántara** (provincia de Cáceres), muy cerca de la "raya" portuguesa, también vive su **romería de San Isidro Labrador**.

LOS TOROS DE SAN JUAN

Lo que nació como privilegio real a la localidad de **Coria**, la histórica costumbre de lancear toros bravos, ha dado paso a la tradición de correr delante de los toros por las calles y plazas. Correr los **Toros de San Juan** para celebrar el solsticio de verano data de principios del siglo XVII. Primero, en la plaza del Ayuntamiento, los más valientes dan unos pases a los toros. Luego, los toros corren libremente por las calles de Coria tras haber cerrado las cuatro puertas de la muralla.

EL MARTES MAYOR Y LA *ENRAMÁ*

Como herencia de la época medieval, ganaderos, agricultores y artesanos se reú-

nen el primer martes de agosto en el gran mercado que es el **Martes Mayor** de la localidad cacereña de **Plasencia**.

En la comarca de Las Hurdes se revive la primavera cada 23 de agosto con los ramos y las flores que saludan la fiesta de **La *Enramá***, en **Pinofranqueado**.

Los Escobazos y la *Encamisá*

En **Jarandilla de la Vera** se celebra la tradicional fiesta de **Los Escobazos**, cuyo origen no está muy claro. Comienza al atardecer en la plaza Mayor de Jarandilla, donde se presentan mayores y pequeños con escobas confeccionadas por cada uno de ellos y que, una vez encendidas, se dan unos a otros con agrado. El momento cumbre de la fiesta es, por la noche, la salida del estandarte de la Virgen, portado por un jinete desde la iglesia parroquial.

En **Torrejoncillo** (Cáceres), manda el color blanco para celebrar **La *Encamisá***, cuyo origen hay que buscarlo en el auxilio prestado por la Virgen a los naturales de la población en algunas situaciones difíciles. En homenaje a ella, muchos jinetes cubren sus cuerpos con sábanas blancas, adornadas con estrellas y la imagen de la Virgen Inmaculada, recorriendo las calles de la localidad tras recoger un farol que les entrega el mayordomo de la fiesta.

En Torrejoncillo, provincia de Cáceres, manda el color blanco para celebrar La "Encamisá". Miles de disparos de fogueo suenan cuando el estandarte de la Virgen sale de la iglesia parroquial, lo que provoca una multitudinaria procesión con cientos de jinetes.

FIESTAS DE OCTUBRE

1 Feria de San Miguel, en Zafra (Badajoz)

Primera semana Feria de San Miguel, en Zafra (Badajoz)

12 Romería de la Virgen de las Cruces, en Don Benito (Badajoz). Fiesta de la Hispanidad, en Guadalupe (Cáceres)

19 Fiestas de San Pedro de Alcántara, en Alcántara (Cáceres)

FIESTAS DE DICIEMBRE

7 Los Escobazos, en Jarandilla de la Vera (Càceres). La *Encamisá*, en Torrejoncillo (Càceres)

8 Fiestas de la Inmaculada Concepción, en Holguera (Càceres)

10 Fiestas de Santa Eulalia, en Mérida (Badajoz)

24-25 Fiestas de Navidad, en Galisteo (Badajoz)

A lo largo y ancho de Extremadura pueden hallarse excelentes maestros artesanos con sus cuidados y bien elaborados productos a la venta en tiendas especializadas, mercados y pequeñas tiendas en calles recónditas. Hoy los trabajos artesanos de las diferentes comarcas gozan de un merecido prestigio.

LA ARTESANÍA

Tradicionalmente, los trabajos artesanos de las diferentes comarcas extremeñas han tenido buena fama y aún hoy gozan de un prestigio más que merecido.

Así, la artesanía en la comarca de **La Siberia** pasa por la conservación de los oficios tradicionales. En **Cabeza de Buey** hay excelentes **artesanos de la alfarería**, mientras que la **curtición de pieles** y la **marroquinería** tienen su centro neurálgico en **Zalamea de la Serena**. En **Esparragosa de la Serena** se llevan a cabo trabajos de **bordados** y **encaje de bolillos**. Y en **Quintana de la Serena** abunda el trabajo de **cantería**.

En las **Sierras del Sur** hayaremos buenos artesanos de la **cerámica**, como en **Salvatierra de los Barros**. También es muy bueno el trabajo con el **mimbre** y la **madera**; la **piedra ornamental** y la **bisutería** tienen fama internacional, al tiempo que se trabaja excelentemente el cuero. De **Villafranca de los Barros** es famoso el encaje de bolillos.

En **Los Ibores** y **Las Villuercas** son muy interesantes los trabajos de **forja**, destacando los famosos trabajos en cobre de **Guadalupe** y **Alía**. Los artesanos del **mueble tradicional** tienen un lugar importante tam-

bién en Alía y Guadalupe, mientras en **Bohonal de Ibor** se llevan a cabo trabajos artísticos de **sillas de enea**. Los **bordados** son afamados en Cañamero, Deleitosa y otras poblaciones de la comarca, mientras que el **estilo lagarterano** es trabajado en Guadalupe, Navalvillar de Ibor y otros lugares. En Logrosán aún se fabrican las **tejas árabes**.

En **Las Hurdes** y **Sierra de Gata** son tradicionales los trabajos de **forja**. Los **candiles** a base de lava volcánica son la especialidad de Aldehuela y El Gasco. La **madera** es finamente trabajada en tallas y otras piezas en La Fragosa, Caseres, Gata, mientras que los amantes de los objetos musicales encontrarán **tamboriles** artesanos en La Fragosa y vistosas **flautas** de madera en Asegur. Para buscar **encaje de bolillos** y obras de **ganchillo** hemos de ir a Acebo y Hoyos.

La artesanía más característica del **valle del Ambroz** es la **cestería** de Baños de Montemayor. Hervás es un gran centro extremeño para los trabajos en **piel**. Las más hermosas piezas de **alabastro** proceden de Jerte. La **cerámica** es excelente en Madrigal de la Vera, Villanueva y Jaraiz, y son muy apreciadas las **tallas de madera** de Losar de la Vega.

En Extremadura se dan cita una larga lista de trabajos artesanos, tales como la cestería, los bordados o las obras de ganchillo y encaje.

GASTRONOMÍA

El exquisito placer de la buena mesa extremeña

La gastronomía de la extensa comunidad extremeña se sustenta en diversos elementos fundamentales que la enriquecen. Por un lado, la caza que, aunque en regresión, todavía hoy mantiene viva su tradición milenaria. Por otro, los animales de crianza doméstica, entre los que el cerdo ibérico, que ocupa un lugar a todas luces privilegiado, proporciona los más exquisitos jamones. Pero además, las legumbres y hortalizas juegan un papel importante, del mismo modo que lo hace el vino, ahora ya con una denominación de origen que engloba una excelente e importante producción. Y no se puede olvidar el excelente aceite de oliva, que cuenta con dos zonas principales de elaboración, las sabrosas cerezas del valle del Jerte y dulcísima miel de Villuercas-Ibores.

Extremadura es uno de los lugares tradicionales para la cría extensiva del ganado. Está demostrado que en Extremadura la raza de oveja merina adquirió carta de naturaleza mucho antes de ser conocida en otras latitudes. Una de las grandes cualidades de la raza merina es su rusticidad y capacidad de adaptación a medios distintos, por difíciles que sean. Eso le ha permitido saltar a todos los continentes, incluso a zonas donde otras razas no han logrado sobrevivir.

El ganadero extremeño ha sabido dirigir el ganado de la producción de lana (tras su crisis en los años sesenta) a la producción de corderos con carne de calidad. Eso se ha conseguido con corderos de crecimiento más rápido que, tras una alimentación como lechal, pasan a ser cebados con pienso, para salir al mercado con un peso vivo entre 20 y 25 kg, y con una edad de entre 65 y 90 días.

Desde el 9 de abril de 1997 está aprobado el reglamento y el consejo regulador de la **Denominación Específica Cordero de Extremadura**, que abarca 312 términos municipales de la Comunidad Extremeña y unas 400.000 cabezas de ganado. De este modo, se garantiza que el cordero extremeño proceda de ovejas merinas con sementales determinados.

La carne resultante tiene un canal de color rosado es tierna y poco engrasada y llega al mercado después de haber superado todos los controles de calidad pertinentes, que garantizan cada una de las fases que culminan con del cordero en el puesto de venta.

El frito de cordero es uno sabroso guiso de la cocina extremeña.

La caldereta de cabrito es una de las exquisitas recetas que se logran con la carne de las razas autóctonas.

Grandes manjares con denominación de origen

Los finos aceites de Gata-Hurdes y de Monterrubio, los suculentos jamones de la Dehesa, las dulces cerezas del valle del Jerte o la deliciosa miel de Villuercas-Ibores, todos ellos, por supuesto, con denominación de origen propia, son cuatro productos de calidad que no pueden pasarse por alto si se quiere disfrutar de lo mejor y más exquisito de la gastronomía extremeña.

EL ACEITE

Extremadura es la tercera comunidad autónoma española en producción de aceite de oliva, tras Andalucía y Castilla La Mancha. El olivar es el cultivo con mayor superficie y existen dos zonas de elaboración, ambas reguladas por consejo regulador con denominación de origen (D.O.) propia.

La **D.O. Gata-Hurdes** ampara los aceites de oliva virgen obtenidos por procedimientos que no alteren el producto, en un total de 80 municipios del noroeste de la provincia de Cáceres. Es un aceite elaborado sólo con aceituna de la variedad manzanilla cacereña, recogida directamente del árbol. Tiene un máximo de 0,5º de acidez (los aromáticos) o de 1º (los suaves), color amarillo verdoso, gran estabilidad y sabor afrutado dulce.

La comunidad extremeña dedica más de 250.000 hectáreas al cultivo del olivar.

La **D.O. Aceite Monterrubio** ampara los aceites de oliva virgen elaborados con las variedades cornezuelo y picual. Su acidez sobrepasa el 0,5º. Son amarillo verdoso, aromáticos, de sabor afrutado, algo amargo y picante. La zona de producción comprende 16 municipios del sureste de la provincia de Badajoz.

El color del aceite virgen va del amarillo pálido al verde oscuro, según la variedad de aceituna utilizada y del método de elaboración.

Los cerdos ibéricos que campan libremente por las dehesas extremeñas proporcionan suculentos jamones.

Los jamones de la Dehesa

La dehesa de encinas y alcornoques es el hábitat en el que los cerdos ibéricos hallan su medio idóneo. Aclarada de matorral, favorece la producción de pastos y bellotas, lo que redunda en beneficio del animal... y del consumidor.

El **cerdo ibérico** se explota en régimen extensivo. Es decir, está completamente libre en el campo (sistema totalmente opuesto al habitual de cría intensiva y cebo) y su alimentación es, por supuesto, libre. La edad mínima de sacrificio de un cerdo ibérico, con destino a la producción de curados, se sitúa en los 14 meses, mientras que el cerdo de cría intensiva se sacrifica a los seis.

En todas las fases de su ciclo, la alimentación tiene una gran importancia en el cerdo ibérico. De la fase final de cebo depende la calificación del producto, que la denominación de origen divide en cuatro grandes fases.

El proceso de elaboración comienza con la **salazón** (los jamones permanecen en cámaras, cubiertos de sal marina a una temperatura entre 1 y 3 grados, durante un tiempo que viene determinado por su peso, a razón de un día por kg), el **asentamiento** (se lavan las piezas para eliminar la sal y se colocan en instalaciones entre 3 y 6 grados y con alto grado de humedad para que la pérdida de agua se produzca lentamente; dura entre 35 y 40 días), el **secado** y **maduración** (en secaderos naturales de la sierra, entre seis y nueve meses) y el **envejecimiento** en bodega (entre cinco meses y medio para las paletillas y año y medio para los jamones de mayor tamaño), que acaba de matizar el extraordinario sabor del jamón extremeño, producto que pasa hasta diez controles de calidad antes de salir al mercado con las etiquetas y precintos necesarios.

TIPOS DE CALIFICACIÓN

Ibérico de bellota. Cuando, en la fase de cebo, los cerdos se alimentan sólo de bellotas y hierbas, complementadas con raíces, tubérculos, pequeños artrópodos, etc... Es de mayor calidad. Un cerdo de bellota debe haber consumido un mínimo de 450 kilos de bellotas.

Ibérico de recebo. Es el que gana, en régimen de montanera, a base de bellotas y hierbas, un mínimo del 30% de su peso de entrada, complementado luego con piensos elaborados con materias primas de calidad, autorizadas por el consejo regulador.

Ibérico de pienso. Los animales se alimentan en su fase final con piensos controlados por el consejo regulador, formulados con los mismos requisitos que para los recebos y suministrados en régimen de libertad de los animales.

El microclima especial del valle del Jerte lo convierte en un área idónea para el cultivo de frutas, y en especial de las cerezas, amparadas por denominación de origen.

Las cerezas

Fueron los romanos quienes introdujeron el cultivo del cerezo en Extremadura, aunque su gran propagación por toda la Península se produjo gracias a los árabes. Documentalmente, en Extremadura está probada su presencia en el año 1352, cuando una comitiva real, camino de Sevilla, pernocta en Cabezuela del valle, donde, según su dietario de gastos, "las cerezas costaron seis dineros". A partir del siglo XIX se produce su gran implantación en la comarca del Jerte, donde es el cultivo principal.

En enero de 1997 nacía la **D.O. Cereza del Jerte**, que comprende los once municipios del valle. Éste posee un microclima especial, que le permite ser una zona muy apropiada para la fruticultura, en la que la cereza ocupa un papel fundamental. Existen otras zonas de producción en la provincia de Badajoz y en las zonas cacereñas de Las Hurdes, Gata, Ambroz, y otras. El 62% de la producción de cerezas es de la variedad **picota**, la reina de las cerezas, de una gran calidad y sabor. Además, las cerezas del valle del Jerte también son utilizadas para elaborar un excelente aguardiente, licores digestivos y una sabrosísima mermelada. Ya que hablamos de licores, que en Extremadura se elabora un curioso licor de bellota que tiene un gran éxito.

Con las cerezas también se preparan mermeladas, licores y aguardientes.

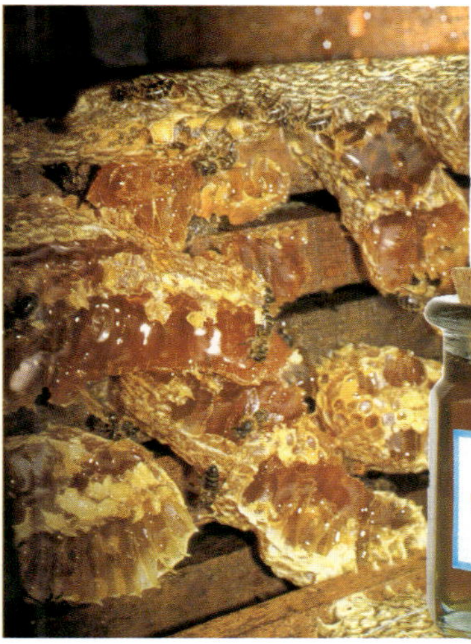

La miel de Villuercas-Ibores se presenta en las variedades de multiflora, mela y retama.

La miel

Es uno de los productos alimenticios más antiguos de la humanidad, conocida ya desde el Paleolítico. Todas las civilizaciones han utilizado la miel tanto en la cocina, para hacer dulces y pasteles como para conservar otros alimentos o endulzar bebidas alcohólicas.

En Extremadura, la primera cita documentada que se tiene sobre su miel data del año 1086, durante el reinado de Alfonso VI, cuando gentes llegadas de Talavera de la Reina se asentaron con su ganado en las comarcas de Villuercas y Los Ibores, dentro del programa de repoblación humana creado por la monarquía leonesa, y "colocaron posadas de colmenas". En las despensas del monasterio de Guadalupe se conserva una tinaja donde se guardaba la miel de las colmenas, que la comunidad explotaba en distintas dehesas. El 8 de septiembre, festividad de la Virgen, cuenta la tradición que la gente acudía al monasterio "a que les dieran miel de una tinaja, que decían la había manado una vez por milagro".

La **D.O. Miel de Villuercas-Ibores** está reconocida desde enero de 1999, abarca 26 municipios de las comarcas de las Villuercas, del río Ibor y de los montes de Toledo, al sudeste de la provincia de Cáceres. La miel de esta zona puede ser fluida, espesa o cristalina, no puede contener más de un 1% de polen de planta cultivada o no autóctona (exceptuando las empleadas en repoblaciones forestales, que pueden entrar hasta en un 15%), con un máximo de humedad del 18,5% y exenta de sustancias inorgánicas u orgánicas extrañas a su composición.

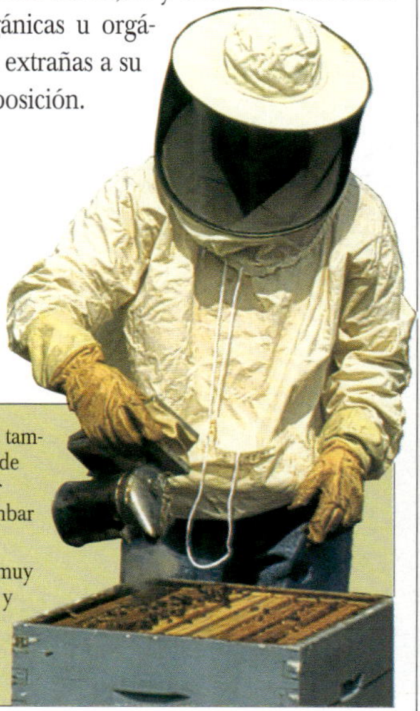

LAS DISTINTAS CLASES DE MIEL

Los tipos de miel que se producen con la garantía de la D.O. Miel de Villuercas-Ibores son tres:

Multiflora, también conocida como mil flores, de color ámbar, de claro a oscuro.

Miel de mela o bosque, también llamada de mielada, de olor muy intenso, peculiar sabor malteado y color ámbar muy oscuro.

Monofloral de retama, muy aromática, de sabor dulce y agradable y color ámbar, de claro a oscuro, con tonos rojizos.

La pringada, con el tocino como base, es una receta tan sencilla de preparar como suculenta.

Las recetas básicas de la cocina extremeña

La mesa extremeña es de una gran riqueza. Ya en el siglo XIII se hablaba del monasterio de San Benito de Alcántara, sede de la orden religiosa del mismo nombre, como poseedor de una cultura gastronómica importante. La recopilación de sus recetas fue llevada a Francia por las tropas de Napoleón, razón por la cual todavía hoy podemos hallar en libros franceses de cocina recetas de aves al "estilo Alcántara".

El francés Ecoffier, una de las firmas más importantes en la historia de la cocina, llegó a decir que el mejor trofeo y la única ventaja conseguida por Francia en la guerra de España fueron las recetas culinarias que sus tropas se llevaron a París... Entre muchas otras dicen, un apetitoso y sencillo caldo (que los monjes de Guadalupe llamaban consumo o consumado y en el que se aprecia el origen del **consomé**) y la sencilla pero exquisita **tortilla cartujana**. Hemos hablado de los diferentes elementos gastronómicos que conforman la base de la cocina extremeña. Pero hay otros muchos que también resultan importantes: la caza, el bacalao, las hortalizas, las patatas, el pimentón (que Colón trajo de América y entregó a los Reyes Católicos en el monasterio de Guadalupe), el espárrago triguero, el cardillo, el cardo, el berro (que hace una sencilla pero apetitosa ensalada) y algunas setas. Con todo ello, la cocina extremeña demuestra una sorprendente madurez y variedad de platos. Las recetas que se nos ocurren son muchísimas, pero vamos a mencionar tan sólo algunas de ellas.

OTROS PLATOS BÁSICOS

Las **cebollas rellenas al estilo de Cáceres** (un plato sabroso, con carne picada y lonchas de tocino en el interior de la cebolla).

Las **patatas a la extremeña** (un sabroso guiso, en el que también intervienen los pimientos –verde y rojo– y el chorizo), el **potaje con garbanzos** (hay también espinacas, jamón, huevo y harina) y el sabroso **arroz con conejo a la cacereña**.

La caza de la perdiz ofrece interesantes posibilidades gastronómicas, entre las que destaca la **perdiz al modo de Alcántara**, con higadillos de pato, manzanas, peras, trufas, vino de oporto y manteca de cerdo.

La carne de cabrito es protagonista de numerosos platos, como la caldereta de cabrito (izquierda). Abajo, una cachorreña, una sencilla sopa.

El cojondongo es un plato refrescante tradicional de Tierra de Barros. Acostumbra a tomarse como entrante.

El potaje con garbanzos lleva, además, espinacas, jamón y huevo.

Las perdices al modo de Alcántara es uno de los platos más populares de Extremadura.

El arroz con conejo a la cacereña es una acertada combinación muy presente en toda la provincia.

La carne de caza (arriba, estofado de venado) proporciona un sinfín de platos. Antaño constituía la fuente alimenticia más importante para muchas familias.

El gazpacho extremeño, plato frío por excelencia, es más sobrio que el andaluz, del cual se diferencia por carecer de tomate e incluir la miga de pan.

Las migas extremeñas son un tradicional plato de pastor que combina pan, tocino, pimientos secos y ajo.

Quesos de pura leche de cabra y oveja

En las grandes dehesas extremeñas pastan los rebaños de ganado ovino y caprino, de cuyo ordeño se obtiene una leche de gran calidad y que, además de su alto valor nutritivo, es excelente para elaboración de exquisitos quesos. Los quesos de oveja extremeños se basan fundamentalmente en la raza merina, que ha adquirido una gran importancia en Extremadura desde los largos períodos en que permanecía en esta tierra durante la Edad Media, procedente de la trashumancia desde el norte de la Península.

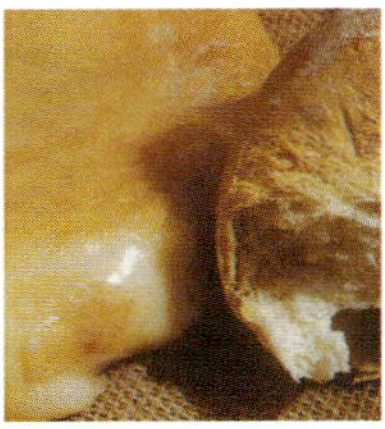

LOS QUESOS DE LA SERENA *(arriba) se caracterizan por el uso de la flor de cardo como coagulante. Sobre estas líneas, una típica torta de oveja, elaborada con leche de raza merina.*

EN LA COMARCA DE LA SERENA *se producen quesos de gran calidad y personalidad, regulados desde el año 1992. Se presentan de tiernos a semicurados, y están elaborados con leche cruda y entera de oveja merina.*

■ EL QUESO DE LA SERENA

En el extremo oriental de la provincia de Badajoz, en 21 municipios de la comarca del mismo nombre, se elabora el queso de **La Serena**. El origen de este queso fue un medio de conservación de la leche y solía consumirse duro, a partir del verano.

El empleo de la **flor de cardo** como coagulante es una de las características fundamentales que aporta al queso de La Serena su personalidad, calidad y características especiales. Regulado por las normas del Consejo Regulador desde 1992, se trata de un queso madurado, de tierno a semicurado, elaborado con leche cruda y entera de oveja merina, con un período mínimo de maduración de 60 días.

Su corteza es semidura, de color amarillo céreo a ocre, de caras lisas, pasta blanda a semidura, que puede presentar ojos pequeños, desigualmente repartidos.

■ LA TORTA DEL CASAR

También tiene la protección del Consejo Regulador, creado provisionalmente en enero de 1999 y que ampara el queso producido en diez municipios de la provincia de Cáceres, a la vera del río Tajo. Fue un queso de escasa producción hasta hace bien poco, en los últimos años ha conseguido un renombre internacional, gracias a su excepcional calidad.

Se trata de un **queso puro de oveja** (de raza merina) elaborado con leche cruda y madurado unos 60 días. Su corteza es fina y ligera, de color amarillo céreo a ocre, que en ocasiones se agrieta, lo que permite el vertido de su untuosa pasta.

Tanto el queso de cabra como el elaborado con leche de oveja han pasado con creces las pruebas a las que han sido sometidos en certámenes y ferias por su gran calidad.

Como hemos dicho, la pasta es untuosa, cremosa, casi líquida, de color amarillento y sabor y aroma excepcionales. Un auténtico descubrimiento para el paladar más exigente.

■ El queso de Ibores

Es uno de los más emblemáticos de la región y está protegido por Consejo Regulador desde abril de 1997 que abarca las comarcas cacereñas de Los Ibores, Las Villuercas, La Jara y Trujillo, con un total de 35 municipios.

Un queso **puro de cabra**, elaborado con leche entera y cruda de las razas caprinas tradicionales en su área de producción (serrana, verata y retinta), madurado al menos durante 60 días. El resultado es un queso graso, de forma cilíndrica, corteza semidura, de color amarillo céreo a ocre oscuro y caras y superficie perimetral lisas. Puede presentarse pimentonado o untado en aceite. La pasta es semidura, de color blanco marfil, y con ojos desigualmente presentados.

El queso de Ibores se elabora con leche entera y cruda de cabra.

OTROS QUESOS

La comarca cacereña de las Vegas de Coria es la cuna del **queso de Acehuche**, con leche de cabra. Es maduro, de curado a semicurado.

Al norte de Cáceres se elabora el **queso de la Vera**, con leche de cabra verata.

Entre las sierras de San Pedro y de Jerez se elaboran las **quesaíllas**, con leche de cabra.

También con leche de cabra se hace el **queso de La Siberia**. Es poco salado y graso.

El **queso de Sierra de Gata-Hurdes** se elabora en ambas comarcas de la provincia de Cáceres, con leche entera de cabra. Su corteza es de color blancos. Es extragraso, de sabor ácido y algo picante.

El **queso de la Sierra del Sur** se produce en la comarca del mismo nombre (Badajoz), con leche de cabra retinta.

LOS ROMANOS FUERON LOS *primeros en plantar vides en tierras extremeñas. Arriba, relieve romano que ilustra la tradición de beber vino en las tabernas, conservado en el museo de Mérida. Desde entonces, la importancia de los caldos de Extremadura ha crecido imparable, y hoy cuentan ya con denominación de origen.*

Seis comarcas vinícolas para un vino excelente

Las primeras cepas de viñedos llegaron a tierras extremeñas durante el dominio romano. A partir de ese momento, la importancia del vino no ha dejado de crecer, sobre todo cuando es convertido en el elemento esencial de la misa cristiana. En tiempos de Carlos I, el vino extremeño gozaba de gran fama. El monarca dejó esta sentencia: "Para vivir, el vino de Jarandilla; para morir, el monasterio de Yuste". Es mediado el siglo XIX cuando los viñedos inician una rápida progresión por Extremadura. En los últimos años, el esfuerzo inversor ha sido considerable en las distintas zonas extremeñas donde se elabora vino.

El largo período en el que los vinos extremeños estuvieron etiquetados como Vinos de la Tierra, a pesar de que alguna bodega puntera había conseguido situar sus vinos en la cúspide de los mejores productos españoles, acabó cuando los vitivinicultores vieron su esfuerzo recompensado con la puesta en marcha de la prestigiosa **Denominación de Origen Ribera del Guadiana**, cuyo reglamento fue aprobado en 1997.

Bajo el amparo de la D.O. Ribera del Guadiana quedaban seis comarcas vinícolas (Cañamero, Montánchez, Ribera Alta, Ribera Baja, Matanegra y Tierra de Barros), cada una con unas características especiales. Fuera de la denominación queda el llamado **vino de pitarra** (artesanal, reposado en barrica y, generalmente, poco filtrado), con un poderoso sabor frutal y dulzón excelente para una comida en el campo.

A la subzona de **Cañamero**, al sudeste de la provincia de Cáceres, pertenecen los municipios de Alia, Berzocana, Cañamero, Guadalupe y Valdecaballeros. La variedad de uva más abundante es la blanca autóctona **alarije**. Entre las variedades blancas también se cosechan la **chelva** y la **malvar**, y entre las tintas, la **tempranillo** y la **garnacha**. La subzona de **Montánchez**, al sur de la ciudad de Cáceres, engloba un total de 27 municipios. En ella, la variedad más importante es la blanca **borba**, a la que le siguen las también blancas alarije, **cayetana blanca** y **pedro ximénez**: entre las tintas, minoritarias, aparecen la tempranillo y la garnacha.

LA D.O. RIBERA *del Guadiana , aprobada en marzo de 1997, incluye seis comarcas vinícolas.*

La subzona de la **Ribera Alta**, centrada en Don Benito, acoge a 38 municipios. Las variedades más importantes son las alarije y **borba** (blancas) y tempranillo y garnacha (tintas).
En la subzona de la **Ribera Baja**, en el entorno de la ciudad de Badajoz, están integrados once municipios. Entre las variedades blancas destacan la **cayetana blanca** y la **pardina**, y entre las negras, la tempranillo y la garnacha.
La subzona de **Matanegra** está al suroeste de la provincia de Badajoz, entre Zafra y Fuente de Cantos. A ella pertenecen ocho municipios. Entre las variedades blancas destacan varias: **eva**, **montúa**, pardina, cayetana blanca y macabeo, mientras en las negras hay destacada presencia de tempranillo, garnacha y **cabernet sauvignon**. En cuanto a la subzona **Tierra de Barros**, en el centro de la provincia de Badajoz y con la localidad de Almendralejo como centro, están integrados 36 municipios. Las variedades principales son las blancas cayetana blanca, **pardina**, **montúa** y macabeo, mientras en las negras destacan tempranillo, garnacha y cabernet sauvignon. De las bodegas extremeñas destaca **Bodegas Inviosa**, en Almendralejo, cuyos vinos gozan de amplio prestigio internacional.
Y no olvidemos, ya que hablamos de vino, que de los miles de alcornoques de los campos extremeños procede un **corcho** de gran caliad con el que se elaboran los tapones que mantienen en perfecto estado los vinos españoles e incluso también los franceses.

RUTA 1
DE CÁCERES A MÉRIDA
CÁCERES Y BADAJOZ

Monumentalidad con carácter universal

La gran riqueza monumental de los lugares que se visitan en esta ruta ha llevado a la Unesco a declarar a muchos de ellos patrimonio de la humanidad. Así ocurre con Cáceres, repleto de iglesias y palacios que configuran un casco viejo de los más importantes de la Península. Le siguen Guadalupe, cuyo monasterio también forma parte del patrimonio de la humanidad, junto a Mérida, capital de la comunidad autónoma, con un importante conjunto de construcciones romanas. Además, también Trujillo figura entre las ciudades monumentales de Extremadura. En la ruta de los Descubridores, Trujillo deslumbra al viajero con sus casonas, palacios e iglesias que forman un dédalo histórico que permite revivir la esencia del medievo.

EL CASCO VIEJO DE CÁCERES *es uno de los más importantes de la Península. Plagado de monumentos y construcciones de primer orden, fue declarado patrimonio de la humanidad en 1986.*

NUMEROSOS VESTIGIOS ROMANOS *se reparten a lo largo y ancho de la ciudad de Mérida, antigua "Emerita Augusta". Sobre estas líneas, un detalle de la calzada que comunica el teatro y el anfiteatro.*

Sobre una pequeña colina, **Cáceres** (77.768 hab.) se ha convertido en un nudo de comunicaciones importante donde confluyen la N-630 y N-521 junto a otras carreteras comarcales. Pese a la despoblación paulatina de Extremadura, debido a la emigración hacia los principales centros industriales del país (Barcelona, Madrid, Vizcaya), Cáceres ha conocido un aumento

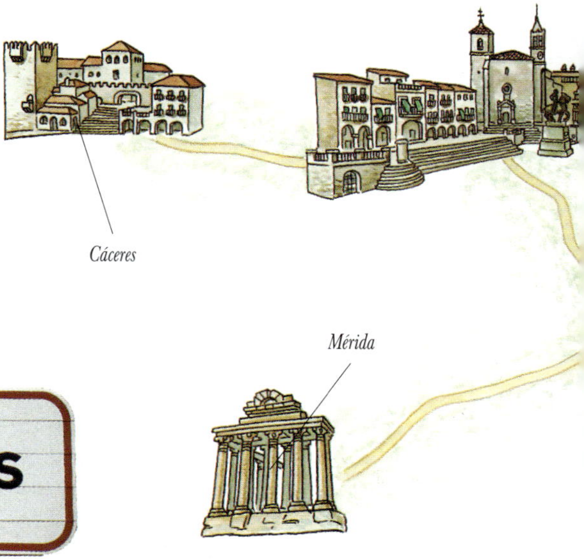

considerable de su demografía, aunque con numerosos altibajos, en poco menos de un siglo. En 1920 el municipio registraba 13.617 habitantes elevándose en la actualidad a casi ochenta mil. Este considerable incremento se debe, en parte, a las buenas comunicaciones que sirven de reclamo a la industria, pero también al impulso económico del turismo gracias a su casco antiguo, declarado patrimonio de la humanidad en 1986, el tercer conjunto monumental de Europa.

Sin embargo, a los viajeros de otras épocas, además de los palacios, iglesias y casonas, también llamaban la atención algunas características que pasan completamente desapercibidas a quienes la visitan en la actualidad. Así relata un viajero, a principios del siglo XX, sus impresiones sobre la villa: *La posición que ocupa Cáceres hace que la ciudad esté bien ventilada, de modo que en ella las nieblas son raras, así como las nieves; las lluvias son escasas y los fríos del invierno de corta duración...*

LAS MURALLAS DE CÁCERES *que rodean el barrio monumental fueron edificadas a finales del siglo XII, en tiempos del califa Abu Yacub Yusuf. Originariamente tenían cinco puertas, algunas de las cuales aún se conservan.*

LA CASA DEL ÁGUILA *(arriba) y el palacio Mayoralgo (a la izquierda, un escudo) pueden verse en Cáceres. Abajo, cruz junto a la iglesia de Santa María Magdalena, en Mirandilla.*

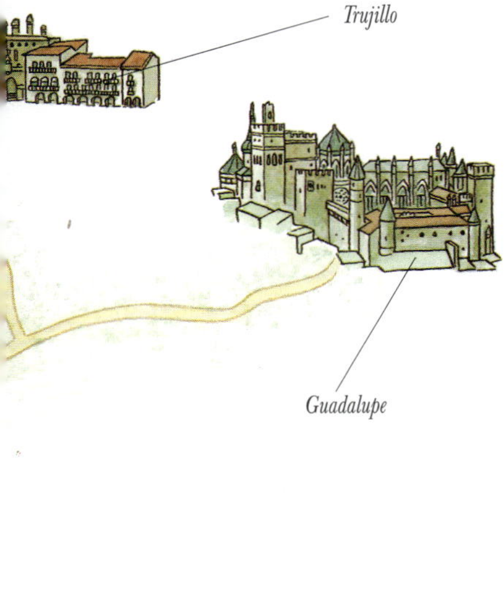

LA TORRE DE BUJACO *(arriba y bajo estas líneas) se levantó en el siglo XII, en la misma época que las murallas. Está coronada por almenas y en ella destaca especialmente el denominado balcón de los Fueros.*

EL ARCO DE LA ESTRELLA *(en las dos imágenes de la derecha), del siglo XVIII, es una de las antiguas puertas de la muralla. Junto a ella puede contemplarse la torre de los Púlpitos (abajo) que se levantó en el lugar que ocupaba desde el siglo XV la puerta Nueva. Está coronada por almenas y matacanes cilíndricos que le han dado nombre.*

La época de los primeros asentamientos en Cáceres se remonta a la Prehistoria como demuestran los hallazgos arqueológicos de la **cueva de Maltravieso**. A 2 kilómetros de la ciudad actual, Quinto Cecilio Metelo, en el año 79 a.C., estableció un campamento romano, llamado *Castra Caecilia*, y César, la colonia *Norba Caesarina* (Cáceres) sobre la calzada de la Plata.

Cáceres sufrió las incursiones de suevos y vándalos, y alcanzó cierta importancia en el período visigodo. Más tarde, ocuparon el territorio los árabes. En 1142 los cristianos la recuperaron por primera vez y en 1229, definitivamente. En 1833, al implantarse la división provincial, Cáceres rivalizó con Plasencia para obtener la capitalidad. En 1881 se inauguró la vía férrea con Madrid y Lisboa y, en julio de 1936, Cáceres se sumó a las tropas golpistas.

La visita a Cáceres debe comenzar en la **plaza Mayor** (siglo XIII), de planta irregular, que en sus orígenes albergó un mercado. A este espacio se abren una serie de calles repletas de comercios que conservan el ambiente tradicional. A ello también contribuyen sus tascas y restaurantes. En el siglo XVI los antiguos soportales de madera se sustituyeron por otros de arcos sobre pilares de piedra. En esta plaza se halla la elegante **casa consistorial**. Junto a la plaza está el barrio monumental cerrado por las **murallas** (siglo XII), que antaño tenían cinco puertas. La **torre de Bujaco** es un torreón romano de planta cuadrada, gran altura y coronado por almena. En ella destaca el **balcón de los Fueros**. Adosada a la torre está la **ermita de Nuestra Señora de la Paz** (siglo XVIII), construida sobre una capilla renacentista. En el interior alberga un bello **retablo** con una talla de la Virgen que le da nombre.

El **arco de la Estrella**, antigua puerta de la muralla, por medio de una escalinata comunica la plaza Mayor con el casco viejo. El arco, obra de Manuel de Lara Churriguera se abre oblicuo, de derecha a izquierda, para permitir el acceso de carruajes al palacio de los Toledo-Moctezuma. En su interior se levanta un **templete románico** que alberga una imagen barroca de Nuestra Señora de la Estrella. Junto al arco, están el **adarve de la Estrella** y la **torre de los Púlpitos**.

Al finalizar el adarve de la Estrella, poco después de la **plaza de los Caldereros**, donde se asentaba este gremio, comienza el **adarve de Santa Ana,** que corre paralelo entre la muralla y el casco viejo. Sobresalen la **torre del Horno**, antiguo bastión de defensa, el denominado **Pilar**, un abrevadero para el ganado construido por Felipe II extramuros y trasladado recientemente, y la **torre de la Hierba**. El **arco de Santa Ana** es otra de las antiguas puertas de la muralla.

Por este adarve existen varias torres de defensa, como la **del Postigo**, **la Redonda**, **la Desmochada** y la **del Gitano**; algunas puertas, como las **de Mérida** y la **del Río**; y arcos como el **del Socorro**.

A la derecha del arco de la Estrella se ve otro **arco** sostenido por una bóveda de ladrillos dispuestos en espiga. Le sigue el **adarve del obispo don Álvarez de Castro** que termina en una placita donde está el **palacio de los Toledo-Moctezuma**. Este palacio, que perteneció al capitán cacereño don Juan Cano de Saavedra, compañero de Hernán Cortés en la conquista de México, se construyó con parte del oro que el capitán trajo del Nuevo Mundo. Sus descendientes lo reformaron y honraron la memoria de ambos linajes en dos salas decoradas con frisos renacentistas. La torre presenta en el último cuerpo un blasón con los emblemas de ambas familias.

LA PLAZA MAYOR DE CÁCERES, *de planta irregular, albergó en sus orígenes un mercado y las reuniones del concejo, y posteriormente, numerosas corridas de toros. Los soportales que la rodean son del siglo XVI. Abajo, el adarve (o camino en una muralla) del obispo Álvarez de Castro, que termina en una placita.*

EL PALACIO DE LOS TOLEDO-*Moctezuma (arriba, a la izquierda) se construyó con parte del oro que trajo de México el capitán cacereño don Juan Cano de Saavedra, compañero de armas de Hernán Cortés que se casó con la princesa azteca Tecuixpo, hija de Moctezuma II. En su interior hay magníficas pinturas con personajes romanos y aztecas. Arriba, el llamado arco del Cristo, en el adarve de Santa Ana, que corre paralelo entre la muralla y el casco viejo.*

LA TORRE DE LA HIERBA *(izquierda), en el adarve de Santa Ana.*

LA IGLESIA DE SANTA MARÍA *la Mayor (en estas dos imágenes y a pie de página), también conocida como iglesia de la Asunción de Nuestra Señora, fue el primer templo construido en Cáceres tras la Reconquista. Se edificó en el siglo XIII combinando el románico y el gótico. Posee tres naves y un campanario renacentista.*

EL PALACIO EPISCOPAL, *del siglo XVI, tiene una fachada renacentista en cuyo friso puede verse la fecha de construcción: 1587. En su fachada, de líneas sencillas, destaca la decoración con motivos almohadillados de piedra, que rodea las ventanas y el arco de entrada. Está situado en la placita de Santa Ana, camino de la cual puede verse la torre de los Carvajal, del siglo XII, la más antigua de las torres señoriales de la ciudad, adosada a la casa del mismo nombre.*

A su lado está la **torre de los Espaderos** y, en dirección a la placita de Santa Ana, la **torre de los Carvajal** (siglo XII), la más antigua de las torres señoriales de Cáceres, adosada a la **casa de los Carvajal**, reconstruida tras el incendio que sufrió en el siglo XIX. Al llegar a la placita se descubre el **palacio episcopal**, construido en 1587, con una fachada renacentista.

La **placita de Santa María** conserva la esencia medieval. Lejos del ruido de los automóviles los callejones vecinos permiten descubrir el Cáceres más tradicional y comprender por qué su casco viejo fue declarado patrimonio de la humanidad. La placita la domina la fábrica de la **iglesia de Santa María la Mayor** también llamada **de la Asunción de Nuestra Señora** (siglo XIII), románico-gótica, el primer templo construido tras la reconquista. Presenta tres naves rematadas, en uno de los ángulos del edificio, por un **campanario** de base cuadrada, renacentista. Destacan sus dos **portadas**, góticas. En su interior se descubre un bello **retablo mayor** (siglo XVI), de maderas finas, en estilo plateresco, obra

El palacio de los Golfines de Abajo *(a la izquierda y a pie de página) cuenta con una espléndida fachada plateresca con notables elementos góticos. Destaca la torre medieval y el doble cuerpo de arquería del patio interior. Arriba, el palacio de Ovando, obra de Hernando de Ovando.*

de Guillén Ferrant y Roque Balduque; y varios **sepulcros** de alabastro y cantería bien construidos con sendos blasones que hablan de sus propietarios. En la **capilla de los Blázquez Mogollón** se muestra el llamado *Cristo negro*, talla gótica de excelente factura. Junto al campanario se levanta el **palacio de la Diputación,** que incluye un frontón decorado con la imagen de la Virgen. En la **cuesta de Aldana**, casi en la esquina, se encuentrael **palacio de los Moraga**, blasonado. En la **placita de San Jorge** se encuentra el **palacio de los Golfines de Abajo** (siglo XVI) con una fachada plateresca, obra de Alonso Torralba. La portada muestra un arco de medio punto y sobre el mismo escudos heráldicos.

En el conjunto destacan dos torres. Una de ellas, la de la izquierda, muestra el blasón de los Golfines. La otra, la de la derecha, presenta matacanes y ventanas de aspecto medieval. En el interior, el llamado **salón de Linajes** (siglo XV) conserva varios escudos que permiten conocer la genealogía de esta familia.

Cerca está el **palacio de Ovando**, construido por Hernando de Ovando, hermano de Nicolás de Ovando (1451-1511), gobernador de La Española (República Dominicana). Reformado en el siglo XVIII, presenta una portada renacentista. Le sigue el **palacio de Mayoralgo**, que conserva una fachada gótica con arco, ventanas y blasón coronado por un yelmo.

El palacio de la Diputación *(arriba, un detalle de su exterior), junto al campanario de la iglesia de Santa María la Mayor, incorpora una portada adintelada y un frontón triangular ornamentado con la imagen de la Virgen. Junto a estas líneas, escudo de una de las muchas casas nobles blasonadas que pueden contemplarse en Cáceres.*

ESTATUA ECUESTRE DE SAN JORGE, *en la escalinata de la plaza del mismo nombre. A la derecha, la casa de las Veletas, de época árabe y reformada en el siglo XVI. Y al lado, vista parcial de la iglesia de San Francisco Javier, de tres naves.*

Cerca de la placita de Santa María está la **placita de San Jorge,** rodeada de edificios históricos. Sobresale la **casa de los Jesuitas** (siglo XVIII), con la **iglesia de San Francisco Javier**. En la misma plaza se encuentra la **casa de los Becerra** (siglo XV). Destacan, en la linde de la techumbre, dos gárgolas. Por la **calle don Álvaro** se accede a la **plaza de las Veletas** que da entrada a la antigua **alcazaba** árabe. La **casa de los Aljibes** o **de las Veletas** data de la época árabe. En su interior hay restos del alcázar almorávide. El edificio se asienta sobre un gran **aljibe** o cisterna del siglo XII, que sirvió para garantizar el suministro de agua a la alcazaba. Durante la reforma del siglo XVI se le añadieron las gárgolas, los balaustres de cerámica talaverana y los pináculos con veletas que dan nombre a la casa. Adosada a la casa de los Aljibes está la **casa de los Caballos,** sede del **Museo Provincial**.

LA IGLESIA DE SAN FRANCISCO JAVIER *cuenta con fachada flanqueada por dos torres de mampostería y puerta con arco de medio punto entre dobles columnas. Abajo, algunos de los relevantes edificios históricos que rodean la plaza de San Jorge.*

OBRAS DE ARTE EN CADA RINCÓN

La **plaza de San Mateo** la preside el **convento de San Pablo** (siglo XV). Habitado por monjas franciscanas de Santa Clara, muestra una portada gótica sobrevolada por una airosa espadaña (siglo XVIII). Destaca el **retablo mayor**.

Al otro lado de la plaza se alza la **casa de la Cigüeña**, estrecho torreón que recibió este nombre por la presencia antaño de numerosos nidos de cigüeñas. En la actualidad acoge las dependencias del Gobierno Militar.

En la **iglesia de San Mateo** (siglo XVI), de fábrica de cantería y estilo gótico, llama la atención el amplio **arco** que sostiene el coro. La portada, plateresca,

EL CONVENTO DE SAN PABLO *(a la izquierda, detalle de su espadaña), levantado en el siglo XV sobre una antigua ermita, es la principal construcción de la plaza de San Mateo.*

es de Guillén Ferrant. El interior, notable por la elevación de la bóveda, muestra bella decoración en las capillas y los altares. Destaca el **retablo** barroco de madera y varios **sepulcros** de familias cacereñas.

De la plaza de San Mateo sale la **calle Ancha,** que conduce a la puerta de Mérida. A lo largo de la misma hay varios palacios y casonas dignos de mención, como el **palacio de los Ulloa-Golfín**, el **palacio de los Carvajas y Ulloa** y la **casa de los Paredes-Saavedra**, de aspecto defensivo y cuya arquitectura conserva elementos mudéjares, góticos y renacentistas, fruto de las sucesivas reformas y adiciones que ha sufrido a lo largo de los siglos.

Más abajo se alza la **casa de los Torreorgaz** (siglo XIV) con una torre (siglo XVI) repleta de escudos heráldicos, y portada (siglo XVIII) con friso de triglifos y metopas. Reformada en 1989 abrió las puertas como **parador de turismo**. Cerca de la puerta de Mérida, está el **hospital de Caballeros** (siglo XVII), fundado para atender las necesidades sanitarias de los nobles; y la **casa de los Sánchez-Paredes**, con portada de dovelas, escudos nobliarios de las dos familias.

Por el **adarve de la puerta de Mérida** se llega a la **calle del Olmo** donde está la **enfermería de San Antonio**, con bella portada barroca. En la misma calle se halla la **casa de los Ovando Perero**. En la esquina de la **calle Conde** se alza el **palacio de los Golfines de Arriba** (siglo XVI), construido sobre el antiguo solar de los Valverde y de la Cerda. En el centro se yergue la **torre del homenaje** (siglo XVI). En la **cuesta de Aldana** con la **calle Orellana** se visita la **casa Mudéjar** (siglo XIV), la única de su estilo dentro de las murallas, con dos cuerpos de mampostería y ladrillo y ventanas de medio punto. Al final de la calle está la **casa del Águila**, llamada así por el águila del escudo de los Sande. Más

LA IGLESIA DE SAN MATEO *(sobre estas líneas) muestra una portada plateresca de Guillén Ferrant. Arriba, el parador de turismo, ubicado en la casa de los Torreorgaz. Junto a estas líneas, la casa de las Cigüeñas, almenada, que acoge actualmente las dependencias del Gobierno Militar.*

EN BARRIO DE SAN ANTONIO *actual (en las dos imágenes superiores) estuvo situada la antigua judería Vieja, cuya sinanoga se alzaba en la ermita de San Antonio. Sus viviendas, en gran parte adosadas a la muralla, son de reducidas dimensiones, de puertas sencillas y adinteladas.*

interesante resulta la **torre de los Sande** o **de los Plata**. La **casa del Sol** (siglo XV) conserva una portada gótica.

En la cuesta de Aldana se alza la **casa de los Cáceres-Andrada** o **del Mono**, de estilo gótico, que alberga la **biblioteca Zamora Vicente**. La **torre de los Cáceres-Andrada** conserva elementos de influencia visigótico-mudéjar. En la **plaza de los Caldereros** está la **casa de los Rivera**, sede del rectorado de la Universidad de Extremadura, y la **casa de la Generala** (siglo XVI).

Frente al **postigo de Santa Ana** está la **casa de los condes de Adanero**, con una portada del siglo XVII. Al otro lado de la muralla, en la **placita de Santa Clara**, está el **convento** del mismo nombre, con una bella portada barroca. Y cerca, la **ermita de la Soledad** y la **casa de los Pereros** (siglo XV).

En el **barrio de San Antonio** estuvo la antigua **judería Vieja** (siglos XIII-XV), que acogió parte de las ciento treinta familias que en 1479 vivían en Cáceres. Las viviendas, en muchos casos adosadas a la muralla, son pequeñas y de puertas sencillas y adinteladas. Tras la expulsión de los judíos, en 1492, la judería Vieja pasó a llamarse barrio de San Antonio Abad o San Antonio de la Quebrada, por el desnivel del terreno. La **ermita de San Antonio** (siglo XV), costeada con el dinero de los Golfines, también está adosada a la muralla.

LA CASA DE LA GENERALA *se edificó en el siglo XVI. Bajo estas líneas, la iglesia de Santiago de los Caballeros. A la derecha, el palacio de los Godoy, de estilo renacentista.*

Fuera del recinto amurallado merece la pena visitar la **iglesia de Santiago de los Caballeros**, que sirvió de convento a los caballeros de la Espada o frailes de Cáceres, abolengo de la orden militar de Santiago. De su primitiva fábrica románica conserva escasos restos tras la reforma gótica del siglo XVI. En el interior hay un **retablo mayor**, de Alonso Berruguete.

La **ermita de Nuestra Señora de Guadalupe** (siglos XVII-XVIII), en la calle Caleros, ocupa el solar de la casa de Gil Cordero, pastor que descubrió la imagen de la Virgen de Guadalupe en la sierra de las Villuercas.

El **palacio de los Godoy** o **casa Roco**, en la calle de Camberos, renacentista, muestra un balcón esquinado y decoración de roleos, angelotes, amorcillos y figuras mitológicas y antropomorfas. El patio tiene dos galerías de ocho arcos de medio punto sobre columnas toscanas (baja), y balaustrada con columnas con remate de capiteles corintios (alta). El palacio lo construyó don Francisco de Godoy, que acompañó a Pizarro en la conquista de Perú, con parte del oro saqueado a los incas. A su regreso a Cáceres, donde se casó con doña Leonor de Ulloa, residió en este bello edificio.

■ Palacio tras palacio

Cerca está el **palacio de la Audiencia**, sede de la Audiencia de Extremadura durante el siglo XVIII, que ocupó el **hospital de la Piedad** (siglo XVII). Conserva un patio renecentista, con columnas y arcos de medio punto. A su lado se alza la **capilla de San Pedro de Alcántara**, bella muestra del barroco popular. El **palacio de los duques de Abrantes**, en la calle Sancti Spiritus, presenta una imponente torre desmochada con matacán sobre ocho modillones y decoración de bolas. La portada interior reposa sobre un entablamento sostenido por un atlante y una cariátide.

El **convento de Santo Domingo** (siglo XVI), en la calle homónima, ocupa el emplazamiento de las cárceles del Corregimiento. Destaca su iglesia, de tres naves, y los bellos frisos de azulejería toledana en la escalera. Frente al convento se alza la **casa de los Galarza** (siglo XVII) o **de los Trucos**, con torre y patio renacentista, fruto de la reforma del obispo Galarza. La fachada aparece flanqueada por dos altas torres con azoteas (una con ventana esquinada). El nombre "de los Trucos" arranca en el siglo XIX cuando se practicaban ciertos juegos en ella. No lejos se encuentra el **palacio de los Carvajal** o **del marqués de Caramena**, construido sobre una antigua casa-fortaleza (siglo XV) de la cual se conservan algunos elementos. En el interior se descubre un bello patio de columnas y una puerta rococó en la capilla.

Dos de los palacios *más importantes de Cáceres son el de la Isla (a la izquierda, detalle de su puerta) y el de los duques de Abrantes (arriba), actual sede del Archivo Histórico Provincial.*

La casa de los Galarza, *también llamada de los Trucos, es del siglo XVII. Arriba, su portada, y a la izquierda, un escudo. Abajo, detalle de la iglesia del convento de Santo Domingo, de tres naves y hermosos frisos de azulejos en la escalera.*

EL CONVENTO DE SAN FRANCISCO *(en las tres fotografías superiores) cuenta con una de las iglesias de grandes dimensiones. Tanto el claustro como la iglesia han sido remodelados para albergar un aula de cultura. Abajo, la iglesia de San Juan.*

EL SANTUARIO DE NUESTRA SEÑORA *de la Montaña, ubicado en el cerro de la Mosca, acoge la imagen de la Virgen que en 1906 se convirtió en patrona de Cáceres. El templo, de una sola nave, alberga un retablo mayor barroco, de Manuel Lara Churriguera.*

El **palacio de la Isla** (siglo XVI), en la plaza de la Concepción, sede del **Archivo Histórico Provincial**, fue la antigua residencia de la familia Blázquez cuyos miembros ostentaron el título de marqueses de Isla. Dos inscripciones en latín decoran la fachada. En la plaza de San Juan está la **iglesia de San Juan Bautista** (siglo XIV) cuyo exterior aparece decorado con gárgolas en forma de cabeza de carnero porque sirvió de templo a los pastores trashumantes (en aquellos días recibió el nombre de San Juan de los Borregueros). En el interior destaca la **capilla de los Espaderos**, obra de don Diego Gómez, y varios **sepulcros** de familias nobles. Algo alejado del centro queda el **convento de San Francisco Extramuros** (siglo XV), cuya iglesia es de las más grandes de la provincia. Junto al convento se alza la **ermita del Espíritu Santo** (siglo XIV), de tres naves.

Sobre el **cerro de la Mosca** está el **santuario de Nuestra Señora de la Montaña** (siglo XVIII). Consta de una nave y capillas laterales, y conserva un **retablo mayor** barroco. La talla de la Virgen, sevillana, llegó a Cáceres en el siglo XVII.

TRUJILLO: CUNA DE CONQUISTADORES

La N-521, poco después de cruzar el río Magasca, conduce a **Trujillo** (8.381 hab.), sin lugar a dudas una de las ciudades monumentales de Extremadura. Son muchos los recuerdos de la conquista de América que pueden verse en ella, al salir de sus casas muchos caballeros y escuderos ansiosos de enriquecerse en el Nuevo Mundo.

La antigua *Turgalium* perteneció al municipio romano de *Castra Iulae*, de la provincia lusitánica. Los visigodos apenas deja-

La plaza Mayor de Trujillo, *centro neurálgico de la ciudad, conforma un conjunto arquitectónico de gran belleza. En otros tiempos albergó importantes mercados, ferias y espectáculos como corridas de toros.*

ron documentos, pero sí los árabes. La *Torgiela* árabe se desarrolló alrededor de su imponente castillo y su esplendor no dejó indiferentes a quienes pasaron por ella. El geógrafo y viajero al-Idrisi (1100-1171), árabe de nacimiento pero cristiano de corazón, que trabajó para el rey Rogelio II de Sicilia, dice al referirse a Trujillo: *Es grande y parece una fortaleza.*

En 1186 cayó en poder de Alfonso VIII y poco después la recuperaron los almohades. En 1232, quedó definitivamente bajo soberanía cristiana, según una tradicón gracias a la intervención de la Virgen de la Victoria, actual patrona de Trujillo. A partir del siglo XIII las familias Altamirano, Bejarano, Chaves, Orellana, Pizarro, etcétera, se instalaron en la villa que, poco a poco, creció hasta convertirse en una gran ciudad. Por este motivo el rey Juan II le otorgó dicho título.

En los siglos XVI y XVII, gracias al dinero y mercancías que llegaban de América, la villa conoció uno de sus grandes momentos económicos e históricos. Se enriqueció tanto que el oro corría a raudales y los mercados ofrecían cientos de productos del Nuevo Mundo impensables antes de la conquista. Al compás del oro surgieron edificios, civiles y religiosos, que convirtieron a la vieja Trujillo, una ciudad de pastores y agricultores, en una ciudad señorial.

La visita de Trujillo debe arrancar en la **plaza Mayor**, céntrica, repleta de coches, y encantadora a su vez. En siglos pasados en ella se instalaron los mercados y los espectáculos públicos, desde ferias de comediantes a corridas de toros. Junto a la plaza crecieron los barrios árabes y judíos que llegaron a albergar una gran comunidad. La primitiva plaza del Arrabal se convirtió a partir del siglo XVI en una plaza señorial, de estilo renacentista, porque los viejos edificios de los mercaderes se sustituyeron por casas solariegas construidas con el oro de las Américas. Preside la plaza la **estatua ecuestre de Francisco Pizarro**, en bronce, obra del escultor americano Charles Rumsey, con 6.500 kilos de peso y una réplica en Lima.

La **casa de la Cadena**, llamada así por "las cadenas" que cuelgan del dintel de la puerta de entrada, símbolo del derecho de asilo que otorgó Felipe II a sus dueños durante su visita

La casa de la Cadena *de Trujillo recibe este nombre por las "cadenas" que cuelgan del dintel de la puerta y que representan el derecho de asilo concedido por Felipe II a sus dueños en 1583. Abajo, la estatua ecuestre de Francisco Pizarro, que preside la plaza Mayor. Fue realizada en bronce por el escultor americano Charles Rumsey.*

LA IGLESIA DE SAN MARTÍN *de Trujillo (en las cuatro imágenes de esta página), antiguo panteón, data de los siglos XIV-XVI. Cuenta con dos atractivas portadas, una gótica y otra renacentista. En su interior, destacan el órgano, del siglo XVIII, y las sepulturas de los Orellana, Cervantes de Gaete y Vargas-Carvajal.*

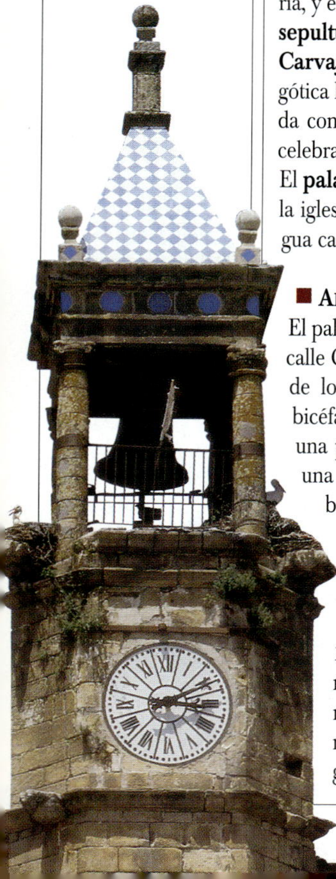

a Trujillo en 1583, conserva sus líneas originales. A su lado, en la **calle de los Ballesteros**, se alza la **torre del Alfiler** (siglo XIV) cuyo nombre deriva de una varilla metálica que la remata. De cresteria gótica y cúpula de ladrillo, sobresalen los escudos de los Chaves-Orellana realizados en azulejería de Talavera. Más arriba está el **palacio de los Ballesteros**, de portada adintelada y salón con columnas.

La **iglesia de San Martín** (siglo XIV), de una sola nave y bóveda de crucería, presenta capillas laterales cerradas por **verjas** renacentistas. En el **baptisterio** se conserva una **pila románica**. Destacan también el **órgano** (siglo XVIII), de corte barroco y buen sonido gracias a la perfecta fundición de su trompetería, y el **coro**. En esta iglesia, antiguo panteón, se conservan las **sepulturas de los Orellana**, **Cervantes de Gaete** y **Vargas-Carvajal**. El exterior muestra dos puertas, renacentista una y gótica la otra. La primera con arco de medio punto y la segunda con decoración de frutos. Bajo el dintel de la segunda se celebraban los concejos de la ciudad.

El **palacio de los duques de San Carlos** (siglo XVI), frente a la iglesia de San Martín, se construyó en el solar de una antigua casa solariega.

ARQUITECTURA CIVIL DE PRIMERA

El palacio presenta dos fachadas. La primera, que se abre a la calle García de Paredes, consta de tres cuerpos con el escudo de los Vargas-Carvajal sobre cuernos recortados y águila bicéfala; la segunda, en la calle Domingo Ramos, muestra una preciosa **galería porticada** cuyo tercer cuerpo ocupa una logia adintelada de columnas y capiteles corintios. Un balcón esquinado aparece decorado por dos águilas bicéfalas que sustentan las armas de los Vargas-Carvajal. En el interior se conserva un patio de planta cuadrada con dos pisos de arquerías y columnas toscanas.

El **palacio del marqués de Piedras Albas** (siglo XVI), renacentista, construido sobre los soportales llamados "del Pan", por don Pedro Suárez de Toledo, muestra una **logia** de tres arcos escarzanos de estilo florentino. El edificio lo remata una **crestería** gótica de granito y un patio central.

El **palacio de la Conquista** o **palacio del Escudo** figura entre los edificios del siglo XVI más importantes de Trujillo. Una reforma, en el siglo XVIII, obra de Manuel de Lara, le dio sus líneas actuales. Consta de dos fachadas de sillería con arcos. En el interior se contempla un **artesonado** con decoración de rostros humanos. El balcón de la esquina, plateresco, es el principal elemento exterior del conjunto. Los bustos, en altorrelieve, corresponden a Francisco de Pizarro e Inés Huylas Yupanqui y a Francisca Pizarro y Hernando Pizarro. Sobre el balcón destaca un escudo con las armas de Pizarro, descubridor de Perú, otorgadas por el emperador Carlos V.

La **casa del Peso Real** o **palacio de Chaves Cárdenas** (siglo XVII), de estilo de transición gótico-renacentista, presenta una puerta adintelada flanqueada por columnas toscanas y salomónicas rematadas por pináculos que recuerdan al gótico manuelino que tanta difusión tuvo en el vecino Portugal. Su nombre deriva del hecho de pesarse la harina, el trigo y la cebada.

Entre el palacio de la Conquista y la casa del Peso Real está el **palacio de Justicia**, antiguo ayuntamiento y sede del concejo hasta el siglo XIX. Conserva un salón del siglo XVIy pinturas manieristas en la **sala del Consejo**. En la planta baja del edificio arranca el llamado **cañón de la Cárcel** que lleva al **palacio de Juan Pizarro de Orellana** (siglo XVI), primer corregidor de Cuzco (Perú), natural de Trujillo, que halló la muerte en 1536 cuando acudió en ayuda de los españoles sitiados por Manco-Capac. Durante la batalla sufrió una pedrada en la cabeza que le ocasionó la muerte días después. Las líneas actuales del palacio obedecen a la transformación de la casa-fuerte de don Diego de Vargas tras ser adquirida por don Juan Pizarro de Orellana. De estilo renacentista muestra una **galería adintelada**, con baluarte encima de la portada, y los blasones de las familias Pizarro y Orellana. En el interior conserva un patio plateresco con doble galería.

EL PALACIO DE LOS DUQUES *de San Carlos, frente a la iglesia de San Martín, es un relevante edificio de Trujillo. Incluye dos fachadas. La que se abre a la calle García de Paredes tiene tres cuerpos e incluye el escudo de los Vargas-Carvajal. En la otra, en la calle Domingo Ramos, destaca la galería porticada.*

EL PALACIO DE LA CONQUISTA *o del Escudo es uno de los edificios del siglo XVI más importantes de Trujillo. Incluye un balcón esquinado, plateresco, sobre el que aparece el escudo de armas de Pizarro.*

El palacio de Santa Marta *(arriba y a la derecha), en Trujillo, construido en el siglo XVI y profundamente reformado en el XVIII, incorpora una fachada de Francisco de Becerra. Arriba, a la derecha, la iglesia de la Sangre, del siglo XVII, cuenta con planta de cruz latina y cimborrio.*

Durante años el palacio se conoció como **casa de la Contratación** porque aquí se enrolaban los marinos y campesinos que deseaban marchar a Perú en busca de fortuna. En ella se hospedó don Miguel de Cervantes en su viaje al monasterio de Guadalupe para dar gracias por su liberación tras el cautiverio de Argel.

El castillo de Trujillo *se alza sobre el cerro del Zorro. Abajo, detalle de las murallas de la ciudad. A la derecha, la iglesia de Santa Maria la Mayor, el principal templo de intramuros.*

Alrededores de las murallas

El **palacio de Santa Marta** (siglo XVI), muy reformado en el siglo XVIII, muestra una fachada de Francisco de Becerra, natural de Trujillo. La **casa de los Sotomayor** (siglo XVI) tiene una fachada de sillería y un pórtico de vanos de medio punto sobre pilares con baquetones. La **iglesia de la Sangre** (siglo XVII), se construyó con el dinero del inquisidor de Granada y Córdoba, don Gabriel Pizarro de Hinojosa, para que le sirviera de tumba. De planta de cruz latina presenta un cimborrio de ladrillo. En la parte alta de la ciudad, sobre el **cerro del Zorro**, se encuentra el **castillo** (siglo X) con importantes elementos de la época califal. Los árabes construyeron su fortaleza sobre un antiguo castro romano que a su vez se emplazó, seguramente, sobre un castro vetón o lusitano. Hasta el siglo XVI mantuvo su primitiva fábrica adulterada después por las sucesivas reformas, algunas de escaso acierto. Desde las defensas del castillo, los días claros de invierno, se ven las cumbres nevadas de la lejana sierra de Gredos.

De las antiguas **murallas** se conservan diecisiete torres de planta rectangular y cuadrada. De las puertas que daban entrada y salida a las murallas sólo quedan cuatro: la **de San Andrés**, la **de Santiago**, la **del Triunfo** y la **de Coria**, todas de los siglos XV y XVI. La **iglesia de Santa María la Mayor** (siglo XIII), en la plaza del mismo nombre, se considera el templo más importante de intramuros. De estilo tardorromano, reformado

en el siglo XVI, se alza sobre una antigua mezquita. En el interior, de tres naves y bóveda de crucería, se descubren **sepulturas** de los siglos XVI y XVIII de las más notables familias trujillanas: Bejarano, Vargas, Paredes, Hinojosa, Torres, Cervantes, Pizarro, Carvajal, etcétera.

A la derecha, sobre el muro, está la **tumba del Sansón extremeño**, don Diego García de Paredes. Este personaje gozó de una fuerza extraordinaria y de ahí que se le llamara el "Sansón extremeño" o el "Hércules extremeño". Sus proezas se cuentan en múltiples leyendas. El **retablo mayor** (siglo XV), obra de Fernando Gallego, lo forman tres cuerpos y siete calles de veinticinco tablas con óleos de la Virgen, la pasión de Jesucristo, los evangelistas, etcétera. Como curiosidad merece citarse que uno de los capiteles de la torre muestra un escudo del Athletic de Bilbao, obra de Antonio Serdan, en 1973, seguidor del equipo vasco.

La **puerta del Triunfo** (siglo XV), una de las cuatro que se conservan de la antigua muralla, aparece decorada con los blasones de las familias Orellana, Bejarano y Añasco, que acompañan al blasón real de los Reyes Católicos. Del **alcázar de los Bejaranos** (siglo XIII) se conservan dos torres de estilo mudéjar. Siguiendo la línea de la muralla se encuentra la **puerta de San Andrés** junto a la iglesia del mismo nombre, hoy sin culto. Enfrente se alza la **casa Fuerte** (siglos XV-XVI) construida por la familia Escobar.

El **alcázar de los Altamirano** (siglo XIII), denominado "alcazarejo", obra de Fernán Ruíz, conserva una portada del siglo XVI con el escudo de esta familia flanqueado por dos torres desmochadas. Junto a la **puerta de Santiago** está el **alcázar de los Chaves** (siglo XV), que formaba parte de las defensas de Trujillo. En este palacio se hospedaron los Reyes Católicos durante sus visitas a la ciudad en 1477 y 1479. Construido en mampostería y sillarejo conserva una torre. Cerca está la **casa de la Escalera** donde nació fray Diego

LA PUERTA DE SANTIAGO *(arriba y a la izquierda, torreón junto a la misma) es una de las que se conservan de la antigua muralla. Está flanqueada por dos torres, una de las cuales forma el campanario de la iglesia de Santiago.*

EL ALCÁZAR DE LOS CHAVES *se integraba en las defensas de Trujillo. Situado junto a la puerta de Santiago, fue levantado en el siglo XV. Está construido en mampostería y sillarejo, y conserva una torre. Los Reyes Católicos, durante sus dos visitas a la ciudad, en 1477 y en 1479, se alojaron aquí.*

EL ALJIBE ÁRABE DE TRUJILLO, *construido en el siglo X, puede contemplarse en la placita de Altamirano. Consta de tres naves y seis arcos sostenidos por pilastras de diez metros de profundidad. Abajo, a la derecha, el palacio de Sofraga.*

LA IGLESIA DE SAN FRANCISCO *de Trujillo (arriba), enclavada en la plaza homónima, acoge los restos mortales de Hernando Pizarro y su esposa, doña Francisca Pizarro Yupanqui.*

LA ALBERCA *(abajo), probablemente una terma romana, exhibe una gran cisterna que hasta 1935 fue utilizada por los trujillanos para bañarse ordenadamente (las mujeres por la mañana y los hombres por la tarde).*

Chaves, confesor de Felipe II. En este palacio residió doña María Escobar que introdujo en Perú el trigo.

La **iglesia de Santiago** (siglo XIII), con escasos restos de su primitiva fábrica, presenta la **capilla de don Diego Alonso** (siglo XVI). La **alberca**, posiblemente una **terma romana**, muestra una cisterna de grandes dimensiones en la vecindad de la iglesia de San Andrés. Hasta 1935 la utilizaron los trujillanos para bañarse y cumplir con el aseo personal. A este fin usaban la alberca las mujeres por la mañana y los hombres por la tarde, división que, posiblemente, arranca de la época árabe. El **aljibe árabe** (siglo X), en la placita de Altamirano, muestra tres naves y seis arcos sostenidos por pilastras con una profundidad de diez metros.

Otros edificios de interés son el **convento de Santa Clara** (siglo XVI), convertido en **parador de turismo**, que presenta un bello **patio renacentista** y la **tumba de doña Isabel Mercado**, amante de Hernando Pizarro; el **convento de la Coria**, sede de la **Fundación-Museo Xavier de Salas**; el **palacio de Sofraga**, en la plaza de San Miguel, con un balcón esquinado, clasicista, sostenido por ménsulas y adornado por columnas corintias y un escudo de armas de los más interesantes de Trujillo; el **convento de San Francisco**, en la plaza del mismo nombre, con un **retablo mayor** (siglo XVIII) y los restos mortales de Hernando Pizarro y su esposa, doña Francisca Pizarro Yupanqui; el **rollo**, concedido a la ciudad por los Reyes Católicos, en 1566 se trasladó al cruce de las carreteras de Madrid, Miajadas y Mérida; y el **ayuntamiento** (siglo XVI), en el paseo de Ruiz de Mendoza,

que sirvió antaño de alhóndiga. La **sala capitular** figura entre las más bellas de Extremadura. Este palacio acoge al Ayuntamiento de Trujillo.
Al sudeste de Trujillo, por la Ex-524, se llega a **Herguijuel**, con un casco viejo de gran interés por sus **casas solariegas** y casas de arquitectura popular. La **iglesia de San Bartolomé**, con talla medieval en la portada, y el **palacio de los Condes** son sus principales puntos de interés.

La Virgen de Guadalupe, patrona de Extremadura

De Trujillo, por la Ex-524, se toma un desvío para llegar a **Madroñera** y cruzar la **sierra de Pedro Gómez**, camino de **Garcíaz**, ya en las estribaciones de las Villuercas, con una **iglesia** de sillería. Finalmente, por el **puerto de Bercozana** se accede a **Guadalupe**, también llamada **Puebla de Guadalupe**, famosa ya en el siglo XV por sus caldereros.
En la falda meridional del **cerro Altamira** se sitúa Guadalupe, con un más que interesante casco medieval. Antes de visitar el monasterio debe visitarse la ciudad para descubrir la **plaza de Santa María**, con viejos soportales y casas medievales, y la **fuente de los Tres Caños**.
Además, Guadalupe conserva de su pasado el **colegio de Infantes**, el **hospital de San Juan Bautista** u **hospital de Nobles**, convertido en **parador de turismo**; el **hospital Nuevo** o **de las Mujeres** y el **molino de San Jerónimo**; la **casa del Trigo**; la **casa de Gregorio López** y la **iglesia Nueva**, con una portada churrigueresca.
De las numerosas ermitas de los alrededores merece citarse la **ermita Nuestra Señora de la Cruz del Humilladero** (siglo XV), en el camino de Puente del Arzobispo, donde los cautivos y peregrinos rezaban ante la Virgen.
En los alrededores hay también dos capillas que en otro tiempo pertenecieron al monasterio y ahora están en manos privadas: el **oratorio de Santa María Magdalena**, con una imagen del Cristo de Mirabel y la **capilla de Santa Cecilia**.
El principal atractivo de Guadalupe, su monasterio, atrae cada año a miles de visitantes, en especial desde que en 1993 fuese declarado patrimonio de la humanidad.

La iglesia de Santiago *de Trujillo es del siglo XIII, y aunque fue modificada en el XVIII, sigue manteniendo vestigios de su primitiva construcción. En su interior puede verse la capilla de don Diego Alonso, del siglo XVI.*

La plaza de Santa María, *en Trujillo, alberga casas de estilo medieval. Abajo, la talla románica de la Virgen de Guadalupe, de madera de cedro, en el camarín del célebre monasterio del mismo nombre.*

LA BASÍLICA DE GUADALUPE, *que sorprende por sus grandes dimensiones, fue construida en el siglo XIV por orden de Alfonso XI para conmemorar su victoria sobre los árabes en la batalla del Salado. Arriba, a la derecha, detalle de los relieves que adornan la fachada principal con escenas de la Virgen. Bajo estas líneas, detalle del exterior de la iglesia, distribuida en tres amplias naves góticas con elementos mudéjares, reformadas en los siglos XV y XVII.*

La Virgen de Guadalupe, desde 1907, se considera patrona de Extremadura y desde 1928 reina de las Españas. La historia del **Real Monasterio de Santa María de Guadalupe** arranca a finales del siglo XIII, cuando algunos eremitas se instalaron allí. En 1330 el rey Alfonso XI visitó la iglesia y la encontró tan pequeña y en tan mal estado que mandó edificar una nueva. En 1336 se terminaron las obras.

El arte con mayúsculas

Abierta a la plaza de Santa María una escalera permite entrar en la **basílica** (siglo XIV). En la entrada hay dos **puertas** de bronce labradas con escenas de la vida de Cristo y la Virgen. Consta de tres amplias naves, de estilo gótico, con elementos mudéjares, reformadas en los siglos XV y XVIII. La **capilla mayor** muestra mármoles, pinturas (siglo XVII) y un **retablo** (siglo XVII) labrado en madera presidido por la imagen de la Virgen de Guadalupe. Las estatuas, obra de Giraldo de Merlo, ofrecen al conjunto la delicadeza de su talla. Las pinturas, de excelente factura, se deben a la mano de Carducci y Eugenio Cagés. A ambos lados se contemplan los **sepulcros** de Enrique IV y su madre doña María de Aragón. Una **verja** de hierro (siglo XVI) cierra las tres naves. En el centro del altar está el **escritorio de Felipe II** (siglo XVI). El **coro**, del siglo XIV y reformado en el XVIII, presenta sillería barroca. Las bóvedas muestran pinturas de Juan de Flandes. Además, se contempla una talla gótica de la Concepción (siglo XV). Remata el coro un **facistol** de bronce (siglo XVI).

A ambos lados del antecoro, dos **retablos** con lienzos de Zurbarán muestran las imágenes de San Ildefonso de Toledo y San Nicolás de Bari. Tres **órganos** contribuyen al servicio litúrgico.
En el antiguo pórtico del templo se halla la **capilla de Santa Ana**, gótica, donde está el **sarcófago de don Alonso de Velasco y doña Isabel de Cuadros**. A su lado se alza una **pila bautismal** (siglo XV), de bronce. El **retablo** conserva un lienzo de la familia de Santa Ana, de Pablo de Céspedes.
Esta parte del templo comunica con la **capilla de Santa Paula** (siglo XV), con bóvedas de cañón. Le sigue la **capilla de Santa Catalina**, de planta cuadra y bóveda de crucería.
La **capilla de San Gregorio** (siglo XV) alberga el **sepulcro de don Juan Serrano**, prior de Guadalupe. El **retablo** (siglo XVII) contiene un lienzo de Pedro de Villafranca. No obstante, la pieza principal es la **sacristía**, de planta rectangular y cinco bóvedas de medio punto sobre pilastras toscanas.
La sacristía da paso a la **capilla de San Jerónimo,** con ocho grandes lienzos de Zurbarán.
El **testero** lo ocupa un **retablo** con columnas estriadas y dos cuerpos. El altar lo preside una **estatua de San Jerónimo**. La capilla la decoran otros tres lienzos de Francisco de Zurbarán.
El **camarín**, situado detrás del presbiterio, está decorado con yeserías, jaspes, tallas y pinturas, con una capilla barroca en forma de rotonda. Las **pinturas al temple** corresponden a Pedro José de Uceda.
La **imagen de la Virgen de Guadalupe**, talla románica en madera de cedro, muestra al Niño sentado en su regazo. La Virgen descansa sobre un trono de bronce con decoración de mármoles, columnas y esmaltes.
El papa Gregorio Magno, devoto de la imagen, la envió a San Leandro, arzobispo de Sevilla. En 714 la talla salió de Sevilla escondida en las alforjas de unos clérigos que huían de los invasores árabes. Éstos la escondieron. Y fue

EL MONASTERIO DE GUADALUPE, *monumento nacional desde 1879 y patrimonio de la humanidad desde 1993, atrae anualmente a miles de visitantes. La Virgen que le da nombre es, además de patrona de Extremadura, reina de las Españas. Bajo estas líneas, un detalle del hermoso templete mudéjar, realizado en el siglo XV por Juan de Sevilla a base de arcos y yeserías.*

un pastor quien la descubrió siglos después. En el lugar del hallazgo se construyó una ermita que, con el paso de los siglos, se convirtió en el monasterio actual.

La visita sigue hacia el **claustro mudéjar** (siglo XIV). De planta semicuadrada recuerda vagamente a los patios de las mezquitas, quizá porque se construyó sobre la antigua plaza de armas. Un **templete** (siglo XV), obra de Juan de Sevilla, muestra bellos arcos, yeserías y un ataurique.

El **jardín**, ordenado recientemente, es también mudéjar. Las plantas que componen este espacio de verdor fueron elegidas entre las que simbolizan a la Virgen, según consta en los libros del coro y en los tratados botánicos del siglo XIV.

El monasterio alberga también algunos museos de interés, tales como, el **Museo de Bordados**, en el antiguo **refectorio** (siglo XV), con una extraordinaria colección de ornamentos sagrados de los siglos XV al XIX. El **Museo de Libros Miniados**, en la **sala capitular**, presenta libros de gran valor tanto por su

EL CLAUSTRO DEL MONASTERIO, *mudéjar, se construyó sobre la antigua plaza de armas en el siglo XIV, durante el priorato del padre Yáñez. De planta semicuadrada, recuerda algo a los patios de las mezquitas.*

LA CAPILLA DE SAN JERÓNIMO, *a la que se accede por la sacristía, acoge ocho grandes lienzos de Ignacio Zurbarán, entre ellos "La tentación de fray Diego de Orgaz" y "La caridad de fray Martín de Vizcaya".*

REAL MONASTERIO DE SANTA MARÍA DE GUADALUPE

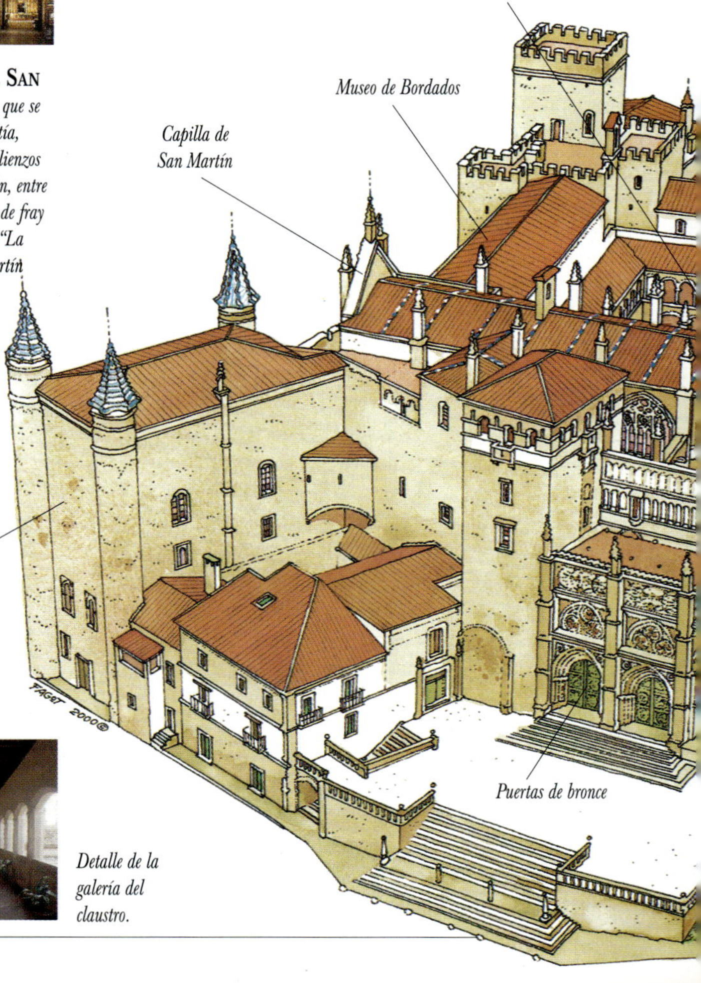

Detalle de la galería del claustro.

antigüedad como por sus miniaturas, la mayoría del siglo XVI.
El **Museo de Pintura y Escultura**, en la antigua **ropería** del monasterio (siglo XVI), conserva importantes obras de El Greco *(La coronación de Nuestra Señora, San Pedro y San Andrés)*, Francisco de Zurbarán, Juan de Flandes *(Bautismo de Cristo)*, Diego de Correa, Francisco de Goya *(Confesión en la cárcel)*, etcétera.
El **claustro de la Botica**, integrado en la **hospedería del monasterio**, y la **biblioteca**, con más de cien mil volúmenes (la más importante de Extremadura), culminan la visita.
En los alrededores de Guadalupe se encuentra **El Carrascalejo** (455 hab.) con la **iglesia de Nuestra Señora de la Consolación** (siglo XVI), gótica, con elegante torre.
Cerca de Guadalupe puede visitarse **Alía** (1.383 hab.), bella población del **valle de Guadarranque** que alberga una de las obras mudéjares-religiosas más importante de Extremadura, la **iglesia de Santa Catalina** (siglo XV), de tres naves, crucero y cabecera poligonal.

LOS NUMEROSOS DETALLES *decorativos que pueden contemplarse en el exterior del conjunto arquitectónico anuncian, en cierta manera la gran riqueza de obras de arte que también alberga su interior.*

DETALLES DEL CLAUSTRO, *una de las muchas construcciones destacables del recinto.*

LOS MOSAICOS ROMANOS *abundan en la ciudad de Mérida, la antigua "Emerita Augusta". Arriba, un fragmento del gran mosaico que se conserva en la casa del Mitreo, considerado como uno de los más importantes del mundo.*

DE LA ÉPOCA ROMANA *datan la mayor parte de los principales monumentos que pueden verse en Mérida. Fundada por Publio Carisio en el año 25 a.C., Mérida se convirtió pronto en una de las más florecientes del imperio hasta llegar a ser la capital de la provincia de la "Lusitania".*

EMÉRITA AUGUSTA

La carretera de Logrosán (Ex-102), en dirección sudoeste, comunica con la E-90 que conduce a **Mérida** (50.111 hab.), capital de la comunidad autónoma, y última etapa de este itinerario por los lugares extremeños catalogados por la UNESCO como patrimonio de la humanidad.

Los orígenes de Mérida se remontan al año 25 a.C. cuando Publio Carisio fundó una ciudad para los veteranos o eméritos (de ahí su nombre, *Emerita Augusta*) de las legiones V y X que habían participado en las encarnizadas luchas contra los cántabros. De la época romana datan la mayor parte de sus monumentos, al figurar la villa entre las más prósperas del país. Su red de cloacas, que ha llegado prácticamente inalterada hasta nuestros días, ha permitido reconstruir el plano de la ciudad romana.

La conquista de los visigodos la convirtió en sede de la corte de Agila (549-554) y centro del comercio con Oriente a través del Guadiana. En esa etapa se cubrió con grandes obras de las cuales quedan escasos restos.

La llegada de los árabes, que permanecieron en Mérida desde el año 713 al 1229, la enriqueció con una mezquita. Posteriormente, con la reconquista, entró en decadencia hasta tocar fondo en el siglo XV. De sus monumentos quedan buenas representaciones pero muy pocas a tenor de la riqueza de tiempos pasados. La invasión de los bárbaros causó las primeras perdidas de consideración al derribar gran parte de los monumentos romanos. Sin embargo, cuando llegaron los árabes todavía quedaban muchos en pie a tenor de los escritos de Muza. Los árabes, pese a admirar a la Mérida romana, fueron los responsables de su completa destrucción porque desmantelaron los edificios para construir mezquitas, como la de Córdoba, o los derribaron para borrar una herencia cultural que no encajaba con sus preceptos religiosos y políticos. En tiempos de Abderra-

mán II desapareció la mayor parte de ellos. De esta circunstancia que en el siglo XIV Mérida estuviese completamente en ruinas y, según palabras del viajero Gaspar Barreiros, *ya no era más que un esqueleto espantoso.*

Pese a la destrucción Mérida todavía conservó algunas obras capaces de despertar la curiosidad de Felipe II que, en 1580, ordenó a su arquitecto, don Juan de Herrera, el artífice de El Escorial, un estudio de las mismas. Juan de Herrera tomó medidas, dibujó los restos que encontraba y reunió el material en una colección de diseños que hoy tendrían un valor incalculable de no haber desaparecido durante el incendio del alcázar de Madrid de 1734.

En el siglo XVIII se destruyeron también algunos edificios y en el siglo XIX quedaba, prácticamente, lo mismo que en la actualidad, según se desprende de la relación que hizo Ceán Bermúdez, en su *Sumario de las antigüedades romanas de España.*

La enumeración de los monumentos de Mérida debe comenzar por los restos romanos, los más importantes.

EL ANFITEATRO DE MÉRIDA *(arriba, la antigua puerta occidental) es del año 8 a.C. Arriba, el puente romano, construido sobre el Guadiana con sillares de granito. Arriba, a la izquierda, restos romanos en la alcazaba. Y abajo, vestigios de la fachada corintia del templo de Diana, la única construcción religiosa romana que perdura de las tres que había en la ciudad.*

EL ARCO DE TRAJANO, *en Mérida, de grandes dovelas de piedra. Arriba, a la derecha, el templo de Diana, que a pesar de su nombre posiblemente no estuvo dedicado a esta diosa. A la derecha, estatua de Plutón, en el Museo Nacional de Arte Romano.*

UNO DE LOS COLUMBARIOS *que todavía quedan en Mérida. Se trata de monumentos funerarios que conservan los restos de destacadas familias romanas. Abajo, detalle del escenario del teatro romano.*

El **puente romano**, sobre el Guadiana, construido con sillares de granito, muestra sesenta arcos de medio punto algo retocados por las sucesivas restauraciones que ha sufrido. Sus casi ochocientos metros de longitud lo convierten en el más largo de la España romana. Este puente daba entrada a la villa por el camino de la Bética y sus partes más antiguas corresponden a los tiempos de Augusto. Otro **puente** (siglo I), más modesto, de cuatro arcos, sobre el río Albarregas, en plena vía de la Plata, daba entrada al camino de Salamanca.

En el extremo de la vía principal de la Mérida romana, se alza el **arco de Trajano** que, pese a su nombre, no se corresponde con la época de este emperador. Lo forman grandes dovelas de piedra en arco de medio punto. Más interesante resulta el **teatro romano**, uno de los mejor conservados, que data del año 24 a.C. como testifica la siguiente inscripción: *M (AGRIP (L (F (COS (III (TRIB (POT (III*, es decir, *Lo construyó Marco Agripa cuando fue por tercera vez cónsul y tribuno.* Bajo el mandato de Adriano, fue restaurado.

HUELLAS ROMANAS

En el siglo XVIII el teatro se desmanteló para utilizar sus piedras en las obras del puente sobre el Guadiana y para construir el tendido de la plaza de toros. Reconstruido por Mélida y Menéndez Pidal, se inscribe entre los teatros de sistema mixto grecorromano (parte excavado sobre el terreno y parte construido sobre el mismo). Tiene forma de hemiciclo dividido en tres cuerpos abiertos por sendas puertas, la central *(valva regia)* más ancha y con decoración de columnas muy altas. Los intercolumnios estaban decorados con estatuas de dioses y emperadores que actualmente se conservan en el Museo Nacional de Arte Romano.

El **anfiteatro** (8 a.C.) conoció las luchas de gladiadores o de fieras que tanto agradaban al público romano. Cuando en 1753 tomó algunos apuntes del natural don Esteban Rodríguez aún se veían, según la descripción de Ceán Bermúdez, sus principales elementos como una serie de cañerías que vertían bajo

las gradas, a distintas alturas, las aguas para convertir la arena del anfiteatro en un estanque para las fiestas náuticas.

En la segunda mitad del siglo XVIII el anfiteatro fue volado con pólvora para aprovechar sus piedras en otras construcciones. Pese a ello todavía se conservan, tras numerosas reconstrucciones, los principales elementos de interés.

El **circo** (siglo I), el único de estas características que se conserva en la Península Ibérica, tenía una capacidad de 26.000 espectadores, prueba de la importancia de las fiestas épicas celebradas en Mérida. El **templo de Diana**, el único edificio religioso romano que se conserva en Mérida de los tres que había, sirvió a comienzos del siglo XVI y después, en el siglo XVIII, para levantar la casona de la condesa de Corvos. En la fachada, elevada sobre el estilóbato, se ven algunos fustes de columnas sin capitel. El templo, posiblemente, no estuvo dedicado a Diana, la diosa de la naturaleza, sino al culto imperial.

Entre los restos romanos de la antigua Mérida se conservan también varios **columbarios**, es decir, enterramientos (corresponden a dos familias, Julios y Voconios). Además, hay restos de pinturas.

La **casa-basílica**, en la parte posterior de la escena del teatro, muestra un patio con columnas y dos ábsides, el mayor con pinturas y pavimento de mosaico. Los temas de los muros muestran animales, personajes con togas blancas, etcétera.

La **casa de Mitreo** (siglo I), posiblemente construida para rendir honores a Mitra, el dios solar,

MOSAICO *con motivos geométricos de la casa romana del anfiteatro de Mérida, construida a finales del siglo III. A la izquierda, panorámica del anfiteatro, que tenía capacidad para 14.000 espectadores. Abajo, un detalle del teatro romano de la ciudad, que data del año 24 a.C. Luego, en tiempos de Adriano, se restauró. Destacan las columnas de mármol con capiteles corintios.*

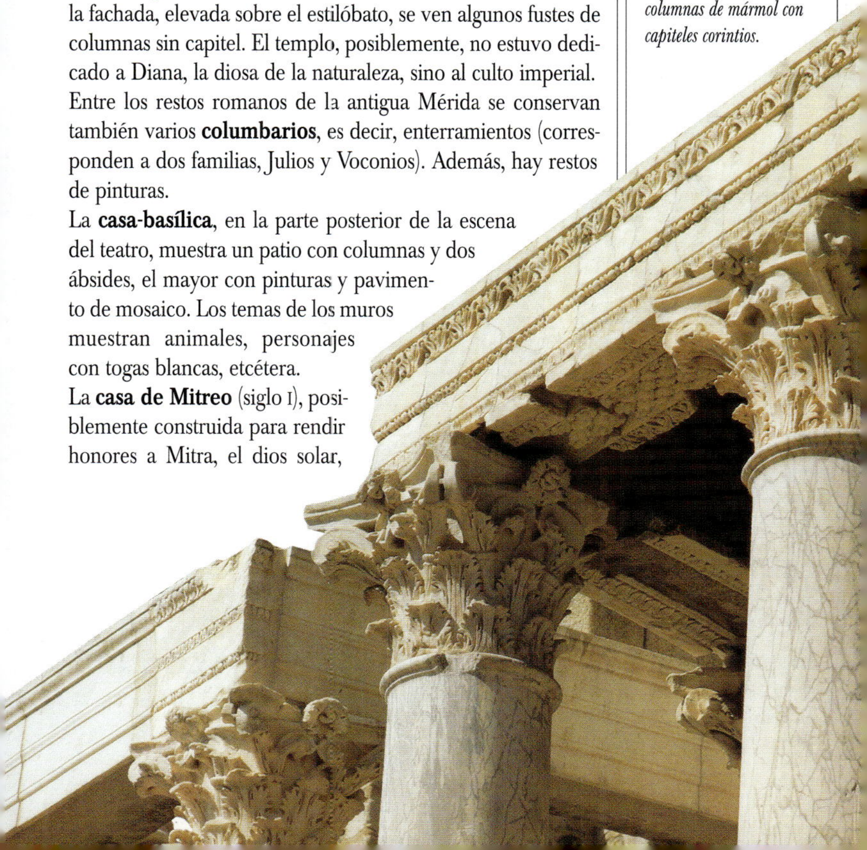

LA CASA DEL ANFITEATRO *(sobre estas líneas, una vista general) es una de las más destacadas construcciones romanas de Mérida. Debió de pertenecer a un patricio, y fue edificada entre los siglos I y III.*

presenta una pieza de gran importancia, el **mosaico cósmico**. Para los expertos figura entre los cinco más importantes del mundo debido a su tema, estudiado por el profesor Blanco Freijeiro.

El mosaico ofrece una descripción sistemática de la naturaleza: el Tiempo y sus hijos, el Cielo y el Caos, presiden el conjunto. El colorido y la riqueza de los matices conseguidos con teselas doradas, algunas muy pequeñas, hacen de este mosaico un ejemplar único en su género.

La **casa del anfiteatro** ofrece una decoración de mosaicos de tema floral y animal. La casa, que posiblemente perteneció a un patricio, presenta patio central rodeado de galerías donde se instalaban las habitaciones privadas y las termas.

Completa la visita de la Mérida romana el **Museo Nacional de Arte Romano**, obra del arquitecto Rafael Moneo, con diversos elementos descubiertos durante las excavaciones de la

TEATRO ROMANO DE MÉRIDA

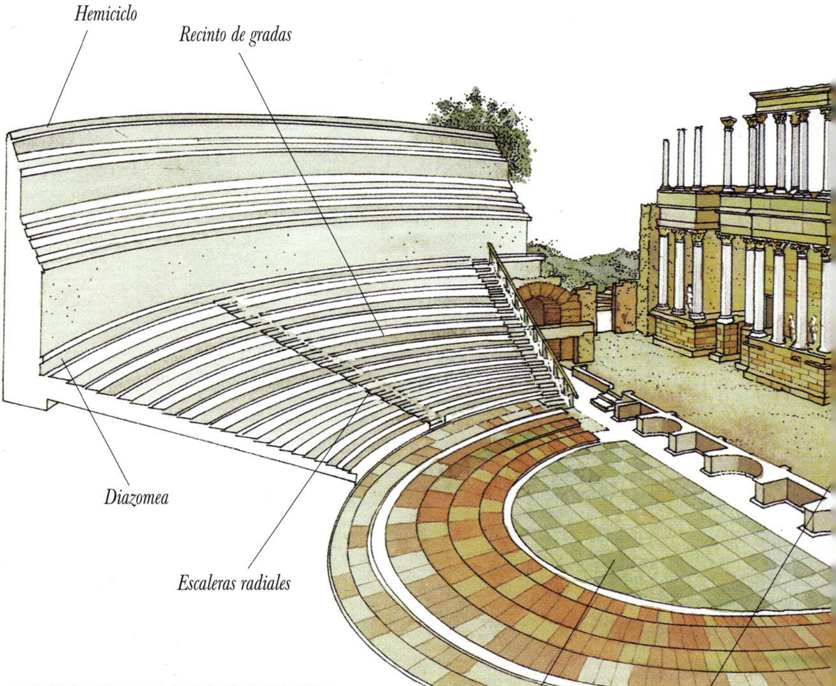

EL TEATRO ROMANO *fue construido en el año 24 a.C., tal como indican algunas de las inscripciones que acoge. Durante el mandato del emperador Adriano fue restaurado.*

ciudad. Destacan las estatuas romanas, procedentes del teatro; los mosaicos, etcétera.

Tras la visita de los principales monumentos romanos conviene perder unos minutos en una serie de edificios construidos con posterioridad pero igualmente interesantes.

La **capilla de Santa Eulalia** (siglo XVII), llamada popularmente **hornillo de Santa Eulalia** porque la santa murió abrasada en un horno, según la tradición se alza sobre el lugar de su martirio. La capilla tiene encastradas varias piedras que pertenecieron al templo romano de Marte donde se aprecian algunos guerreros, palmetas y varias cabezas de medusa. Una inscripción que reza: *Marti sacrum Vettilla Paculi*, es decir, *Consagrado a Marte por Vetila mujer de Páculo*, permitió a Hübner fechar el templo en el año 54 o 68. Las excavaciones realizadas a partir de 1990 han confirmado la existencia de una cripta subterránea, posiblemente de una basílica paleocristiana, y

EL HORNILLO DE SANTA EULALIA, *nombre popular de la capilla de Santa Eulalia, fue construido en el siglo XVII con elementos del antiguo templo de Marte.*

LA ALCAZABA ÁRABE *de Mérida, enclavada a orillas del río Guadiana, fue construida durante el reinado de Abderramán II. Bajo estas líneas, la pieza más destacada, su gran depósito o aljibe.*

EL MUSEO NACIONAL *de Arte Romano de Mérida, obra del arquitecto Rafael Moneo, fue inaugurado el 19 de septiembre de 1986. De su amplio legado destacan algunas esculturas procedentes del teatro.*

EL PUENTE ROMANO *de Mérida (a pie de página, con el acueducto al fondo), de casi 800 metros de longitud, tiene sesenta arcos de medio punto, reformados en varias ocasiones. Antaño señalaba la entrada a la villa por el camino de la Bética.*

una cripta de mármol, con bóveda de mosaicos, decorada con frescos de la pasión de Cristo y varios santos.

La **alcazaba árabe**, a orillas del Guadiana, construida bajo el reinado de Abderramán II, sirvió de mansión a los caballeros de la orden de Santiago que ampliaron y reformaron. Desde el siglo XIII se le conoce con el nombre de **Conventual**.

A la pieza más notable, el **aljibe**, se accede por una galería de sillares de granito cuya bóveda está sostenida por una pilastra y un capitel romano de orden corintio. El Conventual, propiamente dicho, muestra un claustro de dos pisos con arcos de medio punto y una torre del homenaje.

En el **convento de Jesús**, antiguo solar del templo romano de la Concordia, se construyó en época cristiana una iglesia y algo después un convento, que hoy acoge al **parador de turismo**. El **claustro**, hoy patio del parador, muestra capiteles visigodos.

El **triunfo de Santa Eulalia** se construyó con piedras arrancadas a los antiguos edificios romanos. Este monumento, a la patrona de Mérida, aparece coronado por una estatua de la santa, de escasa calidad, rodeada por un jardín.

El **palacio de Burnay** (plaza de España), ahora un hotel, también conserva parte de la historia romana de Mérida.

En los alrededores se alza el gran **acueducto de los Milagros,** que sirvió para conducir el agua hasta la ciudad. Tiene 827 metros de largo y 25 de alto.

■ LOS ALREDEDORES DE MÉRIDA

En un radio de unos cincuenta kilómetros se encuentran una serie de poblaciones que merecen una visita. **Don Álvaro**, al sudeste de Mérida, por una carretera local, debe su nombre a su fundador, don Álvaro de Luna. La **iglesia de Santa María**

la Magdalena, renacentista es de una sola nave; por un desvío de la N-630 (a 12 km de Mérida) se llega a **Mirandilla** para contemplar la **iglesia de Santa María Magdalena** (siglo XVI), con portada de sillares. En la **ermita de San Roque** se celebra una romería popular. Tras pasar Mirandilla, un desvío a la izquierda de la N-630 (a 34 km de Mérida) conduce a **La Nava de Santiago,** donde está la **iglesia de Nuestra Señora de la Asunción**, renacentista, con la **capilla de Santiago**, con una cúpula con pinturas murales. Al norte de La Nava se encuentran **Cordobilla de Lácara** y su **iglesia de San Pedro Apóstol** (siglo XVI), de cúpula sobre pechinas.

Al este se halla **Carmonita** (685 hab.) en cuyo caserío todavía se conservan las rampas de entrada a las casas, y la **iglesia de Santa María Magdalena** (siglo XVI) con dos portadas.

Al norte de Mirandilla está **Aljucen**, que ofrece la **iglesia de San Andrés Apóstol**, también llamada **de Nuestra Señora de la Consolación**.

A menos de 30 km de Mérida está **Villagonzalo**. Allí se alza la **iglesia de la Purísima Concepción** (siglo XVI). Al norte de la misma, desde **Valverde de Mérida**, se accede al **embalse romano de Cornalvo**. En el pueblo se alza la **iglesia de Santa Marina**, bello ejemplo de iglesia-fortaleza.

Al sudeste de Villagonzalo se halla **Oliva de Mérida**, con la **iglesia de la Purísima Concepción**, gótica. Al norte surge **Valdetorres**, con la **iglesia de Nuestra Señora de la Asunción** (siglo XVI) y su esbelta torre cuadrada.

Al nordeste de Mérica, por la N-V, se llega a **Trujillanos** para contemplar la **iglesia de la Santísima Trinidad** (siglo XV). Por la N-V se llega a **San Pedro de Mérida**, donde se halla la **iglesia de San Pedro Apóstol**.

Al oeste de Mérida se encuentra **Torremayor**, donde se puede visitar la **iglesia de San Pedro** (siglo XVI), de portada con columnas jónicas.

LA IGLESIA DE SAN ANDRÉS APÓSTOL, *en Aljucen, cuenta con portada renacentista. A la izquierda, la ermita de San Roque, en Mirandilla, del siglo XVI.*

LA IGLESIA DE LA PURÍSIMA *Concepción, en Villagonzalo, fue edificada en el siglo XVI con una sola nave y bóveda de cañón. Arriba, a la izquierda, vista parcial de la iglesia de San Pedro, en Torremayor; es de estilo renacentista y acoge un interesante retablo mayor. Junto a estas líneas, dos detalles escultóricos de dicho templo.*

LA IGLESIA DE SANTA MARÍA *Magdalena (abajo, un detalle), en Mirandilla, responde a las pautas del estilo gótico. Tiene portada de sillares y cúpula de trompas.*

Ruta 2
De Plasencia a Madrigal de la Vera
Cáceres

LA VILLA DE PLASENCIA *está situada en un meandro del río Jerte, en la confluencia de varias comarcas naturales de la Alta Extremadura. En la actualidad es una de las ciudades más importantes de la provincia de Cáceres. Arriba, detalle de sus calles.*

Un recorrido por la fértil comarca de la Vera

Al norte de Cáceres, la comarca de la Vera, regada por el río Tiétar y dominada por la cara sur del macizo de Gredos, constituye uno de los enclaves naturales más espectaculares de Extremadura. Además, la arquitectura popular y las tradiciones centenarias se han conservado como en pocos lugares de la Península. A este respecto sirven de ejemplo los "empalaos" que en Semana Santa cumplen con el rito de mortificar sus carnes para cumplir un voto realizado durante el año.

En el nudo de unión de la N-630 con la N-110 se halla **Plasencia** (36.350 hab.), ciudad señorial donde la magia de tiempos pasados todavía se vive en el recogimiento de sus calles. Antigua capital en la ruta de la Plata o vía de la Plata, la historia de Plasencia arranca en los remotos días del Neolítico como demuestran diversos hallazgos realizados en la **cueva de Boquique**, Berrocalillo, Fuentidueñas, etcétera. Una inscripción permite asegurar que Plasencia estuvo próxima la *Ambracia* vetona. Sin embargo, para muchos autores, la antigüedad de Plasencia se remonta al reinado del rey Alfonso VIII, su fundador (1189), en cuyo escudo inscribió la siguiente leyenda: *Ut placeat Deo et homnibus*, es decir, *Para que agrade a Dios y a los hombres.*

De la época de su fundación todavía se conservan varios torreones construidos por iniciativa del obispo Bricio que, en 1199, decidió amurallar la ciudad para evitar que cayera de nuevo en manos árabes. En 1189 Alfonso VIII solicitó a Roma un obispado y el papa Clemente III accedió y otorgó la bula correspondiente para fundar el obispado placentino.

EL ESCUDO DE PLASENCIA *lleva la inscripción "Ut placeat Deo et homnibus", es decir "Para que agrade a Dios y a los hombres".*

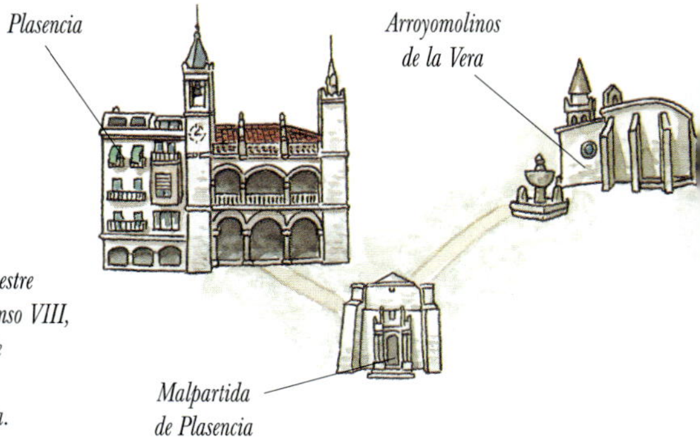

Estatua ecuestre del rey Alfonso VIII, fundador de la ciudad de Plasencia.

La comarca de la Vera *está situada entre las cumbres graníticas de Gredos, con el pico de la Covacha, y el río Tiétar. Arriba, calle típica de Plasencia.*

Rótulos de cerámica *de algunas de las calles de Plasencia, ciudad monumental, con edificios de gran interés para el visitante.*

Desde 1200, en que Plasencia quedó en manos cristianas, el rey de Castilla tomó el título de rey de Plasencia. Juan II entregó la ciudad, en régimen de condado, a don Pedro de Zúñiga, que la perdió en las luchas con la familia Carvajal.

En 1516 Fernando el Católico celebró en Plasencia la boda de su nieta, doña Ana de Aragón, con el duque de Medina Sidonia, y se entrevistó con el padre Bartolomé de las Casas, dominico enviado a La Española, muy impresionado por el trato cruel que se dispensaba a los indios en las minas de oro. Su gestión resultó decisiva para la promulgación, en 1542, de las llamadas *Leyes Nuevas.*

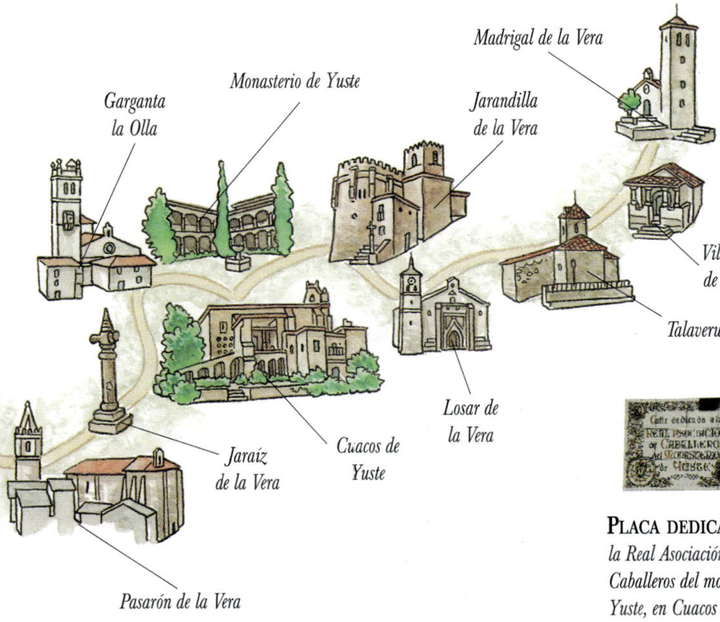

Placa dedicada *a la Real Asociación de los Caballeros del monasterio de Yuste, en Cuacos de Yuste.*

EL PUENTE NUEVO *de Plasencia (arriba) es uno de los tres puentes por los que se accede a la localidad. El puente Nuevo data del siglo XV y comunica las carreteras de Ávila y de Talavera. A la derecha, la plaza Mayor, donde confluyen las principales arterias de la ciudad. Esta plaza, porticada, acoge un concurrido mercado todos los martes.*

Se accede a la ciudad por tres puentes. El más importante, el **puente de San Lázaro** (siglo XIV) está en el camino de Coria, junto a la ermita que le da nombre. El llamado **puente Nuevo** (siglo XV) comunica las carreteras de Ávila y Talavera. Por último, el **puente de Trujillo**, el más moderno, permite enlazar las carreteras del sur. Por la antigua vía de la Plata, se ven los 55 arcos del **acueducto** que conducía el agua desde las sierras de Cabezabellosa y el Torno.

El paseo debe comenzar en la **plaza Mayor**, donde confluyen las principales arterias de la ciudad. La plaza, porticada, ha servido de mercado desde la Edad Media, de coso taurino y corral de comedias. Preside la plaza el **Ayuntamiento** o **palacio Municipal** (siglo XVI) de estilo gótico de transición con notables arquerías renacentistas sobrevoladas por la **torre del reloj** y la popular **figura del abuelo Mayorga**. En el interior destaca una escalera de piedra y el **salón de sesiones**.

Cerca de la plaza Mayor se alza la **iglesia de San Martín** (siglo XIII), en la plaza homónima, la iglesia más antigua de la ciudad, con tres naves y un retablo mayor plateresco.

La **iglesia de San Pedro** (siglo XIII), en la calle del mismo nombre, conserva sin apenas alteraciones su primitiva fábrica. En la portada y el ábside se descubren motivos románicos y una ventana de estilo mudéjar.

Por la **calle de San Pedro** se accede a la llamada **puerta del Sol**, debido a su orientación, antigua puerta de las murallas que daba entrada a la ciudad. De estilo renacentista, la corona una hornacina con la imagen de la Virgen de la Paz. La decoran los escudos de los Reyes

LA FIGURA DEL ABUELO MAYORGA *fue colocada en 1723 en la torre del Ayuntamiento para avisar de los grandes acontecimientos. Abajo, vista del acueducto de Plasencia, que consta de 55 arcos.*

Católicos y de Plasencia. Frente a ella se alza la **estatua de Alfonso VIII**, en medio del agua de una fuente. La **calle de las Cruces** conserva un fragmento de la antigua **muralla** (siglo XII). Desde la **torre de Lucía**, antiguo bastión defensivo adosado a la muralla, la **avenida del Ejército** conduce a la **iglesia de Santa Ana** , de fachada renacentista decorada con imágenes de Santa Ana y una Virgen con Niño.

Cerca de la iglesia está el **palacio de Trejos y Vargas** y no lejos, el **palacio de los Trejos y Barrantes**, con ménsulas blasonadas, y la **casa de las Argollas**, cuyo nombre deriva de las argollas de hierro que lucía en su fachada, símbolo del derecho de asilo concedido a su dueño, don Pedro Sánchez Grimaldo.

La **iglesia del Salvador** (siglo XVIII), en la calle del mismo nombre, tiene orígenes románicos aunque de su primitiva fábrica no conserva nada después de la reforma del siglo XVIII.

Enfrente se alza el **convento de Carmelitas** (siglo XVI) que conserva un retablo barroco y una talla de Santa Teresa.

La **iglesia de San Ildefonso**, en la calle homónima, gótica, muestra en su interior el **sepulcro de Cristóbal de Villalba** y un bello retablo barroco. En la **calle Sancho Polo** está la **casa de las Infantas**, con fachada de sillares y portada bellamente decorada. En la parte baja el almohadillado presenta decoración renacentista.

En la conjunción con la **calle del Verdugo** aparece el **palacio de Almaraz** o **palacio de Grijalvas** (siglo XVII), de fachada herreriana y balcón decorado con columnas jónicas. Algo más arriba, por la **calle del Buensuceso** se llega a la **puerta de Berrozanas** decorada con el escudo de los Reyes Católicos.

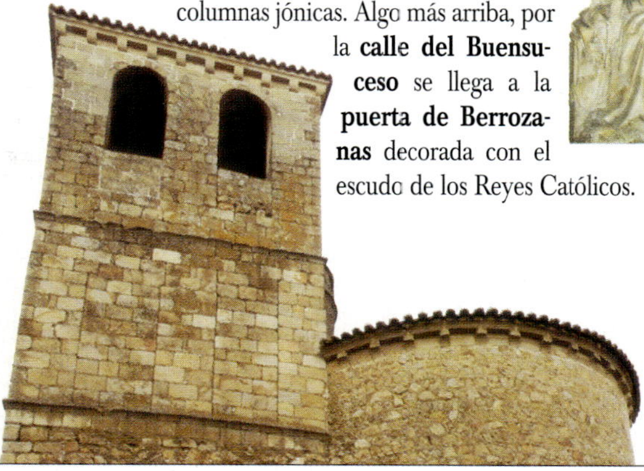

DE LA ANTIGUA MURALLA *se conserva un fragmento en la calle de las Cruces (izquierda). Arriba, iglesia de San Pedro, que mantiene casi intacta su primitiva fábrica. Abajo, detalle de la puerta del Sol.*

LA IGLESIA DEL SALVADOR *se encuentra situada en la calle de su mismo nombre. De origen románico, fue reedificada durante la época gótica y profundamente reformada con posterioridad, durante el siglo XVIII.*

EL PALACIO DE GRIJALVAS *(arriba) tiene fachada herreriana y balcón con columnas jónicas. A la derecha, el patio del palacio del marqués de Mirabel.*

LA PUERTA DE BERROZANAS *se encuentra en la calle del Buensuceso. Aparece decorada con el escudo de los Reyes Católicos y la imagen de San Miguel (arriba).*

EL PALACIO DEL MARQUÉS *de Mirabel, del siglo XIV, era en sus orígenes una casa-fuerte. A pesar del paso del tiempo ha conservado partes góticas y renacentistas.*

Por la **calle de Coria** se accede a la **puerta de Coria** y a la **iglesia de San Vicente Ferrer** (siglo XV) fundada por la familia Zúñiga, de fachada neoclásica, retablo mayor renacentista y sacristía decorada con azulejos de Talavera.

Cerca está el **palacio del marqués de Mirabel**, en sus orígenes una casa-fuerte. Conserva partes góticas y renacentistas. El palacio está adosado al **convento de Santo Domingo** o **convento de San Vicente Ferrer**, donde se ubica el Parador de Turismo de Plasencia. No lejos se alza la **iglesia de San Nicolás**, románica en sus orígenes y gótica en la actualidad debido a las reformas. En su interior conserva un **sepulcro** con la estatua orante del obispo don Pedro de Girón y Carvajal, cristaleras policromadas en el ábside, una pila bautismal románica y un retablo de la adoración de los Reyes.

Cerca se visita el **palacio de Monroy** o **casa de las Dos Torres**, la mansión señorial más antigua de la villa, construida por el abad de Santander don Pérez de Monroy (siglo XIV). La otra torre que le daba nombre se demolió en 1913.

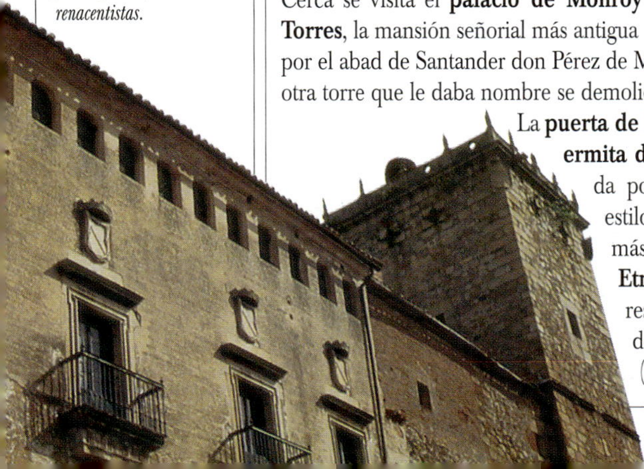

La **puerta de la Salud** precede a la **ermita de la Salud,** construida por artistas locales en estilo colonial. Un poco más arriba está el **Museo Etnográfico**. Más interesante resulta la visita del **palacio episcopal** (siglo XVIII) de porta-

da renacentista. En el interior ofrece un patio compuesto por arcos, balcones y fuente central. Separado del palacio episcopal por el **callejón del Obispo** está el **hospital de Santa María**, que conserva una fachada renacentista con una imagen de la Virgen y escudos heráldicos. En la capilla se contempla un bello artesonado de madera.

Por la **calle del Obispado** se llega al punto culminante de una visita a Plasencia, las catedrales. La **catedral Vieja** o **de Santa María** (siglos XIII-XIV), románica, obra de Juan Francés, muestra una fachada románica con escalinata y, sobre la portada, decorada con capiteles, una imagen de la Anunciación. Sobre el **rosetón** se ve un ángel arrodillado ante la Virgen.

Destaca en el conjunto la **capilla de San Pablo**, antigua **sala capitular**, de cúpula bizantina que en el exterior forma una pirámide de dieciséis lados. Esta pirámide recibe el nombre popular de **torre del Melón**. Varias columnas de capiteles románicos y arcos y ventanales góticos, completan su arquitectura. En el **claustro**, donde se unen la catedral Vieja y la Nueva, se mezclan los estilos románico y gótico en perfecta armonía.

La **catedral Nueva** (siglo XV), el templo más bello de Extremadura en opinión de muchos expertos, presenta la fachada principal con portada plateresca (siglo XVI) y figuras que aumentan de tamaño a medida que ganan altura para mantener la proporción de formas.

Esta catedral se construyó porque la Vieja parecía poco suntuosa a los prelados y, bajo la protección del obispo don

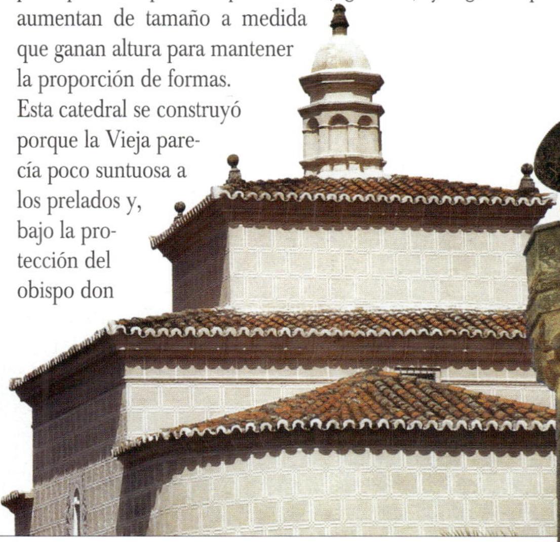

EL PALACIO EPISCOPAL *cuenta con una portada renacentista. En su interior ofrece un patio, también renacentista, compuesto por arcos, balcones y fuente central con el blasón del obispo Lobera y Torres.*

LA IGLESIA DE SAN NICOLÁS *(en la imagen superior, detalle de la portada). Sobre estas líneas, ventana del palacio de los Monroy.*

LA ERMITA DE LA SALUD *(izquierda) fue construida en estilo colonial. Bajo estas líneas, unas chimeneas del palacio episcopal.*

LA CATEDRAL VIEJA *o de Santa María, de los siglos XIII-XIV, románica, obra de Juan Francés.*

DE FACHADA ROMÁNICA *con escalinata, la catedral muestra sobre la portada, decorada con capiteles, una imagen de la Anunciación.*

Gutiérrez Álvarez de Toledo, se alzó una nueva. El templo, de tres naves, conserva un **retablo mayor** (siglo XVII), neoclásico, con magníficas tallas de Gregorio Fernández y pinturas de Francisco de Ricci, Luis Fernández y Mateo Gallardo.

Entre los **retablos laterales** destaca el de la Virgen de la Asunción, obra de los hermanos Churriguera, con una imagen yacente de la Virgen (siglo XVI) protegida por una rica urna de madera con incrustaciones de concha y adornos de plata. La **sillería del coro**, obra de Rodrigo Alemán, figura entre las principales piezas de este tipo de Extremadura. Tallada en madera de nogal, en estilo gótico puro, muestra escenas de la Biblia, además de escenas de corte pagano y erótico. El coro propiamente dicho lo componen 65 sillas (39 altas y 26 bajas) con la silla episcopal en el centro.

En el lado del evangelio está el **panteón del obispo don Ponce de León**, renacentista, obra del granadino Mateo Sánchez de Villaviciosa. Una **escalera de caracol** permite acceder desde la sacristía a los chapiteles de la catedral mediante 126 peldaños. Obra de Gil de Hontañón, uno de los maestros que trabajó en la catedral, se considera de una exactitud geométrica difícil de alcanzar.

Desde las catedrales se llega rápidamente a la **casa del Deán**, neoclásica, uno

RETABLO DE LA CATEDRAL NUEVA *(sobre estas líneas). Arriba y a la derecha, detalles de la sillería del coro. Bajo estas líneas, algunos pináculos de la catedral Vieja.*

de los mejores ejemplos de la arquitectura civil placentina. Con fábrica de sillería y portada adintelada, sirvió de residencia a los deanes, de ahí su nombre.
Cerca está la **casa del doctor Trujillo** o **palacio de Justicia**, palacete neogótico con torre de ventanas trilobuladas y canopiales. Cerca, en la **plaza de Ansano** está la **casa de los Carvajal-Girón**, renacentista, con balconada de hierro forjado. Por último, en la **calle Contador**, puede visitarse la **iglesia de San Esteban** con ábside gótico y retablo mayor plateresco.

La artesanía de Malpartida de Plasencia

De Plasencia, en dirección a Cáceres, por la N-630 se encuentra el desvío a **Malpartida de Plasencia** (3.827 hab.), enclavada en un llano bañado por el Tiétar.
Las tradicionales labores agropecuarias se han visto desplazadas, en parte, por la artesanía gracias a la fuerte demanda del turismo. En los talleres de Malpartida se confeccionan bellas muestras de guarnicionería, talabartería, ebanistería, etc.
La historia de Malpartida arranca en época remota como parecen demostrar los restos celtas hallados en **Calamocho**. Para un experto como Antonio Ponz, personaje significativo de la Ilustración, en época romana existía ya un asentamiento en la actual Malpartida. Pero la ciudad entró en la historia en el siglo XIV al fusionarse diversas alquerías para formar la villa.
Su único punto de interés, la **iglesia de San Juan Bautista** (siglo XVI), sobre una pequeña colina, recibió hace años el título de monumento nacional. De sus tres portadas, la norte muestra el escudo del obispo de Plasencia don Gutiérrez de Vargas y Carvajal, bajo cuya tutela se construyó la iglesia.
En su interior conserva un **retablo mayor** de magníficas tablas y relieves de Agustín Castaño y Diego de Basoco. La pieza principal presenta las imágenes de San Juan Bautista, bajo cuya advocación se alzó la iglesia; y San Pedro. Otras piezas de interés son el **púlpito** de hierro; y la imagen de Cristo crucificado.

Arroyomolinos de la Vera y Tejada de Tiétar

De Malpartida, en dirección nordeste, una carretera local permite conectar con la Ex-501 para seguir en dirección a Jarandilla y tomar el desvío a **Arroyomolinos de la Vera** (616 hab.), a

La iglesia de San Juan Bautista, *en Malpartida de Plasencia, datada del siglo XVI y catalogada como monumento nacional, se levanta sobre una loma.*

Detalle escultórico *de la iglesia de San Juan Bautista, que consta de tres portadas, una de las cuales muestra el escudo del obispo de Plasencia. Abajo, detalle del campanario de la iglesia de San Nicolás de Arroyomolinos de la Vera.*

PASARÓN DE LA VERA *ha sido declarado monumento histórico-artístico por la extraordinaria calidad de su casco viejo. Un paseo por sus calles ofrece la posibilidad de admirar sus monumentos únicos.*

LA IGLESIA DE SAN MIGUEL *de Tejeda de Tiétar (arriba, en ambas imágenes), declarada monumento histórico-artístico, conserva un bello retablo plateresco.*

EL PALACIO DE LOS MANRIQUE DE LARA *(sobre estas líneas) de Pasarón de la Vera, data del siglo XVI, de estilo renacentista, fue antigua residencia del prelado don Francisco Manrique de Lara, que combatió en la Guerra de las Comunidades. En el conjunto sobresalen cinco chimeneas (abajo, a la derecha).*

los pies de la **sierra de Tormantos**, bañada por arroyos que le dan nombre. Merece la pena visitar la **iglesia de San Nicolás** (siglo XV) con fábrica de mampostería granítica y un retablo rococó. Junto a la iglesia se alza una **torre** de defensa que sirvió de refugio a los vecinos ante la llegada del invasor. Cerca de Arroyomolinos está **Tejada de Tiétar** (659 hab.), de calles estrechas, y la **iglesia de San Miguel**, declarada monumento histórico-artístico, que conserva un bello **retablo** plateresco.

PASARÓN DE LA VERA

De Arroyomolinos una carretera local conduce a **Pasarón de la Vera** (740 hab.) que, por la calidad de su casco viejo, ha sido declarado monumento histórico-artístico.

Poblado en época remota el nombre de Pasarón deriva de los asturianos que habitaron estas tierras y en bable les llamaron *paxaron* (aumentativo de "pájaro"), posiblemente por la abundancia de buitres, como se desprende del gran pájaro que figura en el escudo de la villa.

Un paseo por el casco urbano permite visitar el **palacio de los Manrique de Lara** (siglo XVI), renacentista, antigua residencia del prelado don Francisco Manrique de Lara que combatió en la Guerra de las Comunidades. En el conjunto sobresalen **cinco chimeneas**. La fachada principal, balconada, muestra una galería de gran vistosidad. En el interior hay una **escalera**, renacentista, y unas **bodegas**.

Más interesante resulta la visita a la **iglesia del Salvador**, construida sobre el solar de una antigua ermita. Presenta fábrica de sillería, tres naves, coro y capilla mayor con arco triunfal de medio punto cubierto por bóveda de crucería estrellada. Sin embargo, la iglesia goza de fama por sus **retablos**, principalmente el del altar mayor (siglo XVIII) decorado con querubines, festones y guirnaldas. En el hueco central sobresale un relieve de Cristo salva-

La garganta de Pedro Chate, *con piscinas naturales, se encuentra en los alrededores de Jaraíz.*

dor durante la transfiguración. En las naves del evangelio y de la epístola se exponen otros retablos de interés. El tesoro conserva una **cruz procesional** de plata y una **custodia** (siglo XVIII) de bronce dorado y aplicaciones de plata.

■ Torremenga y Jaraíz de la Vera

En la Ex-501, poco antes de Jaraíz de la Vera, está la localidad de **Torremenga**, rodeada de cerros, en la falda de la sierra de Tormantos. La villa, de aspecto serrano, perteneció a los duques del Arco.

La Ex-501 conduce a **Jaraíz de la Vera**, capital de la comarca verata. Los árabes la bautizaron con el nombre de *Caharich* ("estanque"), de donde deriva el actual, y construyeron un **castillo** del que subsisten restos en las casas del soportal alto de la plaza. En el siglo XVII Carlos II, a cambio de venderle la dehesa del Rivero, otorgó a la villa el título de "real".

El paseo debe comenzar por las **calles del Herrero** y **Vargas** para descubrir balcones con cientos de flores al llegar la primavera. La **iglesia de Santa María** (siglo XV), declarada monumento histórico-artístico, románico-gótica, se construyó sobre un templo del siglo XIII.

La **iglesia de San Miguel** (siglo XV), gótico-isabelina, alberga un **retablo** rococó y un Cristo articulado de la escuela de Gregorio Fernández. La **plaza Mayor**, con soportales, da entrada al **palacio del obispo Manzano** (siglo XVII) en la vecindad de la antigua **judería**.

El **parque de los Bolos** alberga un mirador y la **picota de Santa Ana**, con tres brazos decorados con cabezas de animales. La **ermita del Salobral**, barroca, conserva parte de su primitiva fábrica y una imagen de la Virgen titular. En los alrededores de Jaraíz están la **garganta de Pedro Chate** y el **charco de las Tablas**, donde un antiguo molino se ha reconvertido en restaurante. Más interesantes son los **yacimientos arqueológicos de la Macoya**, la **tumba del Moro** y las **Rodas**.

La iglesia de San Miguel *de Jaraíz de la Vera (sobre estas líneas), data del siglo XV y fue construida en estilo gótico-isabelino. En su interior alberga un Cristo articulado, de la escuela de Gregorio Fernández, y un bello retablo rococó del siglo XVIII.*

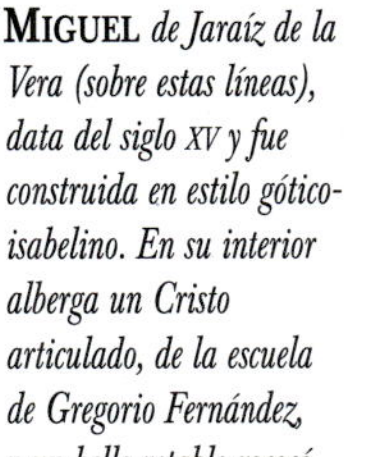

La picota de Santa Ana *(a la izquierda de estas líneas), que data del siglo XVII, consta de tres brazos decorados con cabezas de animales. Arriba, detalle del palacio del obispo Manzano.*

GARGANTA LA OLLA *tiene un casco viejo en el que las calles conservan la arquitectura popular en las casas de adobe y madera de castaño. Sus paredes entramadas componen extrañas geometrías.*

LA IGLESIA DE SAN LORENZO *de Garganta la Olla, construida sobre un antiguo templo pagano en estilo renacentista, alberga un retablo y un órgano, ambos del siglo XVIII.*

LA LEYENDA DE DOÑA ISABEL DE CARVAJAL

A la salida de Jaraíz un desvío a la derecha conduce a la localidad de **Garganta la Olla** por una carreterita tan estrecha como encantadora. La villa, declarada conjunto histórico-artístico en 1978, pierde sus orígenes en el siglo XIII cuando la fundaron un grupo de pastores llegados de Caparra. En aquella época recibió el nombre de *Ad Fauces* ("junto a las gargantas"). En el siglo VI San Galo fundó un monasterio donde está la ermita de San Martín.

En 1560, una joven de la villa, doña Isabel de Carvajal, se escondió en los bosques de la sierra de Tormantos para evitar contraer matromonio con un hombre al que despreciaba. La leyenda asegura que a partir de ese momento se dedicó a conquistar a cuantos hombres se cruzaron en su camino para asesinarlos. La fama de esta joven alcanzó tal popularidad que Lope de Vega, Arcipreste de Hita y Vélez de Guevara, compusieron versos en recuerdo de esta serrana asesina. Hecha presa por la Inquisición murió ahorcada en Plasencia. El casco viejo de Garganta la Olla presenta calles estrechas, como la **calle del Chorrito**, con balcones de madera y puertas dinteladas. El **barrio de la Huerta** conserva casas de arquitectura popular, de adobe y madera de castaño, con paredes entramadas que componen extrañas geometrías, pórticos de pies derechos, balconadas etc. Las casas suelen disponer de tres plantas: la baja se utiliza de bodega, para guardar el vino; en la principal están las habitaciones; y en la tercera, el desván y una solana. La **iglesia de San Lorenzo**, monumento histórico-artístico, fue construida sobre un antiguo templo pagano en estilo renacentista, alberga

LA PICOTA DE GARGANTA LA OLLA *(derecha) se encuentra situada bajo los soportales del Ayuntamiento. Sobre estas líneas, detalle de una ventana enrejada de la localidad.*

La casa de Postas *de Garganta la Olla cuenta con un soportal sostenido por una columna. Está situada al lado de la picota donde se exhibía a los condenados. A la izquierda de estas líneas, detalle de casas gemelas.*

un retablo y un órgano, ambos del siglo XVIII. La **torre** (30 metros de altura) aparece decorada con el escudo de don Pedro Ponce de León.

La **ermita del Cristo del Humilladero** muestra decoración de cerámica talaverana. La **casa cural**, en la plaza, tiene uno de los mejores dinteles de la villa. El **Ayuntamiento** conserva soportales con columnas de granito procedentes de la desaparecida ermita de San Martín. Bajo los mismos se contempla la **picota**. Cerca está la **casa de Postas** (siglo XVI) **,** con un soportal suspendido de una columna. La **casa de las Muñecas**, antiguo prostíbulo, se construyó por iniciativa de Carlos I para satisfacer el rijo de la soldadesca. La reina, sin embargo, impuso a las rabizas una condición para diferenciarlas de las damas de bien: llevar el pico de las enaguas pardo, y de ahí la frase "irse de picos pardos".

En la **calle de la Piornala** está la antigua **cárcel** donde la Inquisición atormentaba a los detenidos. En la misma calle se alza la **casa de los Carvajal**. En la **calle Toril** está el **Museo de la Inquisición** en una de cuyas columnas se señala que perteneció a un miembro de esta institución. En su interior hay varios objetos de tortura. Junto al **puente de la Piornala** se conservan varios balcones colgados. Merece especial atención uno sostenido por una viga de madera sobre una gran roca. Por último, vale la pena visitar a la **casa del conde de Acevedo**.

Junto al puente de la Piornala *(arriba) se conservan varios balcones colgantes. A la izquierda, detalle escultórico del edificio de la casa de la Muñecas, el antiguo prostíbulo que mandó construir Carlos I.*

La ermita del Cristo *del Humilladero (abajo, una vista general) muestra una atractiva decoración realizada con piezas de cerámica talaverana.*

CLAUSTRO GÓTICO *(arriba) del monasterio de Yuste, sufragado por don García Álvarez de Toledo. El monasterio, que tiene un trazado de líneas simples, debido en gran parte a la destrucción que sufrió durante la Guerra de la Independencia, cuenta además con otro claustro, plateresco (arriba).*

Monasterio de Yuste, retiro de reyes

Una carreterita comunica Garganta la Olla con el monasterio de Yuste, entre bosques y arroyos que sirvieron al emperador Carlos V para encontrar la paz que buscaba lejos de la corte. Tras numerosos fracasos políticos y ante la codicia del papado, Carlos I de España y V de Alemania decidió retirarse lejos de las intrigas palaciegas. El marqués de Mirabel, don Luis de Ávila y Zúñiga, extremeño de nacimiento, recomendó al monarca la comarca de la Vera para su retiro.

EL CLAUSTRO PLATERESCO *del monasterio de Yuste es de mayores dimensiones que el claustro gótico, ambos del siglo XV. Fue sufragado por los condes de Oropesa.*

Carlos V abdicó del trono en 1555 y un año después partió hacia el monasterio de Yuste. Mientras se acondicionaban sus estancias residió en el palacio de los condes de Oropesa. En 1557 abandonó el palacio para entrar en el monasterio de Yuste de donde no volvió a salir con vida. En el siglo XV un grupo de eremitas placentinos fundaron en el lugar la ermita de San Salvador sobre la cual años después se construyó el monasterio bajo la pro-

La residencia del emperador, *adosada al muro norte de la iglesia, posee dos plantas y un gran desván. Una suave rampa, sobre arcos elevados, permitía a Carlos V llegar a caballo a sus habitaciones, pues la gota le impedía caminar. Esta vivienda imperial, acondicionada por fray Antonio de Villacastín en el siglo* XVI *es tan austera como el palacio de Gante, donde nació el emperador. Entre las curiosidades cabe citar una fuente con orificio en la copa para que el rey pudiera beber con una cánula de plata.*

tección de los monjes jerónimos de Guadalupe. De líneas pobres, en parte debido a la destrucción que sufrió durante la Guerra de la Independencia, ofrece dos **claustros** (siglo XV), uno pequeño, de finales del gótico; y otro más grande, plateresco. El primero lo sufragó don García Álvarez de Toledo y, el segundo, los condes de Oropesa. La **iglesia** (siglo XV), gótica, muestra una nave de considerable altura, bóvedas góticas, altar elevado (restaurado en 1998) y un **retablo** de madera policromada con una copia del *Juicio Final* de Tiziano. El **coro** presenta sillería del maestro Alemán.

EN CUACOS DE YUSTE *pasó su infancia el hijo natural de Carlos V, Juan de Austria. Su iglesia de la Asunción de Nuestra Señora data del siglo XVI.*

LA FUENTE DE LOS CHORROS *se encuentra en la plaza de su mismo nombre. A la derecha, detalle de la plaza Mayor de Cuacos de Yuste, el mejor ejemplo de plaza verata que se se conserva, con soportales corridos, balconadas y dinteles grabados. Abajo, detalle de la arquitectura tradicional del pueblo, con mampostería, sillares y vigas.*

■ **LA INFANCIA DE DON JUAN DE AUSTRIA**
Del monasterio de Yuste, en dirección a la Ex-501, se llega a **Cuacos de Yuste** (892 hab.) una de las poblaciones veratas más hermosas que se visitan en este recorrido. No en vano, desde 1959, posee el título de paraje pintoresco.

Antiguamente se llamó *Quaquos de la Vera* y mantuvo cierta rivalidad con el monasterio de Yuste, sito en el término municipal de Cuacos, a causa de los derechos de pesca y los diezmos. En Cuacos pasó su infancia el hijo natural de Carlos V, don Juan de Austria, que de pequeño recibía el nombre de Jeromín. En la parte alta de Cuacos se conserva la **casa de don Juan de Austria** donde residió el joven Jeromín al cuidado de su preceptor, don Luis de Quijada. La fachada recuerda las casas típicas veratas de mampostería, sillares, vigas y puerta claveteada. En la actualidad acoge un **Museo**. El centro de la plaza lo decora una fuente.

La **plaza Mayor**, el mejor ejemplo de plaza verata que se conserva, muestra soportales corridos, con balconadas y dinteles grabados. De igual armonía es la **plaza de la Fuente de los Chorros**.

La **iglesia de la Asunción de Nuestra Señora** (siglo XVI), monumento histórico-artístico, integra una torre defensiva

(siglo XIII) muy reformada. Destacan la puerta principal, en estilo hispano-flamenco; un **órgano** (siglo XVI), construido en Amberes por encargo del emperador Carlos V; cuatro **retablos**, que por su estilo se atribuyen a La Roldana; una **talla de San Jerónimo** (siglo XVIII), y un **coro** de madera.

IGLESIA DE SAN PEDRO *de Aldeanueva de la Vera (arriba), con ábside redondo, de estilo románico tardío y una torre renacentista. A la izquerda, un escudo de la casa de Pedro de Godoy.*

LA FUENTE DE LOS OCHO CAÑOS

A escasa distancia de Cuacos, por la Ex-501, se encuentra **Aldeanueva de la Vera** (2.584 hab.), el pueblo más al norte de la comarca de la Vera, que recibió el título de villa en 1802. Aldeanueva, que tiene sus orígenes en un asentamiento prerromano, creció en torno a la **fuente de los Ocho Caños**.

La villa conserva un casco viejo de marcado carácter serrano donde sobresalen algunos edificios de interés, tales como, la **casa de Pedro de Godoy**, blasonada, la **iglesia de San Pedro** (siglo XVI), con ábside redondo de estilo románico tardío, y una torre renacentista. En el interior sobresalen el **coro**, plateresco, y el **Museo** con objetos de gran valor artístico como un Cristo de marfil, un Cristo articulado, un San Mateo (siglo XIV) y la imagen del santo titular.

IGLESIA DE SAN PEDRO *(arriba, la portada), en Aldeanueva. Bajo estas líneas, detalles de la decoración en cerámica que rodean un escudo a base de azulejos de la localidad de Jarandilla de la Vera.*

VILLA DE PRADOS VERDES

Por la Ex-501 se accede a **Jarandilla de la Vera** (3.325 hab.) cuyo casco urbano ofrece gran interés por el cúmulo de monumentos que encierra. Además, en Jarandilla abre sus puertas el Parador de Turismo Carlos V, la mejor oferta hostelera de la Vera. Divida en dos por la Ex-501 la parte baja corresponde al casco viejo y la parte alta a la ciudad moderna, aunque el castillo-parador esta en el parte alta.

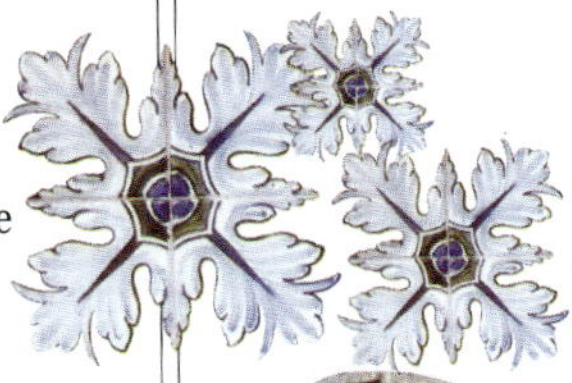

La historia de Jarandilla se pierde en la noche de los tiempos cuando la zona estuvo habitada y contó con numerosos templos paganos. Muchos autores hablan de una fundación griega, pero nada hay documentado al respecto. En época romana se llamó *Municipium Flavium Vivertorum*, es decir, *Municipio de las Fuentes Vivificantes*, según acredita el historiador local don Gabriel Azedo de Berrueza (siglo XVII). Los romanos

EL PUENTE PARRAL *de Jarandilla de la Vera, capital de la comarca de la Vera, y localidad de antigua historia.*

EL MONASTERIO DE SAN AGUSTÍN *conserva la iglesia con puertas de hierro forjado y un púlpito.*

SANTA MARÍA DE LA TORRE, *iglesia del siglo XIII, debe su nombre a la torre de una antigua fortaleza templaria.*

construyeron un templo en honor de Minerva donde en la actualidad se alza la **ermita de Nuestra Señora de la Berracosa**, en el camino de Losar de la Vera.

Los árabes le dieron el nombre de *Jaravilla* ("villa de prados verdes") que terminó mutando en Jarandilla. Reconquistada por los caballeros templarios, el rey Alfonso VIII la entregó a la Orden y bajo su administración se convirtió en uno de los enclaves más importantes de Plasencia.

En 1366 Enrique II donó la villa y el castillo a don García Álvarez de Toledo, maestre de Santiago y más tarde, conde de Oropesa. Después pasó a manos del duque de Frías.

En la **plaza del Consistorio** se alza la **iglesia de Santa María de la Torre** (siglo XIII) cuyo nombre lo debe a la torre de la antigua fortaleza templaria que todavía se conserva. La fortaleza se acondicionó en el siglo XV como templo al trasladar las dependencias militares fuera de la ciudad. Destaca el ábside, semicircular, decorado con dos grandes ventanas geminadas de arcos lobulados de influencia árabe (siglo XIV).

El interior presenta una nave dividida en cinco tramos de seis arcos fajones que soportan la cubierta de cañón con lunetos. La **capilla mayor** muestra bóveda de crucería. En el lado del evangelio se abre la **capilla de don Gaspar de Loaysa** (siglo XVI). Entre los bienes muebles destacan el **retablo mayor** y una **efigie de la Virgen María** (siglo XVIII). El **palacio-castillo de los condes de Oropesa** (siglo XV), actual **Parador de Turismo Carlos V**, sirvió de residencia temporal al emperador mientras se acondicionaban sus dependencias de Yuste. Construido por don Fernando Álvarez de Toledo, señor de Jarandilla, consta de planta rectangular con torres cilíndricas en las esquinas. La pieza principal, el **patio de Armas**, plateresco, da

PARADOR DE TURISMO *Carlos V, en Jarandilla de la Vera, edificio construido por Fernando Álvarez de Toledo, que sirvió de residencia temporal al emperador. Consta de una planta con varias torres.*

ESCULTURA DEL MONASTERIO *de San Agustín, en Jarandilla de la Vera. Abajo, a la izquierda, espadaña de la iglesia de Santiago de Losar de la Vera); y detalle de la picota de Jarandilla.*

entrada al parador que, desde 1966, recibe una media de más de veintidós mil visitantes cada año. Del antiguo **monasterio de San Agustín** sólo se conserva la **iglesia** con puertas de hierro forjado en la sacristía y un púlpito (siglo XVIII) con imágenes de santos. La **ermita de Nuestra Señora de Sopetrán**, patrona de Jarandilla, de estilo barroco, conserva un bello **retablo** en forma de concha. Para terminar debe visitarse la **casa de don Luis de Quijada**, preceptor de don Juan de Austria durante su niñez.

■ PASEAR POR GUIJO DE SANTA BÁRBARA

De Jarandilla una carreterita conduce a **Guijo de Santa Bárbara** (517 hab.), el pueblo a mayor altitud de la Vera (876 metros), llamada en otros tiempos, Guijo de Jarandilla por pertenecer a dicho señorío.

Desde la entrada del pueblo, donde es conveniente dejar el coche, se contemplan buenas vistas de la **sierra de Gredos** y del **valle del Tiétar**. Un paseo permite descubrir plazas y calles típicas donde sobresalen la **iglesia de Santa Bárbara** (siglo XVIII), una antigua **ermita** remodelada, y la **casa consistorial** (siglo XIX).

■ LOSAR DE LA VERA: ARQUITECTURA SERRANA

De Guijo de Santa Bárbara se regresa a la Ex-501 para llegar, tras un breve recorrido, a **Losar de la Vera** (1.114 hab.) que recibe al viajero con un conjunto de **setos** bellamente cortados en formas diversas (aves, cabras, etc).

La **calle Real**, con casas balconadas y fachadas de un blanco inmaculado, conserva buenos ejemplos de la arquitectura serrana verata. Antaño, esta calle estuvo habitada por los judíos que tenían una sinagoga.

La **iglesia de Santiago**, con fachada de sillares decorada con el yugo y las flechas de los Reyes Católicos, conserva un **coro** (siglo XVI) y un **órgano** (siglo XVIII) barroco.

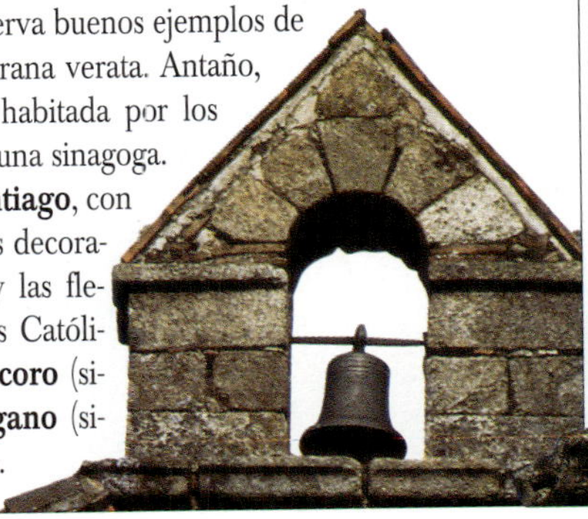

LA IGLESIA DE SAN ANDRÉS *de Talaveruela (al lado de estas líneas) data del siglo XVII. A la derecha, detalle de la portada de la iglesia de San Miguel, del siglo XV, que junto con la casa de las Monjas Amantes de Jesús, centra el interés arquitectónico en el pueblo de Robledillo de la Vera. Arriba, detalles de azulejos decorados y con el nombre del pueblo donde se encuentran.*

LA PICOTA DE VALVERDE *de la Vera (arriba) era el lugar en el que se exponían a la pública vergüenza los condenados. Sobre estas líneas, detalle del castillo de don Nuño, construido por don Pedro Zúñiga. A la derecha, detalle de los edificios que rodean la plaza porticada de Talaveruela.*

■ ROBLEDILLO DE LA VERA

A la salida de Losar un desvío conduce a **Robledillo de la Vera**, pueblo de carácter agrícola y ganadero, antiguo señorío de los Carvajal que alcanzó su máximo esplendor cuando Carlos V le otorgó su escudo de armas.

La **iglesia de San Miguel** (siglo XV) y la **casa de las Monjas Amantes de Jesús**, orden fundada por doña Matilde Téllez, natural de Robledillo, es cuanto ofrece de interés.

En sus alrededores hay varios paisajes de gran atractivo, como el camino que lleva de las **Marradas de la Retuerta** a la **garganta de Cuartos**.

■ VIANDAR DE LA VERA Y TALAVERUELA

De nuevo por la Ex-501 se accede a **Viandar de la Vera**, a media ladera de la sierra de Gredos, que presume de ser el primer pueblo segregado del señorío de Valverde. Como símbolo de su independencia conserva una **picota**, restaurada hace un par de años, otorgada por Enrique IV.

La **iglesia de San Andrés** conserva varios **retablos** decorados con azulejería talaverana. El principal interés radica en sus alrededores donde se encuentran un **castro vetón**, la **garganta de las Meñas**, el **río Moro** y la **garganta de la Covacha**.

Una carretera comunica Viandar con **Talaveruela**, segregada del señorío de Valverde en 1884. Talaveruela conserva una **plaza** porticada, en cuyo centro mana una **fuente**, y la **iglesia de San Andrés** (siglo XVII).

En sus alrededores hay varios parajes de gran belleza, como **Los Molinos**, en la **garganta Naval** poblada de robles.

■ EL CASCO ANTIGUO DE VALVERDE DE LA VERA

De nuevo en la Ex-501 se llega a **Valverde de la Vera**, declarada en 1971 conjunto histórico-artístico debido al perfecto estado de con-

servación de su casco viejo, dominado por el **castillo de don Nuño**. Junto al castillo se alza la **iglesia de la Virgen de Fuentesclaras**, de estilo románico-gótico, en cuyo interior se conservan un **retablo** barroco y dos **sepulcros**.
La **fuente de los Cuatro Caños**, coronada por una cruz de forja, muestra cuatro gárgolas por donde el agua se vierte en un pilón de piedra. Cerca de esta se encuentra la **picota**
Un **vía crucis** lleva a la **ermita del Cristo del Humilladero**.

La fiesta del Pero Palo

La Ex-501 conduce a **Villanueva de la Vera**, declarada conjunto histórico-artístico por su casco viejo repleto de bellos ejemplos de arquitectura popular.
La **plaza Mayor**, porticada, acoge cada año, durante los carnavales, la **fiesta del Pero Palo**. La **iglesia de la Concepción** presenta cubierta de crucería estrellada presidida por el escudo del obispo don Vargas Carvajal.
La **casa consistorial**, dotada de reloj y espadaña, rinde, mediante una sobria placa, un pequeño homenaje a Aniceto Marinas, presidente de la Academia de Bellas Artes.
En los alrededores existen dos chorreras de interés paisajístico. La primera, el **chorro de la Ventera**, de 80 m de caída, se emplaza en la **garganta del Chorro**, afluente de la **garganta de Michones**. La segunda, está en la **garganta de Gualtaminos** por donde se despeña entre grandes bloques graníticos.

Madrigal de la Vera

En el límite de la provincia de Ávila se encuentra **Madrigal de la Vera** (1836 hab.), último pueblo de la comarca de la Vera. Antiguo feudo de los condes de Altamira, de su pasado conserva la **iglesia de San Pedro**, románica, con elementos góticos y renacentistas, y un **puente romano** que permite cruzar la **garganta de Aladros**.

VILLANUEVA DE LA VERA *fue declarada conjunto histórico-artístico por la belleza de su casco viejo. Sobre estas líneas, detalles de algunas de sus casas. A la izquierda, cascada del Diablo. Arriba, la ermita de San Antón.*

LA CASA CONSISTORIAL *de Villanueva de la Vera, dotada de reloj, rinde mediante una sobria placa un pequeño homenaje a Aniceto Marinas.*

IGLESIA DE SAN PEDRO *de Madrigal de la Vera, último pueblo de la comarca de la Vera, románica, con elementos góticos y renacentistas.*

Ruta 3
De Tornavacas a Hervás
Cáceres

LAS CASAS SEÑORIALES *de Tornavacas (arriba), con pilastras de madera, portales de sillería y balcones de forja o madera. Sobre estas líneas, la iglesia de Nuestra Señora de la Asunción de Tornavacas.*

ERMITA DE TORNAVACAS *(arriba), pueblo que se sitúa en la cabecera del valle del Jerte. Abajo, la picota, testigo de la época medieval, llamada popularmente Marirrollas, que se alza al sur de la localidad.*

Entre valles y cerezos en plena Edad Media

El valle del Jerte, antiguo castañar donde los reyes mataban el tedio con la caza del oso, se ha convertido en la actualidad en un inmenso campo de cerezos que, al llegar la época de la floración, atrae a miles de visitantes. Sin embargo, en otras épocas del año, el valle también merece una visita, ya que sus pueblos son ricos en tradiciones y poseen una arquitectura popular que conserva característicos elementos medievales tardíos.

De El Barco de Ávila, en la provincia de Ávila, la N-110, en dirección a Plasencia, culmina el puerto de Tornavacas (1.275 metros de altitud, con un 8% de pendiente máxima) inscrito en la historia por ser un enclave importante en la denominada "ruta Imperial" o "camino Imperial de Yuste". Carlos V, en su viaje al monasterio de San Jerónimo de Yuste, cruzó el puerto de Tornavacas por la antigua **calzada romana** de la cual quedan abundantes restos.

Desde arriba se contempla una excelente panorámica que domina las altas cumbres de la **sierra de Tormantos**, con el **pico Mesas Altas** (2.240 metros de altitud) y la **sierra de Candelario**, con el **Calvitero** (2.401 metros de altitud) que marca la divisoria de aguas entre las provincias de Cáceres, Ávila y Salamanca.

La localidad de Tornavacas *(a la izquierda, vista de una de sus calles) es el primer pueblo de la provincia de Cáceres viniendo de El Barco de Ávila. La localidad conserva el aire de su pasado ganadero. Cuenta con un dédalo de calles estrechas, repletas de casas con pilastras de piedra o de madera.*

Un dédalo de calles estrechas

Descendiendo el puerto se llega rápidamente a **Tornavacas** (1.521 hab.), el primer pueblo de la provincia de Cáceres que se encuentra por la N-110 viniendo de El Barco de Ávila. Tornavacas se sitúa en la cabecera del **valle del Jerte**, en la frontera histórica con Castilla, por donde pasaban los rebaños trashumantes del Honrado Consejo de la Mesta. El ganado aportó grandes beneficios a la economía de Tornavacas y también infinidad de leyendas que hablan de reses enfrentadas a las tropas moras en pro de la causa cristiana.

En el siglo XIV la villa perteneció a los Álvarez de Toledo. En otros tiempos se denominó Villaflor de las Cadenas y su nombre actual deriva del puerto homónimo por donde *tornaban las vacas* de los agostaderos de la **sierra de los Invernaderos**.

El pueblo conserva la idiosincracia de su pasado ganadero, aunque los rebaños ya no sustentan la economía sino los miles de turistas que llegan para disfrutar de una naturaleza casi inmaculada.

Nuestra Señora de la Asunción, *iglesia declarada monumento histórico-artístico que presenta una portada con decoración vegetal en los capiteles (arriba). Al lado, detalle de la Puentecilla, un puente de piedra de la población de Tornavacas.*

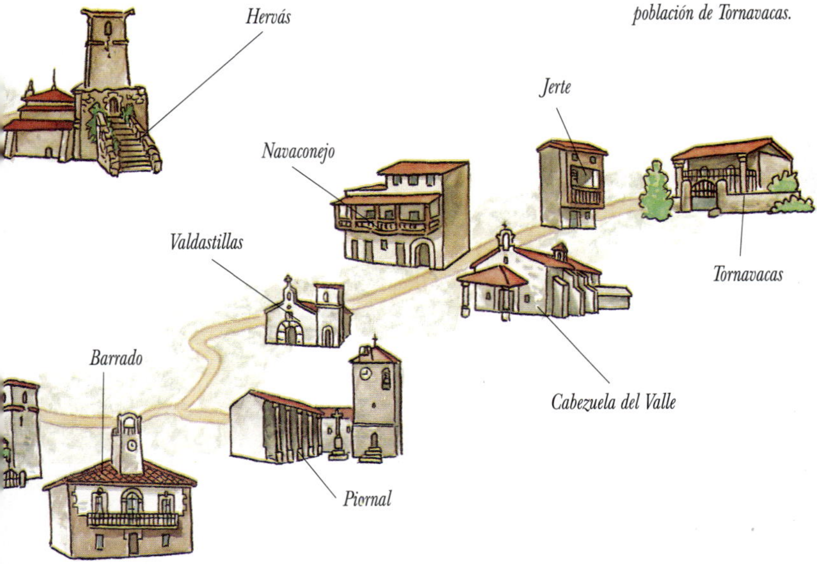

EL PUENTE CIMERO *(derecha), en Tornavacas, mantiene el recuerdo de las miles de cabezas de ganado que lo cruzaron en los lejanos días de la Mesta. Sobre estas líneas, detalle de una ventana enrejada en el pueblo de Jerte.*

LA CASA CONSISTORIAL *de Tornavacas (arriba), con fachada adintelada. Abajo y a la derecha, detalles de la iglesia de Nuestra Señora de la Asunción de Jerte.*

Un dédalo de calles estrechas, repletas de casas de entramados con pilastras de piedra o de madera, algunas **casas señoriales**, blasonadas, con portales de sillería y balcones de forja o madera, ofrecen el encanto serrano que, poco a poco, se desvirtúa para dejar paso a nuevas construcciones que no respetan la arquitectura tradicional. Destacan la **casa de la Inquisición**, la antigua **judería** y la **casa de Iván Méndez**, criado de Carlos V.

La **calle Real**, la vía principal, dividida en tres tramos: **Real de Arriba**, **Real de Enmedio** y **Real de Abajo**, conserva dos puentes de piedra. El primero, el **puente Cimero**, medieval, salva el río, y mantiene el recuerdo de las miles de cabezas de ganado que lo cruzaron en los lejanos días de la Mesta. El segundo, la **Puentecilla**, sobrevuela la **garganta del Cubo** y adorna su petril con un bello **templete** (siglo XVIII).

La **Casa Consistorial** (siglo XVIII) muestra una fachada adintelada y una **torre** con reloj coronada por una veleta. De la época medieval es testigo la **picota**, llamada popularmente Marirrollas, que se alza al sur de la villa. La **iglesia de Nuestra Señora de la Asunción** (siglos XVI-XVII), monumento histórico-artístico, presenta una portada con decoración vegetal en los capiteles. En su interior alberga un interesante **retablo mayor**, con columnas salomónicas; la **capilla del Cristo del Perdón,** donde se exhibe una talla gótica del titular de finales del siglo XV; una espléndida **cruz procesional** (siglo XVI), un **cáliz** manierista (siglo XVI) y una **custodia** de plata (siglo XVII).

■ Jerte: aguas cristalinas

La N-110, en suave descenso, conduce a **Jerte** (1.451 hab.), a orillas del río homónimo que corre manso a la linde de la carretera. La denominación árabe dejó para la posteridad el nombre de *Xerete*, "aguas cristalinas", que acabó derivando en Jerte.

Antigua aldea de Plasencia hasta el siglo XVIII, en 1809 conoció el incendio y saqueo de las tropas napoleónicas que arrasaron la villa. Tras la catástrofe de la guerra, el pueblo resurgió de sus cenizas conservando la arquitectura popular serrana de casas de adobe y entramados de madera.

En la **calle Ramón Cepeda**, consagrada a un político de la restauración, se conservan bellos ejemplos de casas de piedra sillar, con portadas en arcos de medio punto, dinteles grabados y blasones que dejan constancia de la hidalguía de quienes las habitaron.

La **plaza de la Independencia**, que conserva el recuerdo de la invasión francesa, sirve de punto de referencia para la visita de Jerte. En ella arrancan o mueren, según como se mire, diversos callejones que permiten adentrarse en los rincones más encantadores de la villa. La plaza en sí misma ofrece buenos ejemplos de la arquitectura citada con algunas casas de galerías de madera. A su linde se alza la **iglesia de Nuestra Señora de la Asunción** (siglo XVI), terminada en estilo barroco a mediados del siglo XVIII, con un **retablo** de los hermanos José y Francisco de la Inzeira. Una torre, de carácter defensivo, culmina el conjunto.

■ Reserva Natural Garganta de los Infiernos

La **reserva de los Infiernos**, en la comarca del valle del Jerte, abarca terrenos de la vertiente nordeste de la **sierra de Tormantos**, la vertiende sudoeste de la **sierra de Gredos** y el río Jerte. Las alturas máximas se alcanzan en la **cuerda de los Infiernillos** (2.281 metros) y el **cerro del Estecillo** (2.290 metros) que rodean la **garganta de la Serrá**, antiguo valle glaciar de la Era Cuaternaria.

La reserva cuenta, modelando el paisaje, con abundantes saltos, arroyos, cascadas y marmitas gigantes o grandes pozas excavadas por la erosión circular del agua de los ríos. Los elevados índices

La Garganta de los Infiernos *(a la izquierda, los Pilones) es una reserva natural que cuenta con abundantes saltos de agua, arroyos, cascadas y grandes pozas. Arriba, detalle de una vivienda típica de la localidad de Jerte.*

El valle del Jerte *(arriba) ofrece extraordinarias panorámicas. Sobre estas líneas, vista del río Jerte en el valle del mismo nombre. El río nace en la sierra de Gredos y, después de pasar por Plasencia, desemboca en la orilla izquierda del Alagón.*

LA RESERVA DE LOS INFIERNOS *se encuentra en la comarca del valle del Jerte (arriba, los Pilones), abarca terrenos de la vertiente nordeste de la sierra de Tormandos, la vertiente sudoeste de la sierra de Gredos y el río Jerte. A la derecha de estas líneas, detalle de un campo de cerezos en flor.*

CENTRO DE INTERPRETACIÓN *de la Naturaleza de Jerte (arriba). En la Reserva Natural Garganta de los Infiernos, los bosques caducifolios ofrecen ejemplares de roble melojo (abajo), entre otras especies.*

de humedad contribuyen, a su vez, a potenciar una vegetación de gran valor ecológico con ecosistemas de bosque caducifolio, bosque de ribera, piornales serranos y pastizales alpinos.

Los bosques caducifolios ofrecen ejemplares de roble melojo *(Quercus pyrenaica)*, serbal de cazadores *(Sorbus aucuparia)*, madroños *(Arbutus unedo)* y diversos matorrales compuestos en especial por ruscos *(Ruscus aculeatus)* y escobas *(Cytisus striatus)*. En los bosques de ribera predominan los alisos *(Alnus glutinosa)*, los fresnos *(Fraxinus angustifolia)* y los sauces *(Salix atrocinera)*. Más arriba, donde los árboles ceden terreno a los arbustos, crecen piornos *(Cytisus europaeus balansae)*, enebros *(Juniperus alpina)* y codesos *(Adenocarpus hispanicus gredensis)*. Los pastizales están compuestos por cervuno *(Nardus stricta)*, gencianas *(Genciana pneumonanthe)* y vedegambre *(Veratrum album)*, entre otros.

La fauna también reviste interés por el número de especies amenazadas de extinción que integran la reserva. Destacan coleópteros como el ciervo volador *(Lucanus cervus)*, anfibios como el tritón *(Triturus marmoratus boscai)*, la salamandra común *(Salamandra salamandra)* y el sapo común *(Bufo bufo)*; reptiles como el galápago leproso *(Mauremys caspica)* y la víbora hocicuda *(Vipera latasti)*; aves como el mirlo acuático *(Cinclus cinclus)*, la cigüeña negra *(Ciconia nigra)* y numerosas especies de aves rapaces como, por ejemplo, el águila real *(Aquila chrysaetos)*; y algunos mamíferos de mediano tamaño como el lince *(Lynx pardina)*, el gato montés *(Felis sylvestris)*, la jineta *(Genetta genetta)*, el desmán *(Galemys pyrenaica)*, la nutria *(Lutra lutra)* o la cabra montés *(Capra pyrenaica)*.

■ La capital de las cerezas

En plena sierra de Tormantos, **Cabezuela del Valle** (2.286 hab.), declarada conjunto histórico-artístico por la riqueza de su arquitectura popular, ha sufrido en los últimos años algunos descalabros urbanísticos. En la capital de las cerezas, sin embargo, todavía pueden verse numerosos soportales de pies de madera o columnas de cantería, que sostienen casas de entramados de madera, adobe y granito.

El casco viejo, que se encarama sobre las riberas del Jerte y la **garganta del Tornadero**, creció alrededor de un antiguo castro romano ocupado por los árabes. Callejones umbríos, como la **calle de la Cárcel**, evocan la presencia de la antigua **judería** que floreció en el siglo XV. Los Reyes Católicos concedieron a los hebreos la facultad de ampliar la judería para instalar nuevos talleres. Pero, en 1492, el decreto de expulsión marcó el final de sus días.

En la calle principal aparecen los mejores ejemplos de arquitectura popular de Cabezuela. Destacan las casas de fachadas blasonadas, símbolo de la pujanza de sus moradores. La **Casa Consistorial** conserva una hornacina con la imagen de don José María Muñoz, natural de la villa.

La **iglesia de San Miguel Arcángel** (siglo XVI), construida sobre el solar de la antigua sinagoga, muestra bellas portadas de ingreso y una torre de cantería que corresponde a la primitiva fábrica. En el siglo XVIII sufrió una reforma con añadidos barrocos. En su interior alberga un **retablo mayor** (siglo XVII), obra de Juan de Armas, decorado con columnas salomónicas. En esta iglesia actuó de vicario don Francisco Delicado (siglo XVI), discípulo del célebre

El casco viejo de Cabezuela *del Valle creció alrededor de un antiguo castro romano ocupado por árabes. En la calle principal del pueblo aparecen los mejores ejemplos de arquitectura popular (a la izquierda, un detalle). La Casa Consistorial conserva una hornacina con la imagen de don José María Muñoz, natural de la villa (abajo).*

La calleja de la Cárcel *(arriba) es uno de los callejones umbríos de Cabezuela del Valle que evocan la presencia de la antigua judería que floreció en el siglo XV. Bajo estas líneas, detalle de la iglesia de San Miguel Arcángel, construida en el solar de una antigua sinagoga.*

EL PUENTE ROMANO SOBRE EL JERTE, *en Cabezuela del Valle, consta de un solo arco. Junto al puente se encuentra situada la ermita de Nuestra Señora de Peñas Albas (arriba), datada del siglo XVII.*

NAVALCONCEJO *cuenta con un casco antiguo repleto de bellas muestras de arquitectura de adobe, entramados, balconadas, soportales y dinteles historiados (abajo, detalle de unas viviendas de la población). A la derecha de estas líneas, vista parcial de la fachada de la casa de la Inquisición, en Navalconcejo, de triste recuerdo para los habitantes del valle.*

Lebrija, y autor de una obra cumbre de la literatura castellana, *Retrato de la lozana andaluza* (Venecia, 1528). La visita concluye en la **ermita de Nuestra Señora de Peñas Albas** (siglo XVII), junto al **puente romano** sobre el Jerte, con un bello **camarín** (siglo XVIII) de un solo arco; Además, hay otras ermitas en los alrededores, como la **de Santiago y San Felipe** (siglo XVIII), la **del Cristo de la Paz**, la **de San Antonio**, etcétera.

ARQUITECTURA DE ADOBE EN NAVACONCEJO

Sin abandonar la N-110, en dirección a Plasencia, llegamos a **Navaconcejo** (2.000 hab.), también a orillas del Jerte, cuyos orígenes se remontan a la existencia de un concejo medieval –Nava del Concejo– que, poco a poco, se desarrolló alrededor de su iglesia. En el siglo XVII adquirió el título de villa y se segregó de Plasencia y Cabezuela del Valle.

El encanto de su casco viejo, repleto de bellas muestras de arquitectura de adobe, entramados, balconadas, soportales y dinteles historiados, hace imprescindible su visita. Su estructura obedece al urbanismo medieval que convertía una simple calle en pueblo.

A orillas de la principal vía de comunicación se construyeron las casas y se instalaron los comercios. La **calle Real**, paralela al río, conserva edificios de porte medieval y las características ya apuntadas. Destaca la **casa de la Inquisición**, de triste recuerdo para los

habitantes del valle, ya que fue protagonista de numerosas leyendas sobre hechos que tuvieron lugar allí.

La **iglesia de Nuestra Señora de la Asunción** (siglo XVI) muestra abundantes elementos de su primitiva fábrica. La torre, de tres cuerpos, domina el conjunto, y una inscripción deja testimonio del año de su construcción, 1634. Ya en el interior, se contempla un **retablo mayor** (siglo XVIII), barroco, obra, posiblemente, de los hermanos José y Francisco de la Inzeira.

Junto a la iglesia se alza la **antigua fábrica de sayales** (siglo XV) que estuvo en manos de los frailes franciscanos del desaparecido convento de Tabladilla.

Las casas del Canchal

Tras dejar Navaconcejo, en dirección a Plasencia, un desvío en la N-110 nos lleva a **Rebollar** (251 hab.), cuyo nombre deriva de los numerosos rebollos que hay en la zona. Este tipo de árbol, sustituye, a medida que se gana altura, a los cerezos del valle que, a su vez, suplantaron a los castaños cuando una epidemia acabó con ellos en el siglo XVIII.

Rebollar, en las estribaciones de los **montes de Tras la Sierra**, la fundaron vecinos de Ojalvo para depender, con posterioridad, de Valdastillas. Sin embargo, sus orígenes son remotos, como demuestran los numerosos restos arqueológicos hallados en la zona.

Su casco viejo conserva muestras de la arquitectura popular serrana. Las casas se encaraman por las estribaciones de la sierra, como ocurre en las llamadas **casas del Canchal**, construidas sobre rocas enormes. La trasera de las casas la ocupan pequeñas huertas donde crecen árboles frutales que dan sombra en verano y frutos que contribuyen a la economía familiar. En Rebollar no hay monumentos destacables salvo la **iglesia de Santa Catalina** (siglo XVII), con torre y con reloj.

Nuestra Señora de la Asunción *es una iglesia de Navaconcejo que data del siglo XVI. El templo muestra abundantes elementos de su primitiva fábrica. En su interior se puede contemplar el bello retablo mayor, del siglo XVIII, barroco, posiblemente obra de los hermanos de la Inzeira.*

La antigua fábrica de sayales *(superiores) se encuentra ubicada junto a la iglesia de Nuestra Señora de la Asunción (abajo, detalle decorativo del exterior del templo). La fábrica data del siglo XV y estuvo en manos de los frailes franciscanos del ya desaparecido convento de Tabaldilla.*

Valdastillas se encuentra en las estribaciones de la sierra de San Bernabé y la sierra de Tormantos. Este enclave ofrece excelentes panorámicas.

■ **UNAS MARAVILLOSAS VISTAS**

De regreso a la N-110, en dirección a Plasencia, otro desvío permite llegar primero a la localidad de **Valdastillas** (441 hab.) y después a Piornal. Valdastillas, en las estribaciones de la **sierra de San Bernabé** y la **sierra de Tormantos**, a sólo 500 metros sobre el nivel del mar, permite contemplar desde su enclave bellas vistas de las sierras ribereñas. De calles estrechas y empinadas, conserva, como otros tantos pueblos, un casco viejo de arquitectura popular serrana con predominio del color rojo del abobe y balconadas corridas de viejas barandillas de madera. Sobre un altozano, en la parte alta del pueblo, se yergue la **iglesia de Santa María de Gracia** (siglo XVI), renacentista y blasonada con los escudos de los obispos de Plasencia, sus benefactores. En el interior alberga dos magníficos **retablos** (siglo XVI) de cerámica talaverana que pertenecieron a la **iglesia de San Martín de Ojalvo**.

■ **ENTRE ESPESOS BOSQUES**

A partir del cruce de Valdastillas la carretera se estrecha y comienza la ascensión al puerto del Piornal (1.269 metros de altitud). Las curvas se suceden en medio de paisajes repletos de verdor y espesos bosques que ciegan la panorámica más allá de la cuneta.

■ **PIORNAL, EN LA SIERRA DE SAN BERNABÉ**

Piornal (1.611 hab.), el pueblo más alto de Extremadura (a 1.175 metros de altitud), en plena **sierra de San Bernabé**, antiguo enclave ganadero, arranca su historia con los celtiberos que han dejado algunas huellas en la zona.

Sin embargo, la población actual se remonta al siglo XII cuando la fundaron unos pastores castellanos y leoneses, según señalan las crónicas. El rey Alfonso VIII, tras la toma de Plasencia, le otorgó fueros y privilegios para facilitar su repoblación. De Piornal salieron los hombres y mujeres que fundaron Barrado y Cabrero.

La pujanza del cultivo de los cerezos hizo que, en el siglo XVIII, sus habitantes abandonaran la tradición ganadera para hacerse agricultores.

SANTA MARÍA DE GRACIA *es una iglesia que se yergue sobre un altozano, en lo alto del pueblo de Valdastillas. Su construcción, del siglo XVI, es en estilo renacentista y está blasonada con los escudos de los obispos de Plasencia, sus benefactores. En su interior alberga dos magníficos retablos de cerámica talaverana del siglo XVI.*

A LA ENTRADA DE PIORNAL *se puede ver una fuente con relieves de lobos (arriba, un detalle), animal que pobló estas tierras y causó muchos quebraderos de cabeza a los pastores. Bajo estas líneas, vista general de la fuente, una de tantas que decoran las calles y plazas de Piornal, pueblo situado a 1.175 metros de altitud, lo que lo convierte en el más alto de Extremadura.*

Este cambio propició el sedentarismo y la proliferación de más y mejores viviendas. El casco viejo conserva calles por cuyos empedrados todavía corren pequeños arroyos y plazas, como la **del Ayuntamiento**, decorada con una magnífica **fuente** de piedra de pilón grande, utilizada en otras épocas para abrevar al ganado. En la entrada del pueblo, otra **fuente**, con relieves de lobos, del animal que pobló estas tierras y causó muchos quebraderos de cabeza a los pastores.

Las casas conservan su antigua fábrica, de piedra de granito para aislar del frío, y vigas de madera, dobladas por el paso del tiempo pero que aún hoy cumplen su función, aunque las construcciones modernas ganan, lamentablemente, terreno.

La **iglesia de San Juan Bautista** (siglo XV), que figura entre las más antiguas del valle, conserva escasos restos de su primitiva fábrica reconstruida en la década de los sesenta. Sólo la torre, de dos cuerpos y arco apuntado, guarda memoria de sus orígenes medievales.

Le siguen en interés los últimos restos del **palacio de don González de Acevedo**, residencia veraniega del obispo placentino del mismo nombre cuyo blasón corona la fachada. Enfoscadas por la argamasa se perciben los trazos de columnas toscanas que decoraban el antiguo palacio.

EL PALACIO DE DON GONZÁLEZ *de Acevedo (arriba), del que quedan algunos restos, fue residencia veraniega del obispo placentino del mismo nombre, cuyo blasón corona la fachada. Enfoscadas, por la argamasa, se ven los trazos de columnas toscanas que decoraban el ilustre palacio.*

LA IGLESIA DE SAN JUAN BAUTISTA *(abajo) figura entre las más antiguas del valle. Conserva restos de su primitiva fábrica, y fue reconstruida en los sesenta.*

EL AGUARDIENTE DE CEREZA

Antes de llegar a Valdastillas, un desvío permite subir a **Cabrero** (463 hab.), fundada en época medieval como aprisco por los pastores de Piornal que transitaban con sus rebaños por estas montañas.

Como el resto de pueblos serranos de esta zona, conserva algunas casas de arquitectura popular, aunque cada día hay menos debido a la implantación de nuevos materiales y técnicas de construcción, más cómodas, aunque menos encantadoras desde el punto de vista estético. Sin embargo, merece la pena acercarse para visitar

la **iglesia de San Miguel** (siglo XVIII), de planta rectangular, construida con mampuestos y sillares; y degustar el aguardiente de cereza que tiene fama de ser el mejor del valle.

En la frontera de la comarca de La Vera

Por la misma carretera, en dirección sur, se llega a **Barrado** (578 hab.), sobre las estribaciones de la **sierra de San Bernabé**, en la frontera de la comarca de La Vera, bella localidad fundada en la Edad Media por pastores de Piornal que instalaron sus apriscos en la zona. En el siglo XVIII obtuvo el título de villa y desde entonces y hasta ahora su forma de vida ha cambiado mucho.

El casco viejo se encarama sobre los desniveles del relieve formando un dédalo de calles empinadas flanqueadas por casas de arquitectura tradicional, algunas con dinteles de cantería que dejan constancia de la pujanza de sus antiguos moradores. La **iglesia de San Sebastián** (siglo XVI), reformada en el siglo XVIII, sobresale por su torre rematada por un chapitel. En su interior, conserva un **retablo mayor**, barroco, atribuido a los hermanos José y Francisco de la Inzeira.

Nombre de castañares

De nuevo en la N-110, hilo conductor del presente itinerario, se encuentra un desvío que lleva a **Casas del Castañar** (748 hab.), encaramada sobre las estribaciones de la **sierra de San Bernabé**. Sus orígenes se remontan a la fundación, por los vecinos de Asperilla, de secaderos y viviendas en una zona repleta de castañares (de ahí su nombre). Entre las numerosas viviendas modernas que se descubren a pie de carretera, se conserva un núcleo de arquitectura tradicional con fachadas de gran altura, estructura de entramado y solanas en la parte alta para recibir los rayos del sol, que no siempre se hacen presentes en pleno invierno. Los secaderos, que dieron origen a la villa, siguen funcionando, y el viento fresco y seco de la sierra curte los pimientos, higos, melocotones y demás frutas que se consumen durante los meses fríos.

La iglesia de San Sebastián, *en Barrado (izquierda), del siglo XVI, sobresale por su torre rematada por un chapitel. A la izquierda, detalle de un crucero existente en el pueblo.*

El casco viejo de Barrado *se encarama sobre los desniveles del relieve, formando un laberinto de calles empinadas flanqueadas por casas de arquitectura tradicional. Arriba, detalle del Ayuntamiento.*

La iglesia de San Juan Bautista *de Casas del Castañar (arriba, detalle de una ventana) deja constancia de la religiosidad de sus habitantes. El templo data del siglo XVI, y en los ángulos del atrio se descubren curiosas figuras zoomorfas de un extraño simbolismo más allá de lo religioso (arriba, a la izquierda, un detalle). Abajo, la torre de la iglesia.*

LA IGLESIA DE LA VIRGEN *de la Piedad, en El Torno, data del siglo XVI y conserva gran parte de su estructura original. Su interior guarda un retablo barroco con una imagen de la Piedad del siglo XV, de estilo hispano-flamenco.*

La **ermita del Cristo del Humilladero** (siglo XVIII) deja constancia de la religiosidad de sus gentes; se encuentra junto a la **iglesia de San Juan Bautista** (siglo XVI), donde, en los ángulos del atrio, se descubren figuras zoomorfas de extraño simbolismo más allá de lo religioso.

EL "TÍO PICOTE"

Una carretera, que arranca en la N-110 y serpentea por las estribaciones de los **montes de Tras la Sierra**, permite acceder a **El Torno** (1.033 hab.) cuyos orígenes, al igual que otros pueblos de este sector, se pierden en los días de la trashumancia.

En el siglo XII, tras la reconquista del territorio a los árabes, se repobló con pastores vizcaínos. Después, en el siglo XIX, las tropas francesas, al mando del mariscal Soult, saquearon e incendiaron la villa en represalia por las continuas bajas que sus habitantes, a las órdenes de un alimañero apodado "tío Picote", infligieron a los dragones imperiales.

El casco viejo conserva un núcleo de casas de arquitectura serrana, reconstruidas tras el saqueo francés de 1809, donde se perciben los elementos característicos descritos en otros pueblos.

La **iglesia de la Virgen de la Piedad** (siglo XVI) conserva gran parte de su fábrica original, y un **retablo**, barroco, con la imagen de la Piedad (siglo XV), de estilo hispano-flamenco.

ZARZA DE GRANADILLA *es un pequeño pueblo declarado conjunto histórico-artístico en 1980. De su glorioso pasado conserva una muralla almohade que rodea su casco viejo (imágenes superiores). Junto a una de las puertas de entrada se yergue una torre (derecha), construida por los duques de Alba.*

EL PANTANO QUE NUNCA SE CONSTRUYÓ

La N-110, en dirección a Cáceres, conduce a Plasencia para tomar la N-630 y seguir, en dirección nordeste, hacia Béjar, hasta encontrar el desvío a **Zarza de Granadilla** (1.895 hab.), declarada en 1980 conjunto histórico-artístico.

Propiedad de la Confederación Hidrográfica del Tajo desde 1965, tras la expropiación de las casas y terrenos para construir un pantano cuyas aguas nunca llegaron a inundar la villa, conserva de su pasado glorioso una **muralla** almohade que rodea su casco

viejo y un **arco** romano. Junto a una de las puertas de entrada se yergue una **torre** (siglo XV) construida por los duques de Alba que ostentaron el señorío de la villa en 1446.

En la parte alta están el **castillo**, construido en piedra sillar y rematado por una gran torre con garitas y almenas, que deja constancia de su carácter defensivo; y la **iglesia** (siglo XVI), de una sola nave y bóveda de crucería, con elementos de su antigua fábrica.

■ La mansión más señorial

De nuevo en la N-630, en dirección nordeste, se encuentra el cruce de **Abadía** (283 hab.), emplazada en una espaciosa llanura en la orilla izquierda del Ambroz. La villa nació en el siglo XIII al amparo de un monasterio cisterciense construido sobre una fortaleza árabe.

La **iglesia de Santo Domingo de Guzmán**, patrón del lugar, muestra líneas góticas. Más interesante resulta la visita del **palacio de los duques de Alba** (siglo XVI), llamado en otros tiempos "de Sotofermoso", por el castillo romano de su nombre, antigua propiedad de la orden del Temple. Más tarde, tomó el nombre de Abadía por haberse instalado una comunidad del Cister.

En 1445 pasó a manos de los duques de Alba, quienes construyeron el suntuoso palacio, que describe Publio Hurtado en *Castillos, torres y casas fuertes de la provincia de Cáceres*, en estos términos: *La mansión más señorial, más*

La iglesia de Zarza de Grandilla *(izquierda), ubicada en la parte alta del pueblo, data del siglo XVI, consta de una sola nave y bóveda de crucería, con elementos originales. A la izquierda de estas líneas, detalle del palacio de los duques de Alba, que data del siglo XVI, aunque no pasó hasta 1445 a manos de los duques. El palacio constaba de bellos jardines manieristas. La arquería baja conserva recuerdos del antiguo alcázar árabe.*

"La mansión más señorial, *más artístisca y deleitosa que concibieron mortales, para la que trajeron toda clase de piedras, metales, maderas, vidrios, plantas..." escribe Publio Hurtado sobre el palacio de los duques de Alba en uno de sus libros. El palacio ocupó una extensión de 1.800 m². En las imágenes, detalles de los jardines.*

EL PUENTE ROMANO DE ALDEANUEVA *del Camino, sobre el río Ambroz, consta de un único arco. Es conocido popularmente como puente Mocho.*

IGLESIA DE SAN SERVANDO *de Aldeanueva del Camino (sobre estas líneas). En la imagen superior, fachada del palacio de los duques de Alba. Abajo, a la derecha, torre de Santa María del Olmo.*

artística y deleitosa que concibieron mortales, para la que se trajeron toda clase de piedras, metales, maderas, vidrios, plantas... El palacio, que ocupó una extensión de 1.800 m², constaba de bellos jardines manieristas. La arquería baja, de estilo mudéjar, conserva recuerdos del antiguo alcázar árabe. Hoy, en estado de abandono, resulta una metáfora de su pasado.

■ UNO DE LOS PRIMEROS MERCADOS

En la N-630 surge **Aldeanueva del Camino** (935 hab.) cuya economía se basó durante siglos en las transacciones de ganado al contar con uno de los primeros mercados de la Península Ibérica.

Saqueada e incendiada durante la Guerra de la Independencia (siglo XIX) y posteriormente durante la Guerra Civil de 1936, conserva las **iglesias de San Servando** y **Santa María del Olmo** (siglo XVI). Un **puente** romano, de un solo arco, llamado popularmente **puente Mocho**, sobre el río Ambroz, completa el acervo cultural y monumental de la villa.

■ LA COMUNIDAD HEBREA EN HERVÁS

Por la N-630, en dirección a Béjar, se encuentra el desvío que conduce a **Hervás** (3.955 hab.), población situada en terreno montañoso, regada por los ríos Ambroz y Santihervás (en la zona conocida como **valle del Ambroz**), cerca de la provincia de Salamanca. Su fundación se remonta a finales del siglo XII, durante el reinado de Alfonso VIII, cuando la ocuparon los caballeros del Temple, que construyeron una ermita junto al río Santihervás bajo la advocación de San Gervasio, de donde deriva el nombre de Hervás y San Protasio, ambos patronos de la villa hasta el siglo XVIII.

En el siglo XV se estableció una comunidad hebrea, junto al puente medieval de la fuente Chiquita. Los judíos se dedicaron al cultivo de

la vid, a tejer paños y sedas, y a comerciar con cientos de productos que llegaban de todas partes de la Península. Tras el decreto de expulsión dictado por los Reyes Católicos, en 1492, sólo quedaron catorce familias de las cuarenta que formaron la comunidad hebrea.

En 1716, don Juan López fundó una fábrica de tejidos que constituyó la base de la industria durante los siglos XVIII y XIX. En 1816, Fernando VII la declaró *villa libre por tener todas las proporciones para ser uno de los pueblos más felices del reino*; en recuerdo de esta declaración se conserva un **rollo**.

El declive de la industria textil dejó paso a la industria de la madera, principalmente de la madera de castaño que, junto a la producción de cerezas y algunas chacinas, es la base de su actual economía. La visita debe comenzar por el **barrio judío** delimitado por las calles del Collado, Corredera, Abajo y la plaza. En la **calle Abajo**, a la derecha del **caño del Tío Julián**, nace la **calle de la Amistad Judeo-Cristiana**. En la casa número 15 está el lagar comunal donde los judíos elaboraban su vino *kosher* (según las estrictas normas traicionales). Después de 1492 la vivienda quedó en manos de una cofradía conversa y de ahí su nombre, **casa de la Cofradía**. El callejón que nace a sus espaldas recibe el nombre de los Cofrades. En la **calle del Vado** (números 2 y 4) estaba el **hospital** que después del edicto de expulsión quedó bajo la administración de una cofradía conversa. En la **calle Rabilero** (del 17 al 21) se alzaba la **sinagoga del rabí Samuel**, médico que se exilió a Portugal en 1492. Las casas de la trasera de la calle del Vado conservan muestras de arquitectura popular con entramados de madera de castaño y adobe.

HERVÁS, *situada en un terreno montañoso, está regado por los ríos Ambroz y Santihervás. Al incio siglo XV se estableció una comunidad hebrea junto al puente medieval de la fuente Chiquita, que prosperó hasta la expulsión de los judíos en 1492.*

LA IGLESIA DE SANTA MARÍA *de Hervás data del siglo XIII y fue reformada en el siglo XVI. Todavía conserva elementos de su estructura original. Fue construida sobre un antiguo castillo. En su exterior muestra una portada de cantería (arriba, a la izquierda) y una torre-campanario decorada con escudos. En el interior (sobre estas líneas, un detalle), se descubre un retablo mayor con 26 tablas pintadas por don Juan Gutiérrez de Alba. A la izquierda, singular cabina de teléfonos, construida en madera.*

EL BARRIO JUDÍO *de Hervás se encuentra delimitado por las calles del Collado, Corredera, Abajo y la plaza. En las casas de la trasera de la calle del Vado se conservan bonitas muestras de arquitectura popular con entramados de madera de castaño y adobe. En la judería vivieron numerosos y ricos prestamistas.*

En la judería vivieron ricos prestamistas como los hermanos Cohen, Haben Haxiz, y el propio rabí Samuel, que compaginaba las sangrías con la usura. Un refrán recuerda, desde hace siglos, que en *Hervás, judíos los más.* Quizá por esta constante presencia de hebreos se prohibió llamar judías a las alubias y se les rebautizó con el nombre de "pipas".

Además de la huella judía, Hervás conserva otros monumentos que merecen la atención del viajero. La **iglesia de Santa María** (siglo XIII), reformada en el siglo XVI, muestra elementos de su fábrica original. Construida sobre un antiguo castillo, el exterior ofrece una portada de cantería y una torre-campanario decorada con los escudos del duque de Béjar y del obispo de Plasencia. En el interior, se descubre un bello **retablo mayor** (siglo XVI) con veintitrés tablas pintadas por don Juan Gutiérrez de Alba, y la imagen de la Virgen de las Aguas Vivas. Entre las capillas, merece destacarse la dedicada a **Nuestra Señora de las Angustias** (siglo XVIII).

El **convento de los Trinitarios** o **iglesia de San Juan Bautista** (siglo XVII), fundada por doña María López Burgalés, descendiente de hebreos, conserva un bello **retablo mayor** (siglo XVIII) de la Trinidad coronando a la Virgen, custodiada por Santa Catalina y Santa Inés. Debajo del ángel y los cautivos están San Juan Bautista, San Félix de Valois y San Juan de la Mata. Entre las capillas destacan por sus labores y decoración la de **Nuestra Señora de Gracia** y, enfrente, las **capillas de Santa Teresa** y **San Miguel de los Santos**. En el colateral de la epístola, la **capilla del Cristo del Perdón** muestra una talla (siglo XVII) del titular, arrodillado sobre la bola del mundo, obra de Francisco Cutanda que, según una leyenda, lloró sangre durante tres días de 1716. Tras la Desamortización de Mendizábal, en 1835, parte del convento se convirtió en Ayuntamiento, escuela y cárcel.

LA IGLESIA DE SAN JUAN BAUTISTA *o convento de los Trinitarios, (detalle del exterior, a la derecha), debe su fundación a doña María López Burgalés. El templo conserva en su interior un bello retablo del siglo XVIII de la Trinidad coronando a la Virgen, custodiada por Santa Catalina y Santa Inés.*

El convento de los Trinitarios *data del siglo XVII. A la izquierda, vista general de la fachada del convento. En la imagen inferior, detalle de la espadaña. En su interior, las capillas, que destacan por sus labores y decoración, son la de Nuestra Señora de Gracia y, enfrente, las capillas de Santa Teresa y San Miguel de los Santos. En el colateral de la epístola se encuentra la capilla del Cristo del Perdón, con una hermosa talla.*

El palacio de los Dávila *data del siglo XVIII (en la imagen superior, a la derecha, y un detalle, a la izquierda de estas líneas) convertido en el Museo Pérez Comendador-Leroux, en que se exhiben más de seiscientas obras del escultor natural de la villa, así como de su mujer Magdalena Leroux.*

Desde 1896 se encuentra bajo la advocación de San Juan Bautista. La **ermita de San Andrés** (siglo XIV) desde el siglo XVIII está dedicada al Cristo de la Salud, patrón de Hervás. La talla (siglo XVIII), obra del imaginero don Alonso Requejo, presenta líneas pulcras y depuradas.

La **ermita de San Antón** (siglo XX) conserva en el altar una talla de San Antonio Abad (siglo XVII), una imagen de la Magdalena, procedente de una ermita templaria; y una talla de patrón desconocido, posiblemente San Gregorio.

La **enfermería del monasterio de la Bien Parada** (siglo XVIII) tuvo como benefactor al duque Juan Manuel II, que concibió este lugar como hospital para los religiosos franciscanos enfermos de los conventos de la Abadía, Béjar y Plasencia. Desde 1873 alberga el **Ayuntamiento** y el cuartelillo de la policía municipal.

El **palacio de los Dávila** (siglo XVIII) convertido en el **Museo Pérez Comendador-Leroux** muestra más de seiscientas obras del escultor Enrique Pérez Comendador, natural de la villa, y de su mujer la pintora Magdalena Leroux.

En los alrededores de Hervás, la naturaleza se viste de gala y ofrece a los caminantes parajes como **El Salugral** o **La Chorrera**, salto de agua de 30 metros en el río Ambroz.

Ruta 4
De Jerez de los Caballeros a Feria
Badajoz

Por los campos y pueblos del sur extremeño

EL PICO TENTUDÍA, *de 1.104 metros de altitud, es el techo de la provincia de Badajoz y exhibe uno de los enclaves naturales más hermosos que pueden verse en el sur de Extremadura.*

La comarca de Sierras del Sur-Tentudía ocupa la parte más meridional de Extremadura, en la línea fronteriza de las tierras de Huelva y Sevilla y la región portuguesa de Alentejo.

Los paisajes de esta comarca están dominados por la presencia del bosque mediterráneo con extensas dehesas donde campan a sus anchas los cerdos ibéricos que, gracias a la montanera, dan exquisitos jamones de pata negra.

La altura máxima, el pico de Tentudía (1.104 metros), domina una de las zonas más bellas del sur de Extremadura, que conjuga la riqueza de sus paisajes con poblaciones de marcado carácter rural y señorial que ofrecen un sinfín de monumentos de primer orden arquitectónico.

JEREZ DE LOS CABALLEROS *se alza sobre un collado que estuvo amurallado durante la dominación árabe. La ciudad fue conquistada en 1229 por Alfonso IX.*

LA TORRE DEL HOMENAJE *domina el castillo de Segura de León.*

Las calles de Jerez de los Caballeros *rebosan historia. Los romanos la denominaron "Fama Iulia" y los árabes la rebautizaron como "Xeriva". Tras la Reconquista, pasó a manos de los caballeros templarios, quienes le otorgaron su actual nombre. La ciudad cuenta con un hijo ilustre, Vasco Núñez, el descubridor del océano Pacífico.*

Partiendo de Badajoz, la N-435 permite llegar a **Jerez de los Caballeros** (8.951 hab.), a escasa distancia de la frontera portuguesa, sobre un collado que durante la dominación árabe estuvo amurallado.

Los expertos creen que Jerez de los Caballeros se corresponde con la antigua *Cerriana*, citada por Plinio y, según la tradición, fundada por los fenicios. De su pasado histórico y remoto dejan constancia numerosas inscripciones romanas y visigodas, así como el **dolmen del Toriñuelo**, en los alrededores, que junto a los restos de tumbas antropomorfas atestiguan el poblamiento de Jerez en épocas históricas conocidas.

Los romanos la llamaron *Fama Iulia*. Los árabes la rebautizaron con el nombre de *Xerixa* y construyeron para su defensa una imponente fortaleza. Alfonso IX de León la conquistó a principios del siglo XIII. Fernando III el Santo la repobló con gentes de Galicia y la llamó Jerez de Badajoz. Después pasó a manos

Tanto las casas tradicionales *como los destacados conjuntos arquitectónicos de Jerez de los Caballeros dan fe de la larga y prolífica historia de la ciudad a lo largo de muchos siglos.*

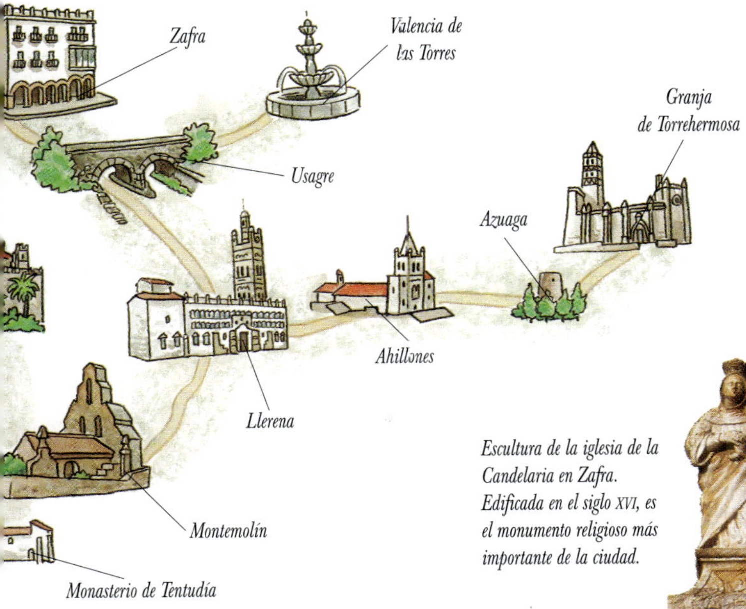

Escultura de la iglesia de la Candelaria en Zafra. Edificada en el siglo XVI, es el monumento religioso más importante de la ciudad.

LA IGLESIA DE SANTA MARÍA *de la Encarnación, del siglo XV, es la más antigua de Jerez de los Caballeros. Entre sus elementos destacables, se hallan la torre y las bóvedas de crucería.*

de los caballeros templarios (de ahí su sobrenombre) y, tras la disolución de la orden, quedó en poder de la corona. En 1375 Enrique II la donó al maestre de Santiago. En 1475 nació en Jerez de los Caballeros don Vasco Núñez de Balboa, descubridor del océano Pacífico. Embarcado en busca de un supuesto oro peruano, atravesó el istmo de Panamá y penetró en el mar del Sur, hoy océano Pacífico. En 1525 Carlos V le dio el título de ciudad y Felipe III le concedió voto en cortes.

La visita de Jerez de los Caballeros requiere tiempo para recorrer sus muchos rincones y, especialmente en verano, descansar de las caminatas a la sombra de alguna terraza. No debe olvidarse que Jerez figura entre los principales conjuntos monumentales de Extremadura.

LA IGLESIA DE SAN BARTOLOMÉ *(arriba y en las dos imágenes inferiores) de Jerez de los Caballeros acoge uno de los tesoros arquitectónicos de la villa, su torre, que recuerda a las iglesias del Nuevo Mundo. Tiene cuatro cuerpos ornamentados con cerámicas vidriadas combinadas con ladrillo y piedra.*

IGLESIAS DE EXCEPCIÓN

La **iglesia de Santa María de la Encarnación,** construida en el siglo XV, es la más antigua de la villa, y se alza sobre el solar de un antiguo templo visigodo. De su primitiva fábrica se conservan todavía abundantes elementos, aunque se encuentran bastante adulterados por las reformas del siglo XVI. Destacan sus bóvedas de crucería, la torre y las capillas. Bajo la capilla mayor se conserva una **cripta** con los restos mortales de don Ildefonso Pacheco Portocarrero y su esposa. En la **capilla de la Magdalena** se muestra una imagen de la Virgen titular que se atribuye a Pedro de Mena, escultor granadino del siglo XVII, hijo de Alonso de Mena y discípulo de Alonso Cano.

La **iglesia de San Bartolomé** (siglo XV), reformada en los siglos XVI y XVII, conserva una de las joyas arquitectónicas de la ciudad, su **torre** (siglo XVIII), construida tras derrumbarse la anterior.

La torre, de ornamentación barroca, consta de cuatro cuerpos, dos cuadrados y dos redondos, que despliegan una gran profusión de cerámicas vidriadas en perfecta combinación con elementos de construcción tan simples como el ladrillo o la piedra, para crear un efecto único que traslada al visitante a las iglesias del Nuevo Mundo. La **fachada principal** muestra una portada adintelada con columnas salomónicas, balcón con reja y una hornacina que acoge la imagen de San Fernando.

La **iglesia de San Miguel** (siglo XV) nada tiene que envidiar a la anterior por la decoración y los elementos de su fábrica. Remodelada en el siglo XVIII, muestra una bella cúpula, que cubre la capilla mayor, y una torre, barroca, decorada con yeserías, azulejos y ladrillos que forman molduras de gran efecto visual. La estatua del santo titular corona el conjunto.

La **iglesia de Santa Catalina**, del siglo XVIII, tiene una **torre** barroca, bellamente decorada, pero en contraste con las anteriores, es más austera. Con tres cuerpos, rematados por una espadaña, domina la única nave de la iglesia con bóveda de crucería. En el interior alberga un **retablo mayor** barroco con la imagen de Santa Catalina.

El **castillo**, construido por los caballeros templarios, conserva sus muros y torres, entre las que destaca la torre Sangrienta, con casi veinte metros de altura. El **antiguo Ayuntamiento** (siglo XVI), alzado en tiempos de Felipe II, sufrió una amplia reforma casi un siglo después para adecuarlo a las necesidades administrativas de una población en creciente desarrollo.

De los numerosos cenobios queda en uso el **convento de la Gracia**. Hay también varias **ermitas**.

De la iglesia de Santa Catalina, *en Jerez de los Caballeros, destacan especialmente dos elementos: la torre barroca, de tres cuerpos, y el magnífico retablo mayor (abajo, a la izquierda), del mismo estilo, que acoge la imagen de la santa que da nombre al templo. Arriba, a la izquierda, el castillo de la ciudad, edificado por los caballeros templarios.*

La iglesia de San Miguel *de Jerez de los Caballeros, del siglo XV aunque remodelada en el XVIII, destaca por su riquísima decoración. Su vistosa torre (junto a estas líneas) está bellamente ornamentada con yeserías, azulejos y ladrillos.*

FREGENAL DE LA SIERRA *acoge un relevante patrimonio monumental. Sobre estas líneas, uno de sus magníficos edificios. A la derecha, detalle de una fuente. A pie de página, una vista parcial de la población. Arriba, el paseo de las Palmeras de la localidad de Oliva de la Frontera, localidad situada ya muy cerca de Portugal, cuyos orígenes se remontan a la época prerromana, como atestiguan los hallazgos arqueológicos.*

A 10 KILÓMETROS DE PORTUGAL

Oliva de la Frontera (6.065 hab.) se encuentra casi en la "raya" con Portugal (a 10 km). Los orígenes de esta población se remontan a la época prerromana como demuestran algunos hallazgos arqueológicos. Después pasaron por estas tierras romanos, visigodos y árabes que también dejaron importantes huellas de su presencia.

La **iglesia de San Marcos Evangelista** (siglo XVIII), de planta de cruz latina y una sola nave, se considera un buen ejemplo de la arquitectura religiosa neoclásica. Destaca su portada con balconada en las ventanas superiores. Cerca está la **plaza Mayor** con el célebre **paseo de las Palmeras**.

La **ermita de Nuestra Señora de Gracia** (siglo XV), construida sobre el solar de un templo visigodo, consta de tres naves, bóveda de lunetos y torre barroca. La iglesia, de inmaculado color blanco, se sitúa en la parte más elevada de la villa y desde su terraza se contempla una magnífica panorámica de Oliva y sus alrededores.

Cerca, en dirección noroeste, está **Zahinos** (3.211 hab.) pueblo que perteneció a los caballeros templarios. Del siglo XVIII subsiste un **torreón**, adosado al **Ayuntamiento** y, muy cerca, la **iglesia de Nuestra Señora de los Remedios**.

CON ENCINAS Y ALCORNOQUES

La N-435, en dirección sur, lleva a **Fregenal de la Sierra** (5.416 hab.), un municipio repleto de encinas y alcornoques que algunos autores identifican con

la antigua *Acinipso*, de fundación fenicia, y otros la suponen vecina de *Nertobriga*, una importante ciudad celta. Ambas teorías sitúan los orígenes de Fregenal en época prerromana. Con la llegada de los romanos recibió el nombre de *Concordia Iulia*.

En 1283 Alfonso X cedió la villa, que desde la conquista de Fernando III pertenecía a Sevilla, a los caballeros templarios. Más tarde pasó a la orden de Santiago. Durante las guerras con Portugal sufrió graves daños que se reprodujeron en la Guerra de la Independecia.

El **castillo** (siglo XIII), construido por los caballeros del Temple, se alza sobre el solar de la antigua alcazaba musulmana. La **torre** destaca entre el conjunto, y muestra una magnífica puerta gótica decorada con la media luna y la cruz griega, símbolo de los templarios. El patio de armas lo ocupa una plaza de toros. Adosada al castillo está la **iglesia de Santa María** (siglo XV) reformada en los siglos XVI y XVII. La fachada presenta una portada gótica. En el interior alberga varios retablos: el **retablo mayor**, renacentista, y los laterales, barrocos. Sirve de campanario a la iglesia una de las antiguas torres del castillo. En una puerta lateral se conserva una crestería gótica.

La **iglesia de Santa Catalina** (siglo XIII), de planta basilical, naves cubiertas con armazón de madera y arcos de ladrillo sobre columnas de piedra, todo en estilo mudéjar, conserva una imagen de la Virgen, en terracota, y un Cristo atribuido a La Roldana. El **convento de la Paz** (siglo XVII), fundado por don Alfonso de la Paz, presenta un **claustro** de arcos de

LA IGLESIA DE SANTA MARÍA *(sobre estas líneas y abajo) de Fregenal de la Sierra está adosada al castillo de la población (en ambas imágenes superiores).*

LA LOCALIDAD *también posee otras importantes construcciones religiosas, como la iglesia de Santa Catalina (arriba, a la izquierda), levantada en el siglo XIII, con planta basilical, naves cubiertas con armazón de madera y arcos de ladrillo sobre columnas de piedra; y la iglesia de Santa Ana (junto a estas líneas).*

EN LA ERMITA DE LA VIRGEN *de los Remedios, patrona de Fregenal de la Sierra, se celebra a finales de octubre la famosa romería de los Gitanos.*

HIGUERA LA REAL *tiene construcciones de gran interés. Arriba, detalle del campanario de la ermita de Nuestra Señora del Loreto, del siglo XIII. Arriba, a la derecha, la iglesia de San Bartolomé, que acogió en el siglo XVII el colegio de jesuitas. Abajo, la iglesia de Santa Catalina, de estilo gótico.*

medio punto y una **iglesia** con bóveda de cañón. En la **capilla mayor** hay un **retablo** con la Virgen de la Paz (siglo XVII) en madera policromada. Del **convento de San Fernando** (siglo XVI) sólo se conserva el patio, en muy mal estado, con arcos de medio punto y columnas de piedra. De su antigua **iglesia** subsisten algunos arcos, la portada y la espadaña; el resto se hundió. El **colegio-convento de los padres Jesuitas** (siglo XVI) lo construyó don Alfonso de la Paz para que fuera su panteón. Los muros y la portada aparecen decorados con el blasón del fundador. La **iglesia** tiene una torre de tres cuerpos y portada. El **convento de Santa Clara** (siglo XVII) tuvo como benefactora a doña Elvira, hija de don Lorenzo Suárez de Figueroa. La **iglesia**, de una sola nave cubierta con bóveda de cañón, conserva algunos objetos de interés. La **ermita de la Virgen de los Remedios**, patrona de Fregenal, acoge cada año, a finales de octubre, la famosa romería de los Gitanos.

Entre los edificios civiles destaca el **Ayuntamiento** (siglo XVIII) y la **casa del tribunal de la Inquisición,** también llamada **casa de la Sangre**.

■ HIGUERA LA REAL

Higuera la Real (2.854 hab.), se encuentra en la vía de acceso desde la costa atlántica onubense y es famosa por la calidad de sus jamones. Antigua población de los tartesios y de los celtas, como demuestra el hallazgo de la famosa "losa de Capote", en el siglo XIII perteneció a la orden del Temple.

En el casco viejo, de casas enjalbegadas y calles recogidas, está la **iglesia de Santa Catalina** (siglo XVI), gótica, con capiteles platerescos coronando las pilastras. Sin embargo, las piezas más importantes son su **retablo mayor**, obra de

Diego de Urbín, con pinturas de Jerónimo Ramírez, y seis tablas (siglo XVI) de Luis de Morales, pintor natural de Badajoz. La **iglesia de San Bartolomé** (siglo XVI) fue sede en el siglo XVII del **colegio de jesuitas** fundado por don Francisco Fernández, cuyos restos mortales se conservan en el altar mayor. El exterior destaca por su portada plateresca y el interior por los cinco altares barrocos decorados con columnas salomónicas y diversas imágenes.

La **ermita de Nuestra Señora de Loreto** (siglo XIII), de fundación templaria, conserva su portada gótica y la capilla mayor. Frente a la misma se alza una **escultura** de la Edad Media que muestra a un león alado sujetando con las garras a un personaje desconocido. La gente del pueblo ha bautizado a esta escultura, de influencias asiáticas, con el nombre de la Mamarracha.

■ Bodonal de la Sierra y sus bodegas

Siguiendo en dirección sudeste encontramos **Bodonal de la Sierra** (1.306 hab.), conocida en la antigüedad como Bodeguinal por su gran número de bodegas.

La **plaza Mayor**, cercada por carros y tablas, sirve de improvisada plaza de toros al llegar el mes de septiembre. Entre sus monumentos se citan la **iglesia de San Blas** (siglo XVIII), con torre y cúpula de linterna, el **santuario de las Flores** (siglo XVIII), cuyos orígenes se remontan al siglo XIII, y la **ermita de Nuestra Señora la Guía**.

■ Cerca de la provincia de Huelva

Al sudeste de Bodonal, por la misma carretera, se llega a **Segura de León** (2.325 hab.), cerca de la provincia de Huelva, que se identifica con la antigua *Seripo*. Sus orígenes, que se remontan a la Prehistoria, han dejado numerosos restos como el llamado tesoro de Segura. Perteneció al priorato de San Marcos de León y, poco después de la Reconquista, a la encomienda mayor de la orden de Santiago.

La plaza Mayor de Bodonal *de la Sierra (izquierda) acoge la iglesia de San Blas. El templo, datado en el siglo XVIII, cuenta con torre y cúpula de linterna. Otros dos edificios que merecen una visita en esta población son la ermita de Nuestra Señora la Guía y el santuario de las Flores. Este último es del siglo XVIII, aunque sus orígenes se remontan al siglo XIII. Arriba, una escultura en la plaza mayor.*

La iglesia de Nuestra Señora *de la Asunción (en las dos fotografías superiores), de Segura de León, es gótica aunque cuenta con añadidos renacentistas y barrocos. Abajo, detalle de Bodonal de la Sierra.*

DE ARQUITECTURA SERRANA, *con predominio de casas encaladas, hay excelentes ejemplos en Segura de León (derecha) y en Fuentes de León (abajo, detalle de una de sus calles).*

Destaca el **castillo** (siglo XIII), dominado por la **torre del homenaje**. El casco viejo conserva casas de arquitectura tradicional, de paredes enjalbegadas. La **plaza Mayor**, con soportales, da paso al **Ayuntamiento**, del siglo XVI.

La **iglesia de Nuestra Señora de la Asunción** (siglo XIII), gótica, muestra añadidos renacentistas y barrocos. De sus orígenes románicos quedan trazas en la puerta del Evangelio. En su interior alberga varias **imágenes policromadas** de ángeles y algunos retablos barrocos.

La **ermita del Cristo de la Reja** (siglo XV), cuyo nombre deriva de la reja que separa la nave del crucero, conserva altares de azulejería, retablos y varios enterramientos, entre ellos el de don Lorenzo Ramírez, consejero de Felipe III. En el centro del templo un altar muestra la imagen del Cristo de la Reja.

LA TORRE ENJABELGADA *de la iglesia de Nuestra Señora de los Ángeles, en Fuentes de León, es una buena muestra de la arquitectura gótico-mudéjar.*

EN LA DEHESA EXTREMEÑA

Partiendo de Segura de León, en dirección sur, una carretera local permite alcanzar **Fuentes de León**, para contemplar los magníficos paisajes que ofrece la dehesa extremeña en esta zona casi en el límite de la provincia de Huelva.

Fundada por los árabes, pasó a manos de la orden de Santiago, de cuya presencia se conservan los restos del **castillo**.

El casco viejo aparece repleto de ejemplos de arquitectura popular serrana con predominio del encalado. Destacan la **iglesia de Nuestra Señora de los Ángeles** , de estilo gótico-mudéjar, con una torre enjalbegada, y la **plaza de toros**, en el propio caserío, dentro de una manzana de casas, con gradas de mampostería.

DOS PLAZAS *destacan en especial en la localidad de Fuentes de León. La de toros (arriba), que está en el interior de una manzana de casas e incluye gradas de mampostería; y la plaza del Ayuntamiento (derecha), que es el centro neurálgico del pueblo.*

■ **Construcciones ciclópeas**

De Fuentes de León se regresa a Segura de León para tomar la Ex-437 hasta **Fuente de Cantos**, en la conjunción de la N-630. Sus orígenes se remontan, posiblemente, a la época romana, pues se encuentra en plena "vía de la Plata". Los restos descubiertos se corresponden con la antigua *Vultimaco* que, en tiempos de César y Pompeyo, tomó el nombre de *Contributa Iulia*.
En el **cerro de los Castillejos** hay varias construcciones ciclópeas cuyas piedras o "cantos" han dado nombre a la villa, patria natal del pintor Francisco de Zurbarán (1598-1664).
Entre sus casas enjalbegadas, de inmaculado color blanco, destaca la **iglesia de Nuestra Señora de la Granada** (siglo XV), de estilo barroco, con una inusual galería sobre la portada. En el interior muestra un **retablo mayor** barroco de González del Castillo. Cerca se encuentra el **convento de las Carmelitas Descalzas** (siglo XVII) junto a una **iglesia** de claustro cuadrangular con dobles galerías y arcadas. La **ermita de Nuestra Señora de la Hermosa** acoge una talla románica de la Virgen de la Hermosa. En la **ermita de San Juan de Letrán** se celebra todos los años la fiesta de la Chanfaina.

■ **Parajes excepcionales**

En los alrededores de Fuente de Cantos se encuentra **Valencia del Ventoso**. Los parajes de bosque mediterráneo y dehesas que dominan la villa figuran entre los mejores de Extremadura. En la parte oriental del caserío se alza el **palacio-castillo**, muy bien conservado. La **iglesia de Nuestra Señora de la Esperanza** (siglo XV) conserva una torre de líneas mudéjares.

La **ermita de Nuestra Señora del Valle**, gótica, se alza en medio de un paraje excepcional. En los alrededores de Valencia del Ventoso, en las serranías de las Casitas, Mora y Atalaya, se encuentra **Atalaya**, con la **iglesia de Nuestra Señora del Camino**, cuya cabecera está adosada a un torreón del siglo XV.
Al sur de Fuente Cantos, la N-630 conduce tras un breve trayecto a **Monesterio**, tierra de excelentes **chacinas y**

La iglesia de Nuestra Señora *de la Granada (bajo estas líneas), en Fuente de Cantos, se distingue por la original galería sobre su portada. A la izquierda, fuente en la misma población.*

El convento de las Carmelitas *Descalzas (arriba) de Fuente de Cantos fue levantado en el siglo XVII. Bajo estas líneas, un detalle de la espadaña de la pequeña ermita de San Juan de Letrán, en la misma población. Además de por su valor arquitectónico, esta ermita es famosa por acoger la popular fiesta de la Chanfaina, en abril.*

LA DEHESA, *con abundancia de quejigos y monte bajo (a la derecha, un ejemplo), es el paisaje característico que rodea la localidad de Calera de León, situada a los pies del pico Tentudía, el más alto de Badajoz. Arriba, interior de la iglesia de Santiago el Mayor.*

LA IGLESIA DE SANTIAGO *el Mayor (arriba y bajo estas líneas) es, después del conventual santiaguista, el monumento principal de Calera de León. El retablo de su altar guarda una imagen de la Virgen de Tudía.*

jamones ibéricos. Marca el límite con las tierras andaluzas. Destaca la **iglesia de San Pedro Apóstol** (siglo XVI). Cuenta con almenas en el ábside y bóvedas de crucería gótica. Además, un pequeño paseo permite descubrir **casas solariegas** de ventanas enrejadas, y la **casa de Nicolás Mergía**, donde tuvo su estudio este pintor.

A LOS PIES DEL PICO TENDUDÍA

Por una carretera local, se accede a **Calera de León** (1.159 hab.), que se encuentra a los pies del pico Tentudía, en mitad de unos parajes dominados por la dehesa con numerosos quejigos y monte bajo.

Conocida en época árabe con el nombre de *al-Kasera*, algunos historiadores la identifican con la antigua ciudad romana de *Curgia* o *Curiga*. Conquistada por la orden de Santiago, el gran maestre don Pelayo Pérez Correa estableció en ella la encomienda mayor de la orden y la convirtió en uno de los principales centros estratégicos y religiosos de la zona.

En el siglo XVI la orden de Santiago construyó en la villa el **conventual santiaguista** más extraordinario de Extremadura, sobre el solar que ocupaba el priorato y palacio vicarial. Destaca la portada principal, renacentista, y el magnífico **claustro** gótico-renacentista, con doble galería porticada.

Junto al conventual se alza la **iglesia de Santiago el Mayor**, de mampostería, ladrillo y piedra. En el altar hay un **retablo** con una imagen de la Virgen de Tudía.

EL MONASTERIO DE NUESTRA SEÑORA DE TUDÍA

En la cumbre del **pico Tentudía** (1.104 metros de altitud), también llamado Tudía o Zudia, el punto más elevado de la provincia de Badajoz, se emplaza el **monasterio de Tentudía** (siglo XIII), construido para conmemorar la victoria que obtuvo el maestre de Santiago, don Pelayo Pérez de Correa, sobre las tropas árabes que acudían a defender Sevilla, cercada por Fernando III. Según la leyenda, los cristianos solicitaron la intervención de la Virgen y le pidieron "detener el día" hasta que los ejércitos árabes fueran derrotados. El monasterio, construido con mampostería, conserva el esplendor de los

El monasterio de Tentudía, *ubicado en el pico del mismo nombre, ofrece magníficas vistas. Se construyó en el siglo XIII para conmemorar el triunfo de las tropas de don Pelayo sobre las huestes árabes que acudían a defender Sevilla. Arriba, a la izquierda, el pantano de Tentudía. Junto a estas líneas, calle de la localidad de Cabeza la Vaca.*

edificios religiosos de la orden de Santiago, de aspecto defensivo, con un bello **claustro** de estilo mudéjar y doble arquería que se inscribe entre las obras más importantes de este estilo. Unos pilares de proyección octogonal sujetan los arcos peraltados, y entre los numerosos **retablos de azulejería** destaca el mayor, realizado en 1518, por el italiano Francisco Niculoso Pisano, que tenía su taller en Sevilla. Este retablo escenifica la leyenda citada. Los restos mortales del maestre de la orden de Santiago, don Pelayo Pérez Correa, descansan en una **tumba** (siglo XVI) de azulejería.

Desde el monasterio se abren unas panorámicas magníficas que permiten contemplar muchos de los pueblos de la mancomunidad de Tentudía, en medio de serranías que constituyen parajes naturales de extraordinario interés paisajístico.

Un rollo *del siglo XVI preside la plaza porticada de Cabeza la Vaca, localidad famosa por su excelente chacinería a base de carne de cerdo. El edificio principal de la población es la iglesia de Nuestra Señora de los Ángeles (junto a estas líneas, detalle de su vistosa torre-campanario). Construida en el siglo XVI, combina la arquitectura popular con una portada renacentista.*

Cabeza la Vaca

La misma carretera que de Monesterio conduce a Calera de León permite llegar, en dirección oeste, a **Cabeza la Vaca** (1.684 hab.) famosa por la **chacinería** que toma como base la carne de cerdo ibérico. El nombre de la villa rinde homenaje al gran maestre de la orden de Santiago, don Pedro Fernández Cabeza de Vaca. El casco urbano ofrece al visitante una arquitectura popular cuidada donde sobresalen las casas enjabelgadas y las calles estrechas y sombrías incluso en las horas más altas del sol. Entre los puntos de interés destacan un **rollo** (siglo XVI), pieza inusual en esta parte de Extremadura, que preside la **plaza** porticada, y la **iglesia de Nuestra Señora de los Ángeles** (siglo XVI), de arquitectura popular y portada renacentista.

EL AYUNTAMIENTO *(derecha), del siglo XVIII, es el edificio civil más importante de Montemolín. Sobre estas líneas, la fuente de la plaza de la Constitución. Abajo, espadaña de la iglesia de Nuestra Señora de la Granada, hoy convertida en ermita.*

LAS RUINAS DEL CASTILLO *(abajo), que pueden contemplarse en lo alto de Montemolín. De construcción almohade, fue profundamente reformado por los caballeros de Santiago. Arriba, otra joya de la población, la iglesia de Nuestra Señora de la Concepción.*

UNA PLAYA ESTRATÉGICA

Tras pasar el **puerto de Cañadas**, la N-630 corre paralela al **arroyo Culebrín** y, a la altura de la **Venta del Culebrín**, está el desvío de la Ex-413 que en dirección nordeste conduce a Llerena. Pero antes de llegar a esta última población un cruce, a la altura de **Pallarés** permite acceder a **Montemolín**, al norte de la sierra de Tentudía, en terrenos regados por el río Viar. Durante la dominación árabe, Montemolín se convirtió en una plaza estratégica de gran importancia para controlar el paso entre las tierras de Extremadura y Andalucía. Por este motivo, en 1246 Fernando III, mientras preparaba la conquista de Sevilla, dio la orden a los caballeros de Santiago de conquistar Montemolín. En agradecimiento les cedió la villa hasta que Felipe III, como gran maestre de la orden, la enajenó en 1608 a los comerciantes genoveses en pago de las provisiones suministradas durante las guerras de Italia. Los descendientes de los comerciantes genoveses la poseyeron con el título de marquesado. Luego volvió a la Corona y, en 1819, Fernando VII, para saldar una deuda, la entregó a su hermano, don Carlos María Isidro, junto con la encomienda y prerrogarivas que antes ejercía la orden de Santiago. Al incautarse los bienes de don Carlos, la villa pasó a la administración nacional y el señorío desapareció. Sin embargo, el propio don Carlos, tras su renuncia, dio el título de conde de Montemolín a su primogénito.

Sobre un cerro, medio en ruinas, se alza el **castillo** (siglo XIII) almohade aunque muy reformado tras la conquista por los caballeros de Santiago. Las murallas están reforzadas por torres poligonales, entre ellas la **del homenaje**. Frente al castillo, la **iglesia de Nuestra Señora de la Granada** (siglo XIV), convertida en ermita, presenta líneas gótico-mudéjares.

La **iglesia de Nuestra Señora de la Concepción**, renacentista, conserva retablos barrocos de interés, en especial el mayor (siglo XVII), con pinturas de Zurbarán. Entre los edificios civiles merece citarse el **Ayuntamiento** (siglo XVIII).

■ Una villa con historia

De nuevo en la Ex-413, en dirección nordeste, se llega a **Llerena** (5.730 hab.), emplazada en un llano a los pies de la **sierra de San Miguel**, uno de los conjuntos arquitectónicos más interesantes y mejor conservados de la Baja Extremadura. La presencia de poetas, escritores y cronistas la convirtió en un centro cultural de gran trascendencia que le valió el nombre de la "pequeña Atenas del Renacimiento", en boca de Rodríguez Moñino.

Algunos historiadores la identifican con la antigua ciudad de *Ara* y otros con la romana *Regina Turdulorum.* En 1241 los caballeros de Santiago la conquistaron a los árabes y se convirtió en residencia del infante de Aragón, don Enrique, hermano de Alfonso X de Castilla. También residió en ella don Fadrique, hijo bastardo de Alfonso XI y doña Leonor de Guzmán. Doña Leonor, asesinada después en Talavera, estuvo presa en Llerena.

Durante la Guerra de la Independencia, el 10 de agosto de 1810, tuvo lugar en Llerena una importante batalla y las tropas francesas la saquearon y quemaron. En junio de 1811 los soldados hijos de Llerena se alzaron en armas y la ocuparon. En su honor y en recuerdo del hecho se fundó el batallón de cazadores de Llerena, que tanto se distinguió en las luchas marroquíes y carlistas.

La visita debe comenzar en la **plaza Mayor,** convertida antaño en mercado de productos agrícolas, coso taurino o corral de comedias, según lo requería la ocasión. Considerada un buen ejemplo de plaza porticada, su urbanismo actual se remonta a la reforma llevada a cabo en tiempos de Felipe II.

Al sur de la plaza se alza la iglesia de Nuestra Señora de Granada y al norte, frente a la iglesia, el llamado **portal de las Tiendas**, **de las Boticas**, **del Pan** o **de la Cárcel**, formado por doce arcos de medio punto sujetos por columnas de piedra, y sobre ellos, dos plantas con ventanas, balcones y un remate abalaustrado.

En el lado este se abre el **Ayuntamiento**, neoclásico, y el **portal de Morales,** con nueve arcos de factura similiar a los anteriores. En este portal estaban las casas que seguramente habitó Francisco de Zurbarán, el célebre pintor extremeño que trabajó en el monasterio

La plaza Mayor *de Llerena alberga el Ayuntamiento (izquierda) y la hermosa iglesia de Santa María de la Granada (abajo, su puerta del Perdón, del siglo XIII).*

La iglesia de Santa María *de la Granada, en Llerena, fue construida por el capitán Pelayo Pérez Correa, gran maestre de la orden de Santiago. Este magnífico templo cierra el lado sur de la plaza Mayor con una doble galería de arcos (arriba) que conforman su fachada. La torre (abajo) engloba cinco pequeñas torres.*

LLERENA, *situada en un llano a los pies de la sierra de San Miguel, acoge uno de los conjuntos arquitectónicos más interesantes y mejor conservados de la Extremadura septentrional. Bajo estas líneas, la llamada puerta de Montemolín, una de las puertas de las antiguas murallas que todavía pueden contemplarse actualmente.*

EN LA HERMOSA PORTADA *del palacio Episcopal de Llerena pueden verse los blasones de la orden de Santiago, que fijó en él su residencia. Abajo, detalle de otro tesoro arquitectónico de la población, el convento de Santa Clara, del siglo XVI.*

de Nuestra Señora de Guadalupe. Perfectamente restaurada en 1980, la plaza de Llerena figura entre las mejores de Extremadura y sorprende al viajero por la delicadeza de sus formas y el equilibrio de sus volúmenes.

La **iglesia de Santa María de la Granada** (siglo XIII), construida por el capitán Pelayo Pérez Correa, gran maestre de la orden de Santiago al mando de Fernando III el Santo, cierra el flanco sur de la plaza con una doble galería de arcos que componen su fachada con los escudos de la ciudad y de la Virgen de la Granada.

Del primitivo templo del siglo XIII sólo subsiste la **puerta del Perdón** y los dos primeros cuerpos de la **torre** (56 metros de altura). En el último se instalan las campanas. La torre aparece decorada con cinco torrecillas, cuatro en los ángulos y una en el centro que finaliza en una guirnalda de hierro con veleta.

En la nave de la epístola se abre la **capilla de San Juan Bautista** (siglo XVI), que tuvo a la familia Zapata como benefactores, con una **verja** de hierro de estilo plateresco. La **capilla del Bautismo**, también llamada **capilla del prior don Gonzalo de la Fuente** (siglo XVI), conserva restos de un retablo manierista y una imagen de San Jerónimo, obra de Juan Bautista Vázquez el Viejo, que trabajó también en el retablo mayor de la catedral de Sevilla. El **camarín** (siglo XVII) de la Virgen de la Granada, patrona de Llerena, aparece cubierto por una cúpula decorada con estucos. La iglesia alberga también una interesante muestra de orfebrería litúrgica y dos órganos, uno del siglo XVIII, en la capilla de San Juan.

La **iglesia de Santiago** (siglo XV), de menos mérito artístico que la anterior, la construyó el gran maestre de la orden de Santiago don Alonso de Cárdenas, que yace enterrado en ella. De estilo tardogótico presenta una sola nave, cubierta de bóvedas de crucería y dos capillas laterales. Conserva, además, algunos retablos barrocos, las estatuas yacentes de su fundador y su

esposa, doña Leonor de Luna, y un púlpito de piedra. Cerca está el antiguo **hospital de San Juan de Dios**, cuya iglesia, barroca, cuenta con una interesante fachada de dos cuerpos con frontón central y dos espadañas de estilo barroco.

El **convento de Santa Clara** (siglo XVI), fundado por doña Isabel Delgado, viuda de don Rodrigo Parrado, comendador de la orden de Santiago, muestra su **iglesia** con dos portadas gemelas con arcos, nichos y blasones de los Parrado. El interior se cubre con casquetes esféricos decorados con pinturas al fresco que relatan la historia de la orden franciscana. Además, alberga varios retablos barrocos e imágenes entre las que destaca un San Jerónimo, obra de Juan Martínez Montañés.

El convento, propiamente dicho, que permanece cerrado a las miradas indiscretas tras su clausura, conserva un claustro de doble planta que se inscribe entre los mejores de la ciudad.

La **casa de los Zapata**, edificada en el siglo XVI, fue la antigua sede del **tribunal de la Inquisición** y en la actualidad alberga el juzgado comarcal. Presenta una arquitectura cuidada donde se aúnan diversos estilos (gótico, plateresco, mudéjar). Destaca su **pórtico**, con columnas y galería superior, y una ventana esquinada.

El **palacio episcopal**, antigua residencia de los maestres de la orden de Santiago, tiene una bella portada con vano adintelado decorado con los blasones de la orden. Al final de la calle se alza la **iglesia de la Merced** (siglo XVII), de estilo barroco, convertida en casa de cultura. Construida por los jesuitas presenta planta de cruz latina con bóvedas de cañón y cúpula.

Para completar la visita nada mejor que pasear sin rumbo fijo. De esta manera se descubren **rincones donde el tiempo se ha detenido**. Asaltan los pasos del caminante restos de las antiguas **murallas** con **puertas** centenarias, como la **de Montemolín**, que da paso a esta ruta, varios **cruceros**, numerosas **casas solariegas** (algunas blasonadas), ventanales que dejan ver interiores pulcros, con patios repletos de macetas.

LA IGLESIA DE SANTIAGO *de Llerena (a la izquierda y a pie de página) es un excelente ejemplo del gótico tardío.*

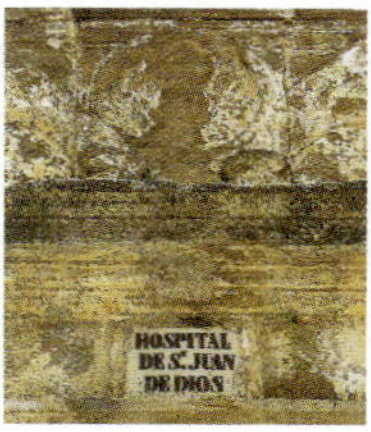

EL PÓRTICO *es el elemento arquitectónico más relevante de la casa de los Zapata de Llerena, en otros tiempos sede del Tribunal de la Inquisición. En las dos imágenes superiores, la iglesia del hospital de San Juan de Dios, en la misma población. Edificada en estilo barroco, exhibe una fachada de dos cuerpos con frontón central y dos espadañas.*

LA LOCALIDAD DE AHILLONES *(derecha) cuenta con una bonita iglesia parroquial (en los dos detalles superiores) de estilo mudéjar y torre de planta cuadrada. Bajo estas líneas, una de las viviendas de Berlanga, que dista unos 3 kilómetros de Ahillones.*

LA ALCAZABA ÁRABE DE AZUAGA *(arriba, al fondo de la imagen) todavía conserva en pie una de sus torres. Abajo, un detalle exterior de la iglesia de Nuestra Señora de Gracia de Berlanga, en el que sobresalen las linternas que sirven para iluminar el interior.*

AHILLONES

De Llerena se sale en dirección norte para encontrar, rápidamente, la N-432 que conduce a **Ahillones** (1.230 hab.), en la carretera de Córdoba.

La religiosidad de la villa queda patente en la **ermita del Cristo**, con portada barroca, y en su **iglesia** (siglo XVI) de estilo mudéjar, con torre de planta cuadrada.

LOS ARROYOS CULEBRAS Y CONEJOS

Por la N-432, en dirección a Córdoba, a 3 km de Ahillones, se encuentra **Berlanga** (2.716 hab.) localidad situada en terreno llano avenado por los arroyos Culebras y Conejos.

Su casco viejo conserva bellos ejemplos de arquitectura popular y varias ermitas, como la **de Santo Domingo**, de estilo barroco. Su principal punto de interés, la **iglesia de Nuestra Señora de Gracia** (siglo XVIII), presenta unas líneas exteriores con decoración de linternas para iluminar el interior. Dentro se observan bóvedas vaídas con pilares y entablamentos de molduras rococós. Destaca la torre obra del maestro castellano don José Gómez.

UN HERMOSO CASCO VIEJO

La N-432, en dirección a Córdoba, lleva a **Azuaga** (9.274 hab.), población que pierde sus orígenes en la Prehistoria como demuestra el **dolmen de la Cardenchosa**. En una crónica de principios del siglo XX se lee: "Es población muy antigua, como lo demuestran sus fuertes castillos casi derruidos, en uno de los cuales, llamado Miramontes, están enterradas dos hijas del emperador Trajano. También se afirma que en el mismo fue asesinado, traidoramente, el caudillo Viriato..." De su remoto pasado conserva restos de la **alcazaba** árabe, una de cuyas torres se mantiene en pie.

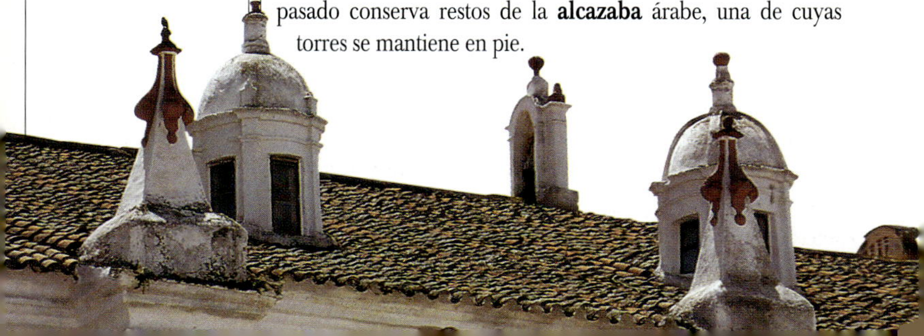

Las calles y plazas de Azuaga, *en especial las de su casco antiguo, conservan su arquitectura tradicional y su trazado medieval, y merecen una detenida visita. En el centro urbano se combinan construcciones mudéjares con casas de fachadas barrocas y edificios de incicios del siglo XX, cuyo conjunto forma un área muy atractiva.*

La iglesia de Nuestra Señora *de la Consolación (en las tres imágenes superiores y abajo) es una de las mejores muestras de arquitectura religiosa de la Baja Extremadura. Su valor radica en la espléndida fusión entre los estilos gótico tardío y renacentista con bonitas pinceladas mudéjares y portuguesas.*

La villa, que perteneció a la orden de Santiago, tiene un casco viejo de singular belleza con plazas y calles que mantienen viva la arquitectura popular y su trazado medieval. Destacan la decoración mudéjar o neomudéjar, dependiendo de la época, las casas de fachadas barrocas, los notables edificios de principios del siglo XX que no desentonan con el resto y otros elementos. Un paseo, a últimas horas de la tarde si es verano, ayuda a disfrutar y conocer este pueblo que figura entre los más significativos de la provincia.

La **iglesia de Nuestra Señora de la Consolación** (siglo XVI) se inscribe entre los mejores ejemplos de arquitectura eclesiástica de la Baja Extremadura gracias a su fábrica donde se funden los estilos gótico-tardío y renacentista con reflejos mudéjares y portugueses. Destacan su torre-fachada, sus dos portadas y su decoración. La capilla mayor muestra un **retablo**, moderno, que sustituye a otro del siglo XVI. Además, conserva una **pila bautismal**, en cerámica vidriada de estilo sevillano, y una colección de objetos de liturgia, entre ellos una **custodia** procesional.

La **iglesia de la Merced**, que perteneció al convento homónimo, hoy convertido en casa consistorial, presenta líneas mudéjares muy depuradas. Le sigue en interés la **ermita del Santo Cristo del Humilladero** (siglo XVII), en la plaza del mismo nombre, bello ejemplo del barroco extremeño con una imagen del Crucificado (siglo XVI), obra del artista sevillano Francisco de Ocampo.

NUESTRA SEÑORA DE LA CONCEPCIÓN *(en las dos fotografías superiores y abajo) es la la iglesia de Granja de Torrehermosa, cuya torre ha dado nombre a la población.*

VALENCIA DE LAS TORRRES *conserva destacados vestigios de la época en la que perteneció a la orden de Santiago. Entre ellos, cabe citar la casa de la Encomienda y el castillo, donde estuvo preso don Luis de Zapata, importante escritor conocido por su obra "Miscelánea".*

■ GRANJA DE TORREHERMOSA

Siguiendo camino por la N-432, casi en el límite de la provincia de Córdoba, surge **Granja de Torrehermosa** (2.688 hab.) donde se puede visitar la **iglesia de Nuestra Señora de la Concepción** del siglo XVI, que cuenta con una "torre hermosa" de la que toma el sobrenombre el pueblo. De estilo gótico-mudéjar, construida en ladrillo, sobresale del conjunto por la calidad de su fábrica. La portada, de arco apuntado, está flanqueada por columnas y arquivoltas rematadas por una hornacina de finas nervaduras. En el segundo cuerpo abundan los arquillos y glabetes y, en la parte superior, dos ventanas donde tañían las campanas.

Por la N-432, en dirección a Zafra, a la altura de Llerena, un desvío conecta con la Ex-413. Esta carretera permite acceder a **Higuera de Llerena** (495 hab.) aldea que se encuentra cerca del río Conejo. Aquí se puede visitar la **iglesia de Nuestra Señora del Valle** del siglo XVI, que todavía conserva restos de su primitivo retablo.

■ EL PRESIDIO DE LUIS DE ZAPATA

Al norte de Higuera, por la Ex-413, aparece **Valencia de las Torres** (878 hab.) con numerosos recuerdos de su pasado, cuando perteneció a la orden de Santiago.

De la época de los caballeros de Santiago quedan restos de la **casa de la Encomienda** y del **castillo** donde estuvo preso don Luis de Zapata (1526-1595), escritor que tuvo el señorío de las villas y lugares de Cehel y Jubrecelada; además, fue alcalde perpetuo de Castildeferro, Cautor y La Rábita, patrón de la capilla de San Juan Bautista, alcalde de Llerena y paje de la emperatriz doña Isabel, esposa de Carlos V. Ha pasado a la historia por ser autor de una colección de anécdotas y hechos curiosos titulada *Miscelánea*.

El casco antiguo conserva casas barrocas y la **iglesia parroquial** de estilo gótico-mudéjar. En su interior hay varios retablos barrocos, una pila bautismal de mármol renacentista y diversos objetos de orfebrería.

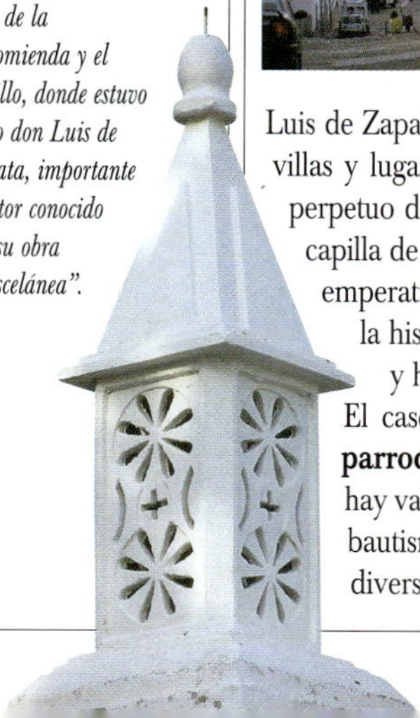

■ Arquitectura popular

Si tomamos la Ex-437 llegamos a Usagre (2.123 hab.), que se identifica con la antigua ciudad romana de *Urbs Sacre* por los restos de una calzada descubierta a principios del siglo XX. Conserva un casco viejo cuidado donde se descubren bellas muestras de arquitectura popular.

La **casa de la Inquisición**, un **pilar**, una **fuente** y un **abrevadero** son algunos elementos antiguos que permanecen en pie. Más interesante resulta la visita a la **casa de la Encomienda**, que conservan los arcos interiores, y la **iglesia de Santa María de Gracia** (siglo XVI), con una magnífica portada labrada por canteros mudéjares en estilo clasicista. Una hornacina alberga una imagen de la Virgen con el Niño de origen visigodo o mozárabe.

■ La Segela celta

Al salir de Usagre, la N-432 permite acceder a la localidad de Zafra (13.898 hab.), en las estribaciones de la **sierra del Castellar**, una de las pocas poblaciones que ha incrementado su población desde principios del siglo XX.

Según la leyenda, Zafra la fundaron los celtas en el siglo VII a.C. con el nombre de *Segela.* Destruida por los romanos, se repobló en la época de Augusto con el nombre de *Restituta Iulia Imperial.* Los árabes, que hicieron de ella un importante centro comercial, la rebautizaron con el nombre de *Zafar*, de donde deriva el actual Zafra a través de *Safra* y *Capra.*

En la línea fronteriza que dividía los reinos de taifas de Sevilla y Badajoz se construyó, en 1030, un castillo en la sierra del

La localidad de Usagre *(a la izquierda, su puente) se relaciona con la antigua ciudad romana "Urbs Sacre" por los vestigios de una calzada descubierta a principios del siglo XX. Entre sus monumentos destacables, está la iglesia de Santa María de Gracia, del siglo XVI, y la casa de la Inquisición.*

La puerta del Cubo *de Zafra (sobre estas líneas) debe su nombre al torreón en el que se abre una hornacina y la estatua ecuestre de Lorenzo Suárez (abajo). Otra de las puertas que todavía se conservan de las antiguas murallas es la llamada puerta de Jerez, que configura rincones muy pintorescos, como la callejita del Clavel (arriba).*

TANTO LA PLAZA GRANDE *(a la derecha y a pie de página) como la plaza Chica (abajo) de Zafra mantienen todavía el aspecto de su época de construcción (siglos XV-XVI).*

UNA ANTIGUA VARA DE MEDIR *castellana, de 83 centímetros, se conserva en el denominado arquillo del Pan, una de las columnas de la plaza Chica de la ciudad de Zafra.*

Castelar citado por el geógrafo hispano-musulmán al-Bakrí con el nombre de *Sajra Abi Hassán.* Conquistada por las tropas cristianas de Fernando III, en 1241, Zafra pasó al reino de León. En el siglo XIV formó parte del señorío de Feria en manos de los Gómez Suárez de Figueroa, convirtiéndose en capital del señorío que se trocó en condado por Enrique IV y en ducado por Felipe II.

Desde la época medieval, principalmente desde el siglo XIV, se celebraban en Zafra las ferias de Disentos, San Miguel y San Juan, como centro de contratación para los labradores y ganaderos del sur de la Península. Estas ferias, con amplios privilegios concedidos por los Reyes Católicos, Juana la Loca y Felipe V, han subsistido hasta nuestros días, en especial la de San Miguel.

A finales del siglo XIX el rey Alfonso XIII concedió a Zafra el título de ciudad y desde 1965 tiene el rango de conjunto histórico-artístico gracias a la excelente conservación de su casco viejo y a la importancia de sus monumentos.

El paseo debe comenzar en el **casco viejo**, de trazado medieval y atmósfera recogida como corresponde a las viejas alcazabas árabes. La plaza Grande y la plaza Chica conservan un

EL ALCÁZAR DE LOS DUQUES DE FERIA, *que acoge actualmente el Parador de Zafra, es una elegante construcción almenada. No hay que perderse el patio renacentista, de Juan de Herrera, y la sala Dorada, con un bello artesanado.*

entorno poco adulterado desde su fundación en los siglos XV y XVI. A su alrededor las casas recuerdan la presencia de la nobleza en tiempos pasados.

La **plaza Grande** (siglo XVI), fruto de la reconstrucción de la iglesia de la Candelaria, se ha convertido en el centro de la villa. Repleta de bares y tiendas, adquiere por la noche una magia especial, acentuado por sus soportales de arcos de medio punto, que le dan un aspecto romántico.

Por el denominado **arquillo del Pan**, con un pequeño **retablo** barroco con la imagen de la Virgen, la popular Esperancita, se entra en la **plaza Chica**, un rincón que conserva a comienzos del siglo XXI la esencia del medievo. Fue la plaza de los mercaderes y en ella abrieron sus puertas comercios, fondas y posadas. En una de sus columnas, en el arquillo del Pan, se conserva una antigua vara de medir castellana (83 cm).

LA PUERTA DEL PALACIO *(sobre estas líneas) y la puerta del Acebuche (arriba) están situadas junto al Alcázar de Zafra.*

PATRIMONIO MONUMENTAL

En los alrededores de la plaza se descubren interesantes ventanales de estilo mudéjar. En uno de los extremos está el antiguo **Ayuntamiento** (siglo XVIII), neoclásico, convertido en **palacio de Justicia**. Cerca se abre la **puerta de Jerez**, una de las antiguas puertas de la muralla, flanqueada por casas enjalbegadas y rincones de gran belleza como la **callejita del Clavel**.

Por la **calle Campo del Rosario** se llega a la **puerta del Cubo,** que daba entrada al camino de Fuente del Maestre y Feria. El **alcázar de los duques de Feria** (siglo XV) lo construyó el segundo duque de Feria, don Lorenzo Suárez. El edificio, almenado, presenta planta cuadrada con bella **torre del homenaje**, decorada con figuras geométricas en los zócalos. Escoltan a la torre del homenaje ocho cubos: cuatro de ellos con un altura superior a veinte metros.

El **patio**, del siglo XVI, de estilo renacentista, obra de Juan de Herrera, el autor de El Escorial, se construyó en tiempos del duque don Gome. Otras estancias de interés son la **capilla** y la **sala Dorada**, con un artesonado de 5 m^2. El alcázar acoge en la actualidad el **Parador Nacional de Turismo Hernán Cortés,** conocido popularmente como Parador de Zafra. Adosada al alcázar se conserva la **puerta de Palacio**

EL CONVENTO DEL ROSARIO *de Zafra alberga una imagen del siglo XVII de la Virgen del Cristo del Rosario. En las dos imágenes superiores, la casa Grande de la localidad, que acoge un comercio. En ella sorprende el patio interior con cincuenta columnas de mármol.*

LA CALLE SEVILLA *es la más concurrida y comercial de Zafra. Muy cerca de ella se encuentra la calle de Santa Catalina (a la derecha, un panel cerámico en la misma).*

(siglo XV), doble y de cuatro arcos de medio punto, por la cual entraban los viajeros que llegaban de la Puebla de Sancho Pérez y Usagre.

En la **plaza** que se abre frente al alcázar se alza la llamada **puerta del Acebuche,** adosada sobre las **galerías** (siglo XVII) para unir el alcázar con el **convento de Santa Marina** (siglo XVI), construido por doña Margarita Harington, prima de la duquesa de Feria, doña Juana Dormer. El convento, de planta de cruz latina, conserva una imagen orante de doña Margarita, obra de Pompeo Leoni.

Desde el alcázar, por la **calle Sevilla**, la más comercial y animada de Zafra, se llega al **convento de Santa Clara** (siglo XV), declarado monumento nacional, construido por los duques de Feria, don Gómez Suárez Figueroa y su esposa, doña Elvira Laso de Mendoza. En el muro del altar mayor, del lado del evangelio, aparecen encastrados los **sepulcros** de alabastro de los fundadores (siglo XV). Junto a los mismos está el **sepulcro** (siglo XV) de don García de Laso, hijo de don Gome, que murió luchando en Andalucía junto al rey Enrique IV. El **retablo mayor** (siglo XVIII), barroco, muestra una imagen en alabastro de la Virgen del Valle (siglo XIII). Entre los objetos que conserva el convento merecen citarse el **terno de las Águilas** (siglo XVII), en terciopelo rojo y oro, y un **lignum crucis** de oro y esmaltes.

Cerca está la **casa Grande** (siglo XVII), construida por don Ignacio Daza Maldonado, con fachada adintelada y un patio interior con cincuenta columnas de mármol y dos cuerpos: dórico el bajo y jónico el alto. En la actualidad la casa alberga un comercio.

Desde la calle Sevilla, por las **calles Fuente Granado** y **Santa Catalina** se llega al **convento de Santa Catalina** (siglo XV), fundado por doña Inés de Santa Paula. Destaca su portada principal, con baquetón gótico enmarcado en

alfiz, con el escudo de las dominicas y una espadaña clasicista. En el interior se conserva un **artesonado** mudéjar (siglo XVI) y un **capitel** hispano-visigodo que sirve de pila bautismal.

Por la calle Santa Catalina se accede al **hospital de Santiago** o **de Nuestra Señora de la Anunciación** (siglo XVI), fundado por don Lorenzo Suárez. Destaca su fachada, gótico-florida, cuya puerta aparece flanqueada por dos pilares góticos. Sobre la fachada se observa un arco canopial con una pintura de la Anunciación. En el interior hay un patio con dos galerías de arcos de medio punto sobre columnas octogonales. Cerca quedan las célebres plaza Grande y plaza Chica.

Extramuros se sitúa el **convento del Rosario** (siglo XV), en la carretera de la Fuente del Maestre, con fábrica de tres naves y bóvedas de crucería que forman rombos y cuadrados. Se accede por una puerta de ladrillo, con doble arco, dos columnas toscanas y entablamento de pináculos. En el interior alberga una magnífica imagen de la Virgen del Cristo del Rosario (siglo XVII).

En la **plaza de Pilar Redondo**, a escasa distancia de la puerta del Cubo, está la **casa consistorial** (siglo XVI), que hasta 1824 fue **convento de la Cruz**, de monjas franciscanas tercianas. Se abre al exterior con un arco carpanel. En el interior destaca el **claustro** con dos niveles. En la plaza se contemplan también algunos edificios de finales del siglo XIX y principios del XX interesantes por su arquitectura, al igual que el **palacio de Solanda** (siglo XX), en la **plaza del Corazón de María**, bello ejemplo de la arquitectura neomudéjar.

La **iglesia de la Candelaria** (siglo XVI), el edificio religioso más importante de Zafra, colegiata desde el siglo XVII hasta mediados del XIX, la construyó, en estilo gótico, don Juan García de las Liebes, maestro cantero de Zafra, por encargo del tercer duque de Feria, don Lorenzo Suárez de Figueroa. Tiene una sola nave, crucero y bóveda de crucería estrellada sostenida por arcos de medio punto y destaca el exterior por su magnífica torre de dos cuerpos de campanas.

En el interior muestra bellísimos **retablos**, entre ellos el del altar mayor (siglo XVII), obra de don Blas de Escobar, con una imagen de la Virgen de la Candelaria.

En la plaza del Corazón de María *de Zafra (arriba) está el palacio de Solanda, una hermosa muestra de la arquitectura neomudéjar. Bajo estas líneas, vista parcial de la iglesia de la Candelaria, del siglo XVI, emplazada en la misma población,*

EN LA PLAZA DEL PILAR REDONDO *(arriba) se alza el Ayuntamiento de Zafra. Arriba, a la derecha, la iglesia de Los Santos de Malmona. Y abajo, tres imágenes de Burguillos del Cerro: el castillo y dos detalles de la iglesia de San Juan Bautista.*

En la **capilla de la Virgen de Valvanera**, barroca, se observa un retablo (siglo XVIII) de la escuela de José de Churriguera. Sin embargo, el más importante de todos, el **retablo de Zurbarán** o **de los Remedios**, conserva varios lienzos del pintor que le da nombre. Antes de abandonar el templo puede visitarse un pequeño **museo** con objetos de liturgia. En las afueras de Zafra está el **convento de San Francisco** (siglo XV), actualmente abandonado.

A 5 km de Zafra, casi en la conjunción de la N-630, aparece el pueblo de **Los Santos de Maimona** (8.004 hab.), uno de los núcleos agrícolas más importantes de la zona, con la **iglesia de Nuestra Señora de los Ángeles** (siglo XVI), gotico-renacentista, que cuenta con portadas platerescas como la del Perdón. En su interior alberga un bello **retablo**.

DÓLMENES, CASTILLO Y ALFARES

Si se sale de Zafra, en dirección a Fregenal de la Sierra, por la Ex-435, se encuentra el desvío de la Ex-4311 que conduce a **Burguillos del Cerro** (3.406 hab.), pueblo dominado por la imponente silueta de su castillo en las estribaciones de la **sierra de Santa María**.

Los orígenes de Burguillos se remontan a la Prehistoria como testifica el **dolmen de Toriñuelo**. Más tarde, se asentaron en la zona los visigodos, según demuestra un baptisterio, con forma de cruz latina (siglo VI) descubierto a finales del siglo XIX. Los visigodos cedieron sus dominios a los árabes y después (siglo XIII) pasó a manos de los templarios y, posteriormente, el rey Pedro la cedió a su hija doña Beatriz. Un corto paseo permite descubrir numerosas **casas solariegas** cuyos mejores ejemplos son las llamadas del **Corregidor** y de la **Audiencia**. Sobre una elevación del terreno se alza el **castillo** (siglo XV) construido sobre el solar de una vieja fortaleza árabe. Cerca está la **iglesia de Santa María de la Encina** (siglo XIII), mudéjar, con nave central y cinco arcos ojivales. La **iglesia de San Juan Bautista** (siglo XVIII) se construyó para aunar las dos parroquias que había en

Burguillos que, en el siglo XVIII, estaban en ruinas. Presenta torre barroca, bóveda de cañón y cúpula en el crucero. Al norte de Burguillos del Cerro, entre las sierras de Salvatierra y de María Andrés, se enclava **Salvatierra de los Barros**, famosa por sus **alfares** que elaboran jarros, botijos, cántaros y otros utensilios tradicionales. El **castillo** (siglo XV), sobre una antigua atalaya musulmana, lo construyó don Hernán Gómez de Solís. La **iglesia de San Blas** tiene una torre cuadrangular con aspecto de fortaleza. Muy cerca de la villa se conserva un viejo **pozo de nieve** (siglo XVI), declarado, en 1990, bien de interés cultural.

Una cascada de casas blancas

Al este de Salvatierra está Feria, cuyos orígenes parecen muy antiguos a tenor de los restos megalíticos hallados, como el **dolmen de la casa del Monje**. Especial interés tiene su casco urbano con bellas muestras de la arquitectura tradicional.

La población creció a la sombra de su castillo y se desparrama por la suave ladera con una cascada de casas blancas que recuerdan a los pueblos alpujarreños. Destacan el **rincón de la Cruz**, la **plaza** (siglo XVII), las **casas consistoriales** y el **poyo del Carnero**.

El **castillo** (siglo XV), construido por el primer duque de Feria, tiene una elevada **torre del homenaje**, de planta cuadrada, desde cuya cima se contempla una excelente panorámica. La **iglesia de San Bartolomé** (siglo XVI), gótica, muestra remates barrocos en la cornisa fruto de las remodelaciones del siglo XVIII. La portada del evangelio, de estilo renacentista, merece unos minutos de atención.

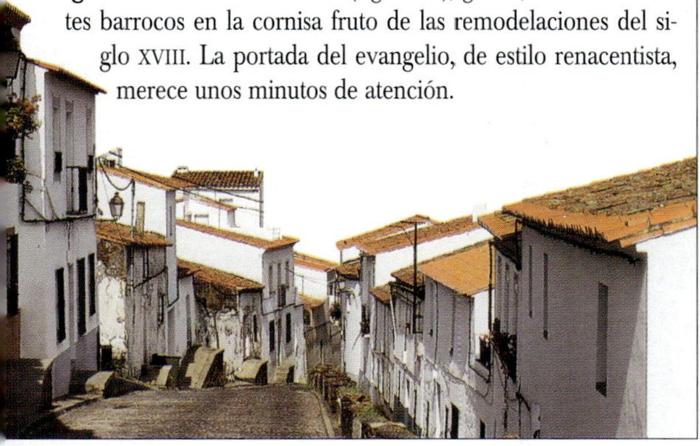

Su excelente cerámica *ha dado fama a Salvatierra de los Barros. Arriba, detalle de su iglesia de San Blas. Arriba, a la izquierda, una vista parcial de la localidad de Feria.*

El casco antiguo de Feria *ofrece espléndidas muestras de la arquitectura tradicional de la zona. Sobre estas líneas, el castillo de la población, del que destaca la gran torre del homenaje. La fortificación fue construida en el siglo XV por el primer marqués de Feria.*

Ruta 5
De Badajoz a Fuente del Maestre
Badajoz

LA ALCAZABA DE BADAJOZ *(arriba) se conserva en perfecto estado pese a ser heredera de una primitiva construcción del siglo* IX. *Sobre estas líneas, Museo Extremeño e Iberoamericano de Arte Contemporáneo.*

EL CONVENTO DE LAS ADORATRICES *de Badajoz (arriba), del siglo* XVI, *fue reformado en el siglo* XIX *con las líneas neogóticas actuales.*

EL CONVENTO DE ROCAMADOR *de Barcarrota (detalle de la chimenea) acogió durante una temporada a San Pedro de Alcántara.*

A lo largo de la Raya y en la Tierra de Barros

Bajo la denominación geográfica y turística de la Raya surgen una serie de poblaciones, de marcado interés monumental que, desde hace siglos, comparten un medio natural común a ambos lados de la frontera o "raya" entre España y Portugal. Los casi 300 kilómetros de frontera que unen los pueblos extremeños y portugueses encierran una cultura propia y una economía que gira esencialmente en torno al cerdo ibérico.

Además, la ruta hace una pequeña incursión en la comarca de la Tierra de Barros, situada en pleno centro de Extremadura, entre las vegas del Guadiana y las sierras del Sur. El paisaje, dominado por el llano, muestra el color rojizo de la arcilla, magnífica para el secano, que da nombre a la comarca.

■ BADAJOZ

En la N-V, **Badajoz** (113.146 hab.) ocupa un lugar estratégico en el vértice que forma el Guadiana al torcer hacia el sudoeste para hacer de frontera natural entre España y Portugal (la N-V la une a Elvas). Este enclave le ha llevado a protagonizar páginas célebres de la historia, como se verá a continuación.

Puente sobre el río Guadiana *a su paso por Badajoz (izquierda). Data del siglo XVI y fue construido por Juan Herrera en tiempos de Felipe II. Se erigió sobre pilastras con 32 arcos de medio punto. Arriba, detalle de la puerta de Palmas, formada por dos torres almenadas; fue construida en el siglo XVI con un marcado estilo renacentista.*

Capital de la provincia homónima, Badajoz se ha convertido durante el siglo XX en el motor de la economía extremeña, lo cual le ha permitido mantener una población relativamente estable pese a los descalabros demográficos a causa de la emigración hacia Barcelona, Madrid, Valencia, Vizcaya y Suiza. Las notables mejoras del Plan Badajoz y la creación de nuevos pueblos agrícolas no pudo detener el éxodo rural de la provincia.

Los orígenes de Badajoz se remontan a la prehistoria al haberse asentado a orillas del Guadiana grupos humanos desde el paleolítico inferior. Los hallazgos de la época romana hacen suponer que se trata de la antigua *Pax Augusta*. Sin embargo, su mayor esplendor lo alcanzó en época musulmana. La *Batal-yaws* árabe la fundó (siglo IX) Abderramán ibn Marwan al-Yilliqi que la fortificó y convirtió en foco de rebelión contra el emir de Córdoba Muhammad I. Hasta el siglo X permaneció en manos de la dinastía Marwan para quedar, en 930, en poder de

Centro histórico de Badajoz *(arriba, detalle de una casa), rodeado por calles estrechas y tortuosas que denotan su trazado medieval.*

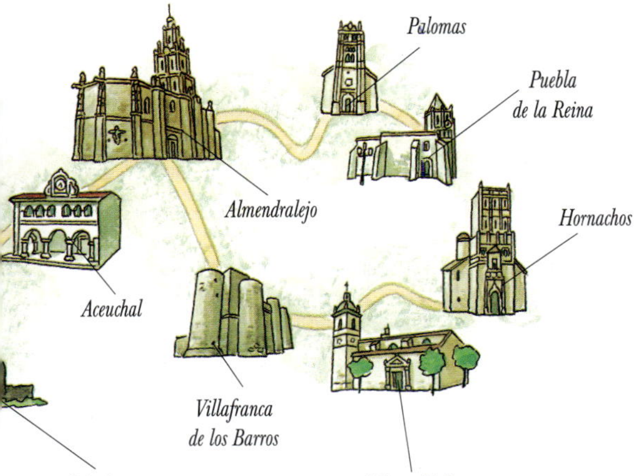

La ermita de San Benito *de Valencia de Mombuey muestra una cubierta de cúpula sobre pechinas con tejas árabes.*

LA CIUDAD DE BADAJOZ *(arriba, en una vista parcial) cuenta con varios puntos de interés debido a su protagonismo en la historia. A la derecha, detalle de un farol en la plaza de Cervantes.*

EL PUENTE SOBRE EL GUADIANA, *también llamado puente de Palmas, data del siglo XVI y fue erigido en tiempos de Felipe II sobre pilastras que sustentan 32 arcos de medio punto.*

LA PUERTA DE PALMAS *está formada por dos majestuosas torres almenadas. Fue construida en el siglo XVI con un marcado estilo renacentista.*

Abderramán III. Al decaer el califato, Badajoz se convirtió en capital de la dinastía de los Beni Aftas (1022-1094).

En 1230 la conquistó definitivamente Alfonso IX y en 1289 fue centro de las disputas entre *bejaranos* y *portugalenses* hasta que Sancho IV puso fin a las mismas con un castigo ejemplar. Su condición de plaza fuerte en la frontera hizo que fuese atacada numerosas veces por Portugal (1334, 1389, 1642, 1658, 1663). En el siglo XVII contaba ya con 6.000 almas.

Durante la Segunda República, el gobierno emprendió un ambicioso proyecto y, en vísperas de la Guerra Civil de 1936, los campesinos habían planificado una auténtica revolución agraria. Las tropas insurrectas del general Franco tomaron la villa el 14 de agosto de 1936 tras una fuerte resistencia.

Badajoz cuenta con varios puntos de interés debido a su protagonismo en la historia. El paseo debe arrancar en el **barrio histórico**, en la **plaza Alta** y la **plaza de San José**, cuyos alrededores están dominados por calles estrechas y tortuosas que revelan su trazado medieval y caótico. La plaza Alta, porticada, tuvo como benefactor al obispo don Marín del Rodezno que pagó de su bolsillo las obras. A ella se abren casas de columnas y capiteles visigodos con arcos de medio punto.

La plaza de San José repite la arquitectura de la anterior, aunque más austera. Por el llamado **arco del Toril**, que debe su nombre a su función de toril cuando las corridas de toros se celebraban en la plaza, se accede a la **plaza del Reloj** para contemplar la **torre del Alpendiz** también llamada de **Espantaperros**. Se trata de una antigua defensa de la fortaleza almohade, de planta octogonal y estilo islámico. Una puertecita permite entrar en los **jardines** del antiguo Museo Arqueológico, uno de los rincones mas encantadores de la ciudad.

La plaza de San José aparece cerrada por la **muralla de la**

La plaza Alta *fue construida en el siglo XV. Es una plaza Mayor de estilo renacentista con soportales de arcos. Arriba, detalle de la calle San Pedro de Alcántara.*

alcazaba, la **puerta del Capitel** y el **convento de las Adoratrices** (siglo XVI) reformado en el siglo XIX con las líneas neogóticas actuales. En el centro de la plaza se alza una **cruz** de hierro. Desde la plaza de San José, por la **calle San Pedro de Alcántara**, se llega a la **casa de Luis Morales** (1509-1586), pintor renacentista en cuya obra se advierten influencias de Leonardo y de la iconografía flamenca. La casa, con portada de granito, conserva un patio con columnas de mármol.

La **iglesia de la Concepción** (siglo XVIII), obra de Ventura Rodríguez, presenta bellas portadas y una gran cúpula. En la **calle del Brocense** está el antiguo **hospital de Transeúntes** (siglo XVI) con balcones esquinados y columnas de mármol.

En la **plaza de San Juan**, junto al Ayuntamiento, se alza la **catedral** (siglo XIII), con aspecto de fortaleza, construida sobre el solar de un antiguo templo visigodo o mozárabe. Su torre (siglo XVI) muestra dos ventanas (gótica y plateresca). De la primitiva fábrica del siglo XIII quedan escasos restos debido a las reformas y añadidos de siglos posteriores. Entre sus portadas destacan la **del Cordero**, y la del **obispo Fernández Zorrilla**, renacentista, con escalera de ingreso, columnas jónicas, escudos y una imagen de San Juan Bautista.

En el interior conserva un magnífico **retablo mayor**, churrigueresco, con columnas salomónicas y las imágenes de la Purísima Concepción de María y San Juan Bautista. También hay que destacar los retablos laterales y el **sepulcro del obispo don Gil Colonna**. El **coro** (siglo XVI), obra de Jerónimo de Valencia, consta de 36 sillas en la parte baja y de 43 en la alta, decoradas con figuras de santos y santas en los respaldos. Entre las capillas sobresalen la **del Bautismo**, con bóveda estrellada y un lienzo del bautismo de Cristo, de Diego Florindo. La **capilla de Santa Bárbara** conserva el **retablo de las Tribulaciones** (siglo XVI) con tablas atribuidas a Antón de Madrid. La **capilla de los Fonseca** la eligió don Lorenzo Suárez para su entierro. La **capilla de**

Cúpula de la iglesia *de la Concepción (arriba), templo construido entre los siglos XVI y XVII. Abajo, detalle de la espadaña del convento de las Adoratrices, datado en el siglo XVI.*

EL AYUNTAMIENTO *de Badajoz se erige en la plaza de San Juan, centro de la ciudad, muy cerca de la catedral. El edificio fue construido con traza neoclásica.*

EL TEMPLO CATEDRALICIO *(arriba, detalles), dedicado a San Juan Bautista, está situado sobre el solar que ocupaba una antigua iglesia mozárabe en el siglo X. Las obras comenzaron en 1232 y se consagró en 1280.*

las Reliquias conserva un altar del siglo XVI. El **claustro** (siglo XVI) presenta columnas de estilo portugués y bóvedas nervadas. Dos capillas, la **de San Benito**, barroca; y la **del Cristo Crucificado**, con una imagen gótica del titular.

Por el claustro se accede al **Museo Catedralicio** donde se conservan cuadros, la losa sepulcral de don Lorenzo Suárez de Figueroa, una custodia procesional de Juan de Burgos, diversos cantorales, esculturas de marfil traídas de Filipinas, tapices, etc.

La **iglesia de Santo Domingo** (siglo XVI), cuyo claustro se ha convertido en cuartel, presenta una portada renacentista de gran sencillez. La **iglesia de San Andrés** (siglo XVI), que perteneció al convento de la Madre de Dios de Valverde, conserva su torre-campanario y tres portadas.

La **iglesia de San Agustín**, renacentista, presenta una portada clasicista de mármol, de dos cuerpos.

La **iglesia de la Concepción** muestra un templete construido por el jesuita don Julián Goño (1876) presidido por una talla de la Inmaculada.

EL CONVENTO DE LAS CARMELITAS *(arriba, un detalle) data del siglo XVIII. Fue construido a expensas del obispo Malaguilla sobre un antiguo solar. Abajo, plafón de cerámica en el convento de Santa Ana, templo en el que murió doña Ana de Austria.*

La **iglesia de la Soledad** (1931) la preside la patrona de Badajoz, la Virgen de la Soledad. El **convento de Santa Ana** (siglo XVI) ha pasado a la historia por morir entre sus gruesos muros doña Ana de Austria, esposa de Felipe II. En el presbiterio se contempla un magnífico **retablo** de madera policromada. Destaca también su **claustro** (siglo XVI), mudéjar, decorado con pinturas (siglo XVIII) de Clemente Mures.

El **convento de las carmelitas** (siglo XVIII), construido a expensas del obispo Malaguilla sobre el solar del antiguo **beaterio de Nuestra Señora de los Ángeles** (siglo XVII), presenta bóveda de cañón decorada con pintura de casetones y un retablo de madera policromada con columnas salomónicas.

El **convento de las Trinitarias** o **de los Remedios** guarda un retablo barroco de madera con dos cuerpos y tres calles. El **convento de las Descalzas** muestra bóvedas de arista decoradas con pinturas de temas religiosos y símbolos de la Orden.

La **alcazaba**, de origen musulmán, se conserva en perfecto estado pese a ser heredera de una antigua construcción del siglo IX. El edificio actual data del siglo XII.

El MEIAC *(Museo Extremeño e Iberoamericano de Arte Contemporáneo) muestra colecciones de arte extremeño e iberoamericano que dejan patente los lazos culturales entre Extremadura y América (arriba a la izquierda, un detalle del edificio). A la izquierda de estas líneas, escultura moderna en el museo. Arriba, detalle de la fachada del Museo de Bellas Artes.*

De las puertas de acceso a la alcazaba se conservan varias, algunas citadas ya, destacando la **puerta del Capitel**. La alcazaba contó, en sus mejores tiempos, con bellos jardines al gusto de los árabes, que se regaban con las aguas del Guadiana. Un dédalo de calles, plazas y mezquitas daban vida a este espacio que los pacenses han sabido conservar y disfrutar a un mismo tiempo.

La alcazaba *(a la izquierda, vista de la muralla; y arriba, un detalle), situada en lo alto del cerro, es una excelente muestra de la arquitectura musulmana. El edificio conserva la entrada y dos recias torres.*

De los varios palacios y palacetes que encerraba la alcazaba subsiste el **palacio de los duques de Feria y condes de la Roca**, con cuatro torres y un patio mudéjar, convertido en **Museo Arquelógico Provincial**. En su interior muestra colecciones de útiles prehistóricos, tales como, un **monolito**, descubierto en Siruela.

Cerca del museo se alzan los restos del **palacio del Obispo** y la **antigua catedral** construida sobre la mezquita mayor de Badajoz.

La visita puede completarse con el **Museo de Bellas Artes** y el **Museo Extremeño e Iberoamericano de Arte Contemporáneo**. El primero, inaugurado en 1920 y trasladado en 1979 al palacio que ocupa en la actualidad, ofrece colecciones de arte extremeño que abarcan del siglo XVII a la actualidad. El segundo muestra colecciones de arte extremeño e iberoamericano que dejan patente los lazos culturales de Extremadura con América, pues no en vano miles de hombres y mujeres de estas tierras marcharon, en el siglo XV y posteriores, a la conquista del Nuevo Mundo.

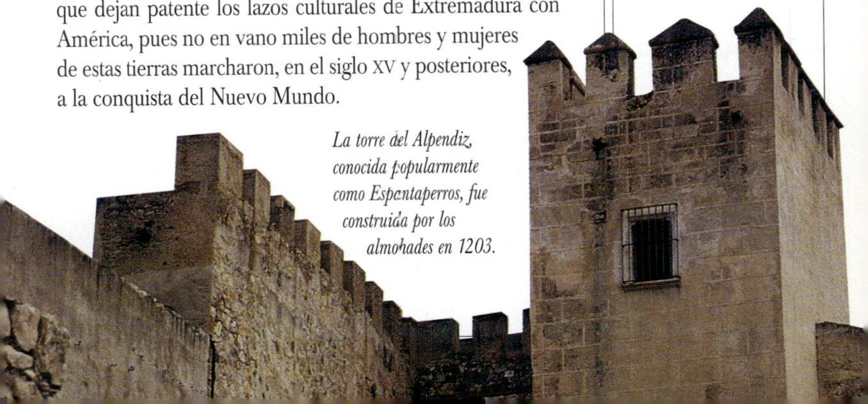

La torre del Alpendiz, conocida popularmente como Espantaperros, fue construida por los almohades en 1203.

LA LOCALIDAD DE OLIVENZA *es la última ciudad que se incorporó a Extremadura, ya que perteneció a Portugal hasta principios del siglo XIX. Por esto su arquitectura tiene una clara influencia lusitana.*

OLIVENZA: FUNDADA POR LOS TEMPLARIOS

Al sudoeste de Badajoz, por la Ex-436, se llega a Olivenza (8.139 hab.) fundada por la orden del Temple en el siglo XIII y plaza fuerte hasta 1897. Por su situación fronteriza ha pasado numerosas veces a manos de España y Portugal.

Fernando IV de Castilla la cedió a su hermana doña Beatriz tras su matrimonio con Alfonso de Portugal. En 1657 se apoderó de ella el duque de San Germán, pero un año después quedó de nuevo en manos de los portugueses gracias al tratado de Lisboa. Desde 1801 pertenece a España. Su situación fronteriza la ha convertido en un importante enclave histórico y monumental con valiosas muestras de la arquitectura civil, militar y religiosa de estilo español y portugués.

La visita debe comenzar por el **castillo** (siglo XVI) con una imponente **torre del homenaje** (siglo XV) construida por el rey de Portugal Juan II. Las **murallas**, realizadas en estilo Vauvan, presentan algunas puertas de interés como las **de Alconchel, de los Ángeles** o **del Calvario**. En el interior del castillo hay un **Museo Etnográfico** donde se reproducen ambientes del siglo XIX. El museo ocupa la llamada **panadería del Rey**. Durante los paseos se descubren bellos ejemplos de la arquitectura popular de esta parte de Extremadura con edificios de estilo neomudéjar, como en la **plaza de Abastos**; neoclásicos, como la **casa de los Marzale**; o populares, como el llamado **largo de San Francisco** o la **plaza de España**.

LAS NUMEROSAS OBRAS DE ARTE *que Olivenza posee han dado lugar a que fuera declarada conjunto histórico-artístico.*

LA IGLESIA DE LA MAGDALENA *de Olivenza (a la derecha, vista del templo), del siglo XVI, conserva una bella portada de mármol blanco sostenida por pilastras y columnas de estilo corintio (arriba, un detalle).*

El castillo de Olivenza *(izquierda) aparece presidido por la torre del homenaje. Arriba y abajo, detalles de un pozo y una tinaja en el recinto de la fortificación.*

La **iglesia de la Magdalena** (siglo XVI) conserva una magnífica portada de mármol blanco con frontispicio triangular sostenido por pilastras y columnas de orden corintio. El interior se reparte en tres naves que se apoyan en columnas salomónicas. Destacan el **retablo mayor**, barroco, con paneles de azulejería que escenifican la santa Cena y Marta y María, y el **sepulcro** de don Enrique de Coimbra, obispo de Olivenza.

La **iglesia de Santa María del Castillo** (siglo XIII) se reconstruyó en el siglo XVI y posteriores. Consta de dos cuerpos divididos en tres naves sostenidas por esbeltas columnas. En la capilla mayor y de la epístola hay retablos barrocos y azulejería. En la capilla del evangelio, gótico manuelino, se conserva un árbol genealógico de la Virgen María.

La **iglesia-convento de San Francisco** conserva un bello retablo barroco, de mármol, y distintos panes de azulejería con escenas de la vida de San Francisco. El **palacio de los duques de Cadaval**, actual **Ayuntamiento**, tiene una bella portada de estilo manuelino. En la **casa de la Misericordia** hay un **retablo** barroco de ornamentación muy recargada y columnas salomónicas.

Cheles

Al sudoeste de Olivenza, casi en la frontera con Portugal, surge **Cheles** (1.139 hab.), antiguo señorío de los condes de Vía Manuel. La antigua población se alzaba en el lugar denominado San Blas, pero en 1670 se trasladó a su emplazamiento actual tras ser ocupada por los portugueses, cuyo idioma conservan los más viejos del lugar. La **iglesia de Nuestra Señora de la Concepción** (siglo XVIII) guarda las tumbas de los condes de la villa. Destacan también la capilla mayor y la escalinata de mármol. La visita la completa el **palacio de los condes de la Villa**, con un arco o pasadizo que permitía el paso entre el palacio y los jardines.

Ermita del Cristo de la Cruz *de Cheles (abajo, detalle de la espadaña). En esta pequeña localidad también destaca el edificio de la iglesia de Nuestra Señora de la Concepción, del siglo XVIII, templo que guarda las tumbas de los condes de la villa. Asimismo sobresale la capilla mayor y la escalinata de mármol.*

EL PUEBLO DE ALCONCHEL, *situado en la ribera del río Táliga, se presenta como un apretado núcleo de casas enjalbegadas. Está dominado por la majestuosa silueta de su viejo castillo templario. Una visita a la localidad permite descubrir el puente medieval sobre el arroyo de Alconchel (abajo).*

LA PLAZA MAYOR DE ALCONCHEL *(arriba) acoge el edificio del Ayuntamiento. Abajo, detalle de una de las mocernas farolas de la plaza. A la derecha, vista parcial del castillo de Miraflores.*

EN LA RIBERA DEL RÍO TÁLIGA

Al este de Cheles una carretera local permite acceder a **Alconchel** (2.347 hab.), en la ribera del río Táliga, con un núcleo de casas enjalbegadas, dominado por la imponente silueta de su castillo templario.

Su historia arranca con los árabes quienes construyeron una primera fortaleza. Centro de disputas entre los reyes de Portugal y Castilla, en 1264 una comisión que representaba a ambos monarca hizo un deslinde y pasó a manos de la corona de Castilla. Más tarde, quedó en manos de los caballeros del Temple y después de la orden de Alcántara y diversos señoríos extremeños. En 1661 sus habitantes se sublevaron y don Juan de Austria los sometió a la corona.

El **castillo de Miraflores** o **castillo de Coluche**, de origen árabe, sufrió una amplia reforma en el siglo XIII al ocuparlo los caballeros del Temple. Destacan su **torre del homenaje** y los restos de su **iglesia**. Asediado en el siglo XVII por las tropas de don Martín Alonso de Melo sufrió graves desperfectos.

La **iglesia de Nuestra Señora de los Remedios** (siglo XVI), gótico-renacentista, conserva su bóveda de crucería. Un paseo permite conocer la **plaza Mayor**, donde se alza el **Ayuntamiento**, con farolas de gran vistosidad; y un **puente medieval** sobre el arroyo de Alconchel.

Restos del castillo *de Villanueva del Fresno (izquierda), del siglo XIV. Arriba, quiosco de música, en la plaza del Ayuntamiento.*

■ Villanueva del Fresno

Al sudoeste de Alconchel, por la Ex-436, a orillas del río Alcarrache, y a un paso de la población portuguesa de Mourao, **Villanueva del Fresno** (3.449 hab.) remonta sus orígenes al siglo XIII cuando la fundaron los caballeros del Temple. Sin embargo, en sus alrededores se han descubierto restos prehistóricos y romanos que hablan de una ocupación anterior. Hasta el siglo XIV perteneció a Alconchel hasta que Alfonso XI la segregó para entregarla a don Martín Fernández de Portocarrero.

En sus alrededores quedan restos de un **dolmen** y de su **castillo** (siglo XIV). El centro de la villa lo ocupa la **plaza Mayor** con la **iglesia de la Inmaculada Concepción** (siglo XVIII), barroca y de paredes encaladas. El **Ayuntamiento** conserva una galería porticada que da una perfecta armonía a la plaza en cuyo centro se alza un **quiosco de música**.

Cerca de la iglesia se encuentra la **ermita del Cristo de la Expiación** con un escudo de mármol en la puerta.

En el centro urbano *de la localidad de Villanueva del Fresno se encuentran bellas muestras de arquitectura popular, con construcciones y casas solariegas (arriba, detalle de los escudos de dos casas) que embellecen sus calles. La villa se remonta al siglo XIII y fue fundada por los caballeros del Temple.*

■ Un casco antiguo recogido y recoleto

Al sur de Villanueva del Fresno, a 2 km de la frontera portuguesa, pero sin paso regular hacia las tierras lusitanas, se encuentra **Valencia de Mombuey** (874 hab.), pequeña población que conserva el encanto de un casco viejo recogido y recoleto que se agrupa en torno a la iglesia. En otros tiempos se le conoció con el nombre de Valencita.

Antigua villa del señorío de Feria, conserva la **iglesia de la Inmaculada Concepción**, (siglo XIV) de mampostería encalada, varias veces reconstruida. En su fábrica hay encastradas piezas y relieves del medievo. La **ermita de San Benito** muestra una cubierta de cúpula sobre pechinas rematada por tejas árabes.

En la villa aún queda en pie la **casa del marqués de Valdeterrazo**.

Valencia de Mombuey *conserva todavía en pie la casa del marqués de Valdeterrazo (arriba, detalle de una placa de cerámica con el nombre de los marqueses). Abajo, espadaña de la iglesia de la Inmaculada, de Valencia de Mombuey.*

EL VALLE DE MATAMOROS *(derecha) cuenta con un bello núcleo de casas blancas del que sobresale la iglesia de Nuestra Señora de la Anunciación (arriba), datada del siglo XVI.*

HIGUERA DE VARGAS *es una pequeña población medieval, fundada por don Iván de Vargas, aunque algunos autores atribuyen su constitución a García Pérez de Vargas. De su pasado histórico conserva dos torreones que forman parte de los restos de su castillo (arriba, un detalle).*

LA PURÍSIMA CONCEPCIÓN *es una iglesia de Higuera de Vargas con fábrica de mampostería y torre de estilo portugués, decorada con un reloj.*

VALLE DE SANTA ANA Y VALLE DE MATAMOROS

De Valencia de Mombuey una carretera local conduce, en dirección nordeste, al entronque de la Ex-4311 para alcanzar primero **Oliva de la Frontera** y después **Jerez de los Caballeros**. En ésta última se toma la N-435, en dirección a Badajoz para llegar a Valle de Santa Ana (1.288 hab.), en medio de un paraje de gran belleza donde sobresalen sus casas enjalbegadas y la **iglesia de Santa Ana** (siglo XVI), gótico-mudéjar.

A escasa distancia de Valle de Santa Ana, en la N-435, está Valle de Matamoros (540 hab.) que comparte paisajes con la anterior y un núcleo de casas blancas entre las que sobresale la **iglesia de Nuestra Señora de la Anunciación** (siglo XVI) que guarda una pila bautismal del siglo XVIII.

HIGUERA DE VARGAS Y BARCARROTA

Por la N-435 en dirección norte, hacia Badajoz, se encuentra el desvío que conduce a **Higuera de Vargas** (2.360 hab.) fundada en la Edad Media por don Iván de Vargas, aunque algunos autores atribuyen su fundación, en 1240, a don García Pérez de Vargas.

De su pasado e historia conserva dos torreones, restos de su **castillo** (siglo XIV) y, cerca de los mismos, la **iglesia de la Purísima Concepción** (siglo XVI) con fábrica de mampostería y torre de estilo portugués.

De nuevo en la N-435, en dirección a Badajoz, surge **Barcarrota** (3.938 hab.) denominada en otras épocas Villanueva de Barcarrota y Albarcarrota, en las estribaciones de la **sierra de Santa María**, cerca del río Alcarrache, villa natal de Hernando de Soto (1500-1542), conquistador de Florida y descubridor del río Mississippi en cuyas aguas halló la muerte. Barcarrota formó parte de algunos señoríos y perteneció a la orden de Alcántara.

La iglesia de Santiago Apóstol *de Barcarrota (izquierda). Arriba, imagen de Nuestra Señora del Soterraño.*

El **castillo de las Siete Torres**, datado del siglo XIV, rodeado por las casas de la villa, de planta ochavada, conserva todavía la **torre del homenaje**. Su patio de armas hace las veces de coso taurino desde el siglo XIX.

La **iglesia de Nuestra Señora del Soterraño** (siglo XV), gótica, muestra un rosetón y bellas portadas. El interior consta de bóveda de crucería y una sola nave de cinco tramos. La **iglesia de Santiago Apóstol** (siglo XV) conserva algunos elementos góticos de su primitiva fábrica.

En dirección a Almendral está el **convento de Rocamador** donde residió una temporada San Pedro de Alcántara. Desde Barcarrota se alcanza rápidamente **Almendral** (1.494 hab.) para visitar la **iglesia de San Pedro** (siglo XIV), gótica; y la **iglesia de Santa María Magdalena** (siglo XIV), gótica con elementos mudéjares.

El convento de Rocamador *(arriba, unos detalles) se encuentra yendo hacia Almendral. Aquí residió una temporada San Pedro de Alcántara.*

El pueblo de Salvaleón *(arriba, a la izquierda) se dibuja desde lejos gracias a la silueta de su castillo (abajo, un detalle), que se alza sobre la sierra de Monsalud.*

El castillo de Salvaleón

Al este de Barcarrota, **Salvaleón** (2.350 hab.) se dibuja desde lejos gracias a la silueta de su castillo que se alza sobre la **sierra de Monsalud**. Antiguo feudo de la orden de Santiago, de su **castillo** (siglo XIV) sólo quedan algunos restos de los torreones, aunque por su perímetro es lógico suponer que tuvo cierta importancia estratégica.

La **iglesia de Santa Marta** (siglo XVI), gótica, conserva trazas de su primitiva fábrica en el ábside y, tras la reforma del siglo XVIII, varios elementos renacentistas en las capillas laterales. En el interior alberga un retablo barroco. La **ermita de Ambas Aguas** tiene una bóveda de cañón.

LA POBLACIÓN DE NOGALES *fue fundada a finales del siglo XIV. En ella, el primer duque de Feria, don Gómez Suárez de Figueroa, construyó un castillo con una torre del homenaje de 34 metros de altura. A la derecha, detalle de una fuente.*

LA IGLESIA DE SANTA MARTA *(arriba) data del siglo XVI y cuenta con portada gótica de granito. Abajo, el castillo de Villalba de los Barros.*

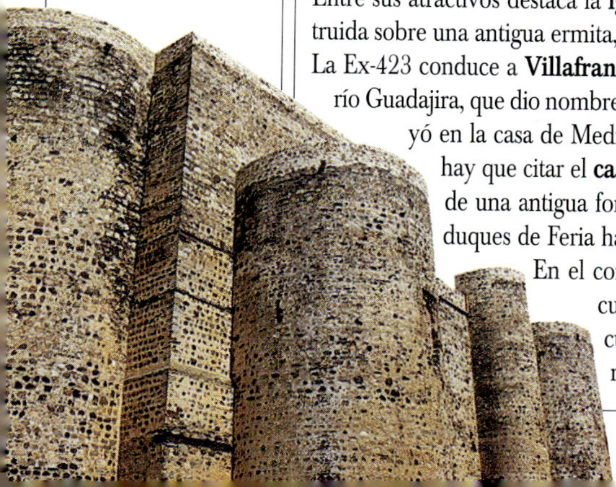

LAS FUENTES NUEVA Y VIEJA

Al nordeste de Salvaleón, por una carretera local, se llega a **Nogales**, población fundada a finales del siglo XIV, donde el primer duque de Feria, en 1438, construyó un **castillo** con una gran **torre del homenaje** de ángulos de granito flanqueada por cuatro cubos. Cerca está la **iglesia de San Cristóbal** (siglo XV), de una nave y cuatro tramos con cubierta de bóveda de cañón.

Un paseo permite descubrir algunos elementos arquitectónicos de interés, que dejan constancia de la vida en otras épocas, cuando las casas no disponían de agua. Las **fuentes Nueva** y **Vieja** son buenos ejemplos de lo expuesto. Además, cuenta con dos **puentes**: el **de Santa Marta** y **Feria**.

STA. MARTA DE LOS BARROS Y VILLAFRANCA DE LOS BARROS

Al oriente de Nogales, por la Ex-423, se llega a **Santa Marta de los Barros** (4.084 hab.), en la linde de la N-432 que conduce a Zafra, típica localidad de la Tierra de Barros rodeada por un paisaje de olivos y vides que dan excelentes aceites y vinos. Numerosos yacimientos de la época prerromana, romana y árabe, atestiguan sus remotos orígenes, aunque la villa actual se remonta al siglo XVI cuando la fundó el primer duque de Feria, don Gómez Suárez de Figueroa. A mediados del siglo XVII fue arrasada durante las guerras con Portugal.

Entre sus atractivos destaca la **iglesia de Santa Marta**, construida sobre una antigua ermita, con portada gótica de granito. La Ex-423 conduce a **Villafranca de los Barros**, a orillas del río Guadajira, que dio nombre a un marquesado que se incluyó en la casa de Medinaceli. Entre sus monumentos hay que citar el **castillo**, construido sobre el solar de una antigua fortaleza árabe, residencia de los duques de Feria hasta que se instalaron en Zafra. En el conjunto destacan los muros, los cubos de defensa, un torreón cuadrangular y restos de pinturas mudéjares.

NUESTRA SEÑORA DE LA PURIFICACIÓN, *(al lado) es una iglesia gótica de Villalba de los Barros que conserva una torre decorada con ventanas de medio punto y capiteles dóricos. A la derecha, iglesia de San Pedro Apóstol de Aceuchal, del siglo XV, cuya capilla mayor guarda un interesante retablo.*

La **iglesia de Nuestra Señora de la Purificación**, de estilo gótico, conserva en la actualidad una torre decorada con ventanas de medio punto y capiteles dóricos.

LA ERMITA DE SAN ANDRÉS *de Aceuchal (arriba) fue durante años parroquia de la población. El edificio conserva su fábrica de estilo mudéjar en muy buen estado.*

LA HUELLA DE LAS ÓRDENES MILITARES

En dirección a la localidad de Almendralejo, por la Ex-423, surge **Aceuchal**, antigua población templaria que más tarde sería santiaguista. Ésta ofrece a sus visitantes el encanto de un casco viejo compuesto por numerosas casas de arquitectura popular y casas solariegas de fachadas blasonadas, fruto de la dominación de las órdenes militares. Destacan las **casas de los Velasco**, **Salamanca** y **Solís**, entre otras. Aceuchal es una población típica y representativa de la Tierra de Barros. Sus orígenes se remontan a la época romana, con restos que demuestran que también los visigodos se asentaron en ella.

La **iglesia de San Pedro Apóstol** conserva elementos góticos, renacentistas y barrocos, como resultado de las sucesivas reformas y ampliaciones que ha sufrido a lo largo del tiempo.

La **ermita de San Andrés** fue durante algunos años la parroquia de Aceuchal. Actualmente conserva su fábrica mudéjar en bastante buen estado. También pueden contemplarse el antiguo **pósito**, la **casa de la Encomienda** y el **Ayuntamiento**.

Para completar la visita puede acudirse al **convento de las Dominicas**, con bella decoración de azulejería sevillana; y al **Museo Taurino**, uno de los más completos de su género de Extremadura.

EN EL CASCO VIEJO DE ACEUCHAL *destacan las casas solariegas de fachadas blasonadas. A la izquierda, el escudo de los Salamanca. Abajo, plaza de la Constitución, en Villafranca de los Barros.*

EN ALMENDRALEJO *cabe destacar numerosos edificios. Arriba, iglesia de la Purificación de Nuestra Señora. A la derecha, detalles del palacio del marqués de Monsalud.*

PLAZA DE LA CONSTITUCIÓN *de Palomas (arriba). Bajo estas líneas, detalle de la torre de ladrillo de la iglesia de Nuestra Señora de Gracia, en Palomas. A la derecha, fachada del palacio de los marqueses de la Encomienda de Almendralejo.*

CASAS SOLARIEGAS Y PALACIOS

En la N-630, **Almendralejo** configura el centro más importante de la Tierra de Barros. Sus orígenes son inciertos como testifican el llamado **dolmen de la Vega de Harnina**.

El pueblo actual se remonta al año 1228 cuando, según es tradición, lo fundaron labriegos de Mérida.

Entre sus principales visitas figuran la **iglesia de la Purificación de Nuestra Señora**, construida sobre una iglesia anterior, con notables elementos góticos, platerescos y barrocos; y una **torre-campanario**, de tres cuerpos y estilo herreriano, asentada sobre un basamento gótico.

La **ermita de Nuestra Señora de la Piedad** (siglo XVI), remodelada en el siglo XVIII y restaurada en el XIX, conserva un bello retablo barroco. Además, un paseo por el casco viejo permite descubrir numerosas **casas solariegas** y **palacios** como el **del marqués de Monsalud**, con blasón esquinado que corona una balconada, residencia durante algunos años del célebre escritor José de Espronceda y, actualmente, sede del **Ayuntamiento**. Le siguen el **palacio de los marqueses de la Encomienda** y el de los **condes de la Oliva**. Entre los edificios religiosos destacan el **convento de Nuestra Señora del Amparo** y el **convento de San Antonio**, de interés histórico-Artístico.

LA IGLESIA DE NUESTRA SEÑORA DE GRACIA

Al este de Almendralejo, por la Ex-423, se llega a **Palomas** cuyos orígenes se remontan a la dominación árabe. En el siglo XIII pasó a manos de la orden de Santiago y después a la familia Quirós.

En su caserío destaca una de las obras mudéjares más importantes de Extremadura, la **iglesia de Nuestra Señora de Gracia**, de una sola nave, y una extraordinaria torre de ladrillo.

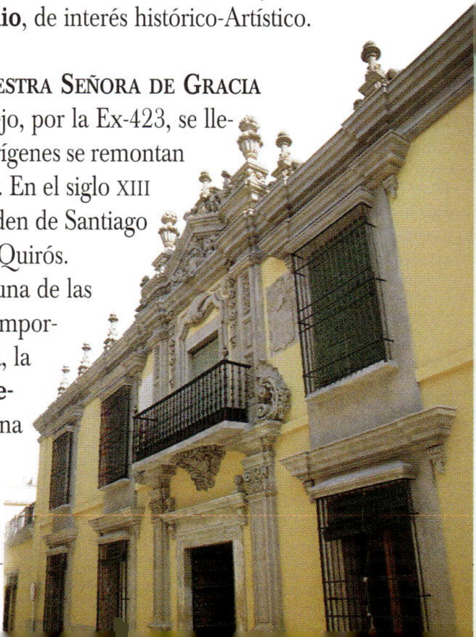

Ermita de los Santos Mártires *de Puebla de la Reina (izquierda). En el centro, detalle de la ermita de Nuestra Señora de la Coronada, de Villafranca de los Barros. Arriba, detalle de una farola en Puebla de la Reina.*

Puebla de la Reina

Al sudeste de la anterior, por la Ex-423, se accede a **Puebla de la Reina** (894 hab.) fundada en el siglo XIII por iniciativa de la orden de Santiago.

Durante años recibió el nombre de Puebla de la Jara que cambió por Puebla de la Reina en honor de la reina doña Beatriz de Suavia, esposa de Fernando III.

Destaca la **iglesia de Santa Olalla** (siglo XV) con su torre y una puerta del evangelio con arco canopial. En las afueras está la **ermita de los Santos Mártires Fabián y Sebastián** (siglo XV), restaurada, bello ejemplo de la arquitectura mudéjar.

La villa natal de José de Espronceda

Al sur de Almendralejo, por la N-630, no lejos de Zafra, se encuentra **Villafranca de los Barros** (12.391 hab.), en terrenos arcillosos muy fértiles que le dieron el apelativo de "tesorería de Extremadura".

Aunque la tradición supone que la villa se remonta a la Edad Media, cuando la fundaron labriegos sobre unos pajares de los pueblos cercanos, los hallazgos arqueológicos permiten remontar sus orígenes al período calcolítico.

Los restos romanos descubiertos testifican que se trata de la antigua *Perceiana.* Con la llegada de los visigodos se engrandeció y, en el siglo VII, ostentaba ya el título de ciudad, según consta en el *Ravennate.* La invasión árabe trajo la ruina a la villa porque sus palacios, templos y casonas fueron desmantelados para construir cuadras.

Conquistada por los caballeros de la orden de Santiago (siglo XIII), establecidos en Fuente del Maestre, ofrecieron garantías a los habitantes de la antigua *Perceiana* y regresaron para repoblarla y reconstruirla. Entonces recibió el título de villa y, más tarde, el de franca.

En el siglo XV se le conoció como Villafranca del Maestre o del Maestrazgo y, en algunos escritos, también se cita como Villafranca de Extremadura. En el siglo XIX recibió su nombre actual. Entre sus numerosos hijos ilustres destaca José de Espronceda (1808-1842), poeta romántico que sufrió prisión por sus ideas liberales, autor de cinco célebres *Canciones* (entre ellas la del *Pirata*).

Colegio jesuita de San José, *en Villafranca de los Barros, de estilo neogótico. Abajo, detalle de una escultura.*

NUESTRA SEÑORA DEL VALLE *es uno de los edificios religiosos que más destaca en Villafranca de los Barros (a la derecha, una vista general; y arriba, detalles de la fachada).*

EL CASCO URBANO DE VILLAFRANCA *de los Barros conserva bellas muestras de arquitectura popular y casas solariegas blasonadas (arriba, a la derecha, detalle de un escudo en una de estas casas).*

LA IGLESIA DE NUESTRA SEÑORA *de Gracia (arriba), de Ribera del Fresno, data del siglo XIV, y se levanta sobre una iglesia anterior del siglo XIII. A la derecha, la ermita del Cristo de la Misericordia.*

El casco urbano conserva bellas muestras de arquitectura popular y **casas solariegas** de fachadas blasonadas como, por ejemplo, la **casa del Manzollero** (siglo XVI), la **casa de Pedro Gutiérrez** (siglo XVI) o la **casa del marqués de Fuente Santa** (siglo XVI). Entre los edificios religiosos destaca la **iglesia de Nuestra Señora del Valle** (siglo XVI), construida por mandato de Carlos I, con estilo gótico, tres naves y la **portada del Perdón**, gótica, decorada con cinco medallones renacentistas. En su interior conserva un **retablo mayor** (siglo XVI), renacentista, obra de Juan de Valencia, completada por Pedro Torres y Luis Hernández.

De gran interés resulta la visita a la **ermita de Nuestra Señora de la Coronada** (siglo XV), en la salida del pueblo, remodelada en el siglo XVIII con contrafuertes semicirculares en su fábrica. El **colegio jesuita de San José** (siglo XIX), de estilo neogótico, forma parte de la arquitectura propia de finales del siglo XIX y principios del XX.

■ LA ARQUITECTURA CIVIL DE RIBERA DEL FRESNO

Al este de Villafranca de los Barros, no lejos de Hornachos, se encuentra **Ribera del Fresno** (3.443 hab.) con los restos de su **castillo** (siglo XV) construido por el comendador don Martín de Silla. La **iglesia de Nuestra Señora de Gracia** (siglo XIV) se emplaza sobre una anterior del siglo XIII. Conserva sus torres gemelas en el exterior y, en el interior, un retablo (siglo XVII) barroco.

Cuenta además con numerosos templos, tales como la **ermita de la Virgen del Valle** (siglo XV), patrona del pueblo; la **ermita del Cristo de la Misericordia** (siglo XVIII), la **ermita del Cristo Viejo** (siglo XVI), parroquial en otros tiempos; la **ermita de San Juan Macías**, natural de Ribera del Fresno canonizado en 1975.

En la arquitectura civil destacan varias **casas solariegas** de fachadas blasonadas. En una de ellas nació Juan Meléndez Valdés (1754-1817), figura cumbre de la lírica cuyas obras reflejan el ideario de la Ilustración.

La iglesia de la Purísima Concepción

Al este de Ribera del Fresno, en las estribaciones de **sierra Grande**, se encuentra **Hornachos**, poblado desde la Prehistoria como demuestran numerosas **pinturas rupestres**. Sucesivamente pasó a manos de los visigodos, árabes y, en el siglo XIII, a la orden de Santiago. La presencia árabe, que duró hasta el siglo XVII, dio a la villa su urbanismo cuidado y funcional.

La **iglesia de la Purísima Concepción** (siglo XV) muestra, en su interior, el escudo de los Reyes Católicos, una bella sillería, un retablo (siglo XVII) clasicista y decoración de azulejos.

Fuente del Maestre

Fuente del Maestre se encuentra en un valle, entre la **sierra de San Jorge** y el **cerro de Cuesta Gorda**, a la derecha del río Guadaira.

Según la tradición, sus orígenes se remontan a la época romana (38 a.C.) siendo emperador Octavio Augusto.

El casco urbano se abre a dos plazas de gran interés porque en sus aledaños se emplazan algunos de los principales monumentos de la ciudad. La **plaza del Corro** tiene a su linde el **palacio del Gran Maestre**, construido en ladrillo, de estilo mudéjar y bellas ventanas geminadas; y la **fuente del Corro**. En la otra plaza se sitúan el Ayuntamiento y la iglesia parroquial.

El **Ayuntamiento** muestra una espléndida galería porticada en la parte baja. Enfrente se alza la **iglesia de Nuestra Señora de la Candelaria** (reedificada en el siglo XVI) que ocupa el solar de una antigua iglesia. De estilo gótico tardío tiene portadas renacentistas y planta de cruz latina. La torre, de fachada mudéjar, se eleva sobre el conjunto. Además, en su interior conserva un **retablo mayor** del siglo XVIII, y una **custodia** (siglo XVII) labrada en México. Otro edificio religioso de interés, el **convento de San Francisco**, datado en el siglo XVI.

La población de Hornachos *(izquierda) se identifica con la antigua "Fornacis" romana. Arriba, iglesia de la Purísima Concepción, uno de los ejemplos mudéjares más importantes de Extremadura.*

Fuente del Maestre, *ubicada a la derecha del Guadaira cuenta con numerosos edificios de interés.*

Ruta 6
De Alburquerque a Moraleja
Cáceres y Badajoz

LA IGLESIA DE NUESTRA SEÑORA *de Rocamador, en Valencia de Alcántara, declarada monumento histórico-artístico, es una destacada construcción del siglo XV. Aparte de su valor arquitectónico, es célebre porque en ella se casó la hija de los Reyes Católicos.*

LOS PLAFONES DE CERÁMICA, *una de las principales artesanías extremeñas, están presentes en todas las localidades.*

LA IGLESIA DE SAN MATEO, *en el extremo oeste de Alburquerque, fue construida en estilo herreriano en el siglo XVI. Sus muros acogen tres grandes escudos y su interior, diversos sepulcros.*

Tras las huellas romanas, árabes y cristianas

Los parajes que recorre este itinerario permiten descubrir una naturaleza exuberante a la vez que poblaciones que forman bellos conjuntos arquitectónicos donde la historia ha dejado su huella para deleite del viajero. Monumentos como el célebre puente de Alcántara, el castillo de Luna de Alburquerque o la plaza porticada de Garrovillas, entre otros muchos, así lo demuestran.

Al sudoeste de Cáceres, en tierras de la provincia de Badajoz (a 44 km de la capital), se emplaza **Alburquerque** (5.440 hab.), conjunto histórico-artístico, en las estribaciones de la **sierra de San Pedro**, a un paso de la frontera portuguesa, cuyos orígenes se pierden en la noche de los tiempos.

En su término municipal se han descubierto ruinas de monumentos antiguos que hacen suponer que en la actual situación de Alburquerque existió en tiempos remotos una ciudad. En 1166 Fernando II la conquistó a los árabes y, a principios del siglo XIII, quedó en manos de doña Teresa de Meneses. Después perteneció a don Juan Alfonso de Alburquerque. Durante el reinado de Juan II estuvo en poder de los infantes de Aragón. Luego pasó a la tutela de don Álvaro de Luna. Enrique IV la erigió en ducado.

De su tumultuosa historia, como consecuencia de su sutuación fronteriza, conserva en bastante buen estado las **murallas**. En la parte más elevada se alza el **castillo de Luna** (siglo XIII) construido por don Alfonso Sánchez, hijo del rey de Portugal, como señala una lápida en una de las puertas de la fortificación. En el conjunto destacan un doble cinturón defensivo, un adarve, una puerta gótica y la **torre del homenaje** con ventanas y el escudo de don Álvaro de Luna.

En la población se conservan algunas puertas de la antigua muralla como la llamada **de la Villa**. Entre los edificios religiosos destacan la **iglesia de Santa María del Mercado** (siglo XIV), construida sobre un viejo templo mudéjar del siglo XIII; la **iglesia de San Mateo** (siglo XVI), de estilo herreriano con varios enterramientos y escudos; la **iglesia del convento de San Francisco**, de fachada sencilla; y la **iglesia de Santa María del Castillo**, románica (siglo XII).

El rollo del parque la Alameda, en Moraleja, testimonia su título de villa, recibido en 1503.

La puerta de la Villa de Alburquerque se encuentra frente a la fachada principal de la iglesia de San Mateo. En la parte más elevada de la localidad, se alza el castillo de Luna, levantado en el siglo XIII, y uno de los más importantes de la "raya" fronteriza.

LA IGLESIA DE NUESTRA SEÑORA *del Rosario, en Villar del Rey, es del siglo XVI. De estilo gótico tardío, en su sobrio exterior destaca una alta torre-campanario. Cuenta con bóveda estrellada en la sacristía y el baptisterio. Bajo estas líneas, una panorámica de la ermita de Carrión, entre las localidades de La Codosera y Alburquerque.*

VILLAR DEL REY

Al sudeste de Alburquerque se emplaza la localidad de **Villar del Rey** (2.347 hab.), en plena sierra de San Pedro, famosa por sus pizarras utilizadas en construcción.

Entre sus puntos de interés se cuenta la **iglesia de Nuestra Señora del Rosario** (siglo XVI), de estilo gotico tardío, con torre que domina el conjunto y bóveda estrellada en la sacristía y el baptisterio. En las afueras está la **ermita de Nuestra Señora de la Ribera**, junto al arroyo Albarregana, de nave cubierta con bóveda de cañón y delimitada por arcos fajones.

LA *COVOSERA* MEDIEVAL

Al oeste de Alburquerque, casi en la frontera con Portugal, se encuentra **La Codosera** (1.727 hab.) que, según algunos autores, en la Edad Media recibió los nombres de *Cobdesera* y *Covosera*. Sus orígenes son remotos como demuestran los monumentos formados por grandes piedras descubiertos en sus inmediaciones. Se identifica con la *Ad Septem* romana.

En lo alto del cerro se distingue la majestuosa silueta de su **castillo**, con un Sagrado Corazón; y en la villa la **iglesia de Nuestra Señora de la Piedad** (siglo XV), con un bello retablo mayor (siglo XVIII).

La **ermita de Nuestra Señora de Chandesvila**, a escasa distancia del pueblo, protagoniza una de las peregrinaciones más populares del oeste extremeño.

LA ERMITA *de Nuestra Señora de Chandesvila (sobre estas líneas) y la iglesia de Nuestra Señora de la Piedad (abajo) se encuentran dentro del término municipal de La Codosera.*

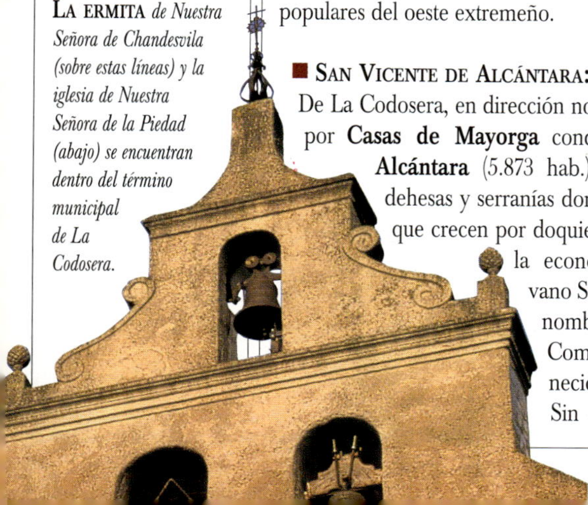

SAN VICENTE DE ALCÁNTARA: CAPITAL DEL CORCHO

De La Codosera, en dirección norte, sale una carretera que por **Casas de Mayorga** conduce a **San Vicente de Alcántara** (5.873 hab.), dominado por grandes dehesas y serranías donde la encina y el alcornoque crecen por doquier y constituyen la base de la economía tradicional. No en vano San Vicente recibe el sobrenombre de "capital del corcho". Como su nombre indica perteneció a la orden de Alcántara. Sin embargo, sus orígenes se

desconocen al remontarse a la Prehistoria como señalan algunos dólmenes (más de veinte), pinturas en cuevas y los restos prehistóricos descubiertos.

Un paseo permite descubrir varias **casas solariegas** con fachadas blasonadas y portadas de granito; y la **iglesia de San Vicente** (siglo XVIII), clasicista, con un retablo procedente del convento de San Benito de Alcántara.

En las afueras, como se ha comentado, abundan los dólmenes a los cuales conducen rutas perfectamente señalizadas. De interés resulta la visita al cercano **castillo de Piedrabuena** (siglo XIV), sede de la orden de Alcántara. Conserva su torre y una galería porticada.

■ LOS DÓLMENES DE LA VEGA DEL PESO

Al noroeste de San Vicente de Alcántara, ya en la provincia de Cáceres, a un paso de la frontera portuguesa y en la linde de la N-521, surge **Valencia de Alcántara** (5.040 hab.) sobre un peñasco granítico que, a modo de atalaya, domina la campiña formada por alcornoques, canchos y huertas. Además de los monumentos que encierra es famosa por sus numerosos **dólmenes**, en muy buen estado de conservación, fáciles de visitar gracias a su buena señalización.

Los **dólmenes de la Vega del Peso** dejan constancia de los orígenes de una población remota. Más tarde, llegaron los romanos, como demuestran los restos de un **acueducto** que traía las aguas de los arroyos de San Pedro de los Majarretes. Después la ocuparon los musulmanes y, en 1221, la tomó el gran maestre de la orden de Alcántara, don Nuño Fernández, a cuya orden perteneció hasta 1589. A lo largo de los siglos XVI y XVII pasó repetidas veces de manos portuguesas a españolas hasta que, en 1705, quedó definitivamente del lado español. En 1811 cayó en manos de los franceses durante la Guerra de la Independencia.

Un paseo resulta del todo interesante para descubrir uno de los **barrios góticos** mejor conservados de

EXTENSAS DEHESAS *de encinas y alcornoques conforman el paisaje que rodea San Vicente de Alcántara. A la izquierda, una de las casas solariegas de la localidad. Al lado, un detalle escultórico de la iglesia de San Vicente, del siglo XVIII.*

LA IGLESIA DE SAN VICENTE, *en San Vicente de Alcántara, es de estilo clasicista. Fue erigida en el siglo XVIII y conserva un retablo procedente del convento de San Benito de Alcántara.*

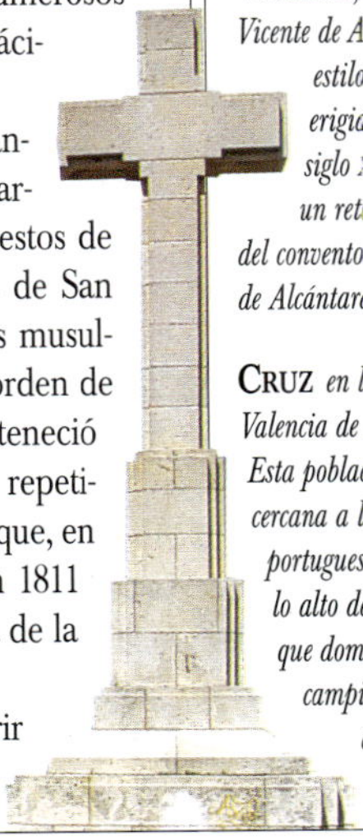

CRUZ *en la localidad de Valencia de Alcántara. Esta población, muy cercana a la frontera portuguesa, se halla en lo alto de un peñasco que domina una vasta campiña de alcornoques y huertas.*

VALENCIA DE ALCÁNTARA, *cuyo término municipal ocupa casi 600 kilómetros cuadrados de extensión, es un destacado centro agrícola y ganadero, además de un enclave estratégico de comunicaciones entre Madrid y Lisboa. Abajo, una de las fuentes con que cuenta la población.*

LOS RESTOS DEL CASTILLO ÁRABE *de Valencia de Alcántara muestran aún la torre del homenaje, un aljibe y baluartes del siglo XVIII. Junto a estas líneas, escudo en el Ayuntamiento, una destacada construcción.*

LA IGLESIA DE SAN ANTONIO DE PADUA *(derecha) es el monumento más relevante de Cedillo, donde todavía hoy se habla portugués. Fue construida en el siglo XIX por el arquitecto Juan Bautista Lázaro.*

la Península Ibérica, con numerosas muestras de portadas ojivales. Este barrio también recibe el nombre de **barrio judío** porque aquí tuvo su feudo la comunidad hebrea.

Esta judería se remonta al siglo XIII. En la esquina de las calles Gasca y Pocito se encuentra el edificio de la **sinagoga**. Aunque por fuera no despierta ningún interés su interior aún conserva la antigua distribución que denota su uso religioso. Una de las entradas del edificio permitía quedar frente a la pared de oración, donde estaba el arca con los rollos de la tora.

Del antiguo **castillo** árabe se conserva la **torre del homenaje**, un aljibe y los poderosos baluartes del siglo XVIII que defendieron la villa durante las guerras con Portugal y la invasión francesa. En ellos destaca una **puerta** de estilo barroco.

Dentro del recinto amurallado está la **iglesia Nuestra Señora de la Encarnación**, muy alterada por las sucesivas reformas y ampliaciones que ha sufrido. Conserva su fachada gótica, una puerta de arco apuntado y una ventana geminada.

Más interesante resulta la visita de la **iglesia de Nuestra Señora de Rocamador** (siglo XV), declarada monumento histórico-artístico, donde se casó la hija de los Reyes Católicos, en 1497, con el rey de Portugal don Manuel el Afortunado. De su primitiva fábrica conserva tres naves góticas y una torre herreriana. En su interior alberga el *Cristo de las batallas*, también llamado *"del garabato"*, obra de Berruguete, una Virgen con Niño y los santos Juanes del pintor Luis de Morales.

El **ayuntamiento**, el **convento de San Francisco** (siglo XVI) y el **convento de Santa Clara** (siglo XVI), son otros de los edificios de interés. Cerca de Valencia de Alcántara, en el **Caserío de San Pedro de los Majarretes** se conservan restos del convento homónimo donde en 1515 tomó el hábito San Pedro de Alcántara.

La iglesia de San Sebastián, *en Herrera de Alcántara, tiene fábrica de mampostería. A la izquierda, paisaje cercano a la población.*

Nuestra Señora de la Consolación *es la iglesia de Santiago de Alcántara. Aunque se construyó en el siglo XV, fue reformada en diversas ocasiones. A pie de página, vista general de Carbajo, situado a los pies de la sierra de Santiago.*

En el extremo occidental de Extremadura

Al noroeste de Valencia de Alcántara está **Solana**, la población más occidental de Extremadura, limítrofe con la región portuguesa de Centro, al norte del Alentejo y ribereña del río Tajo. Al sur de la misma se sitúa **Cedillo** (581 hab.), donde todavía se habla la lengua portuguesa, con la **iglesia de San Antonio de Padua** (siglo XIX) obra del arquitecto Juan Bautista Lázaro. Cerca de Cedillo, **Herrera de Alcántara** (350 hab.) conserva en su folclore un romance carolingio con tonadas que recuerdan al cancionero portugués. A escasa distancia de Herrera el Tajo se encajona y configura uno de los parajes más espectaculares de esta zona. En el pueblo puede visitarse la **iglesia de San Sebastián** (siglo XVIII), barroca, con fábrica de mampostería.

Santiago de Alcántara y Carbajo

En dirección a Cáceres se encuentra **Santiago de Alcántara** (818 hab.), en cuya vecindad se han descubiertos numerosas cuevas con pinturas rupestres que testifican la población remota de la zona. Destacan la **cueva del Borrico** y la **cueva del Agujero**, en parajes de belleza sin igual donde los buitres tienen sus feudos.

Se puede visitar la **iglesia de Nuestra Señora de la Consolación** (siglo XV) reformada sucesivas veces, principalmente en el siglo XVIII.

No lejos se halla **Carbajo** (310 hab.), a los pies de la **sierra de Santiago**, arropada por sus olivares, donde el la **finca Clavería** hay uno de los sitios mágicos de Extremadura, la **charca de la Tiesa**. En la población se alza la **iglesia de Santa Marina** (siglo XVIII), barroca, con planta de cruz latina, que domina la **plaza Mayor**.

EN LOS ALREDEDORES DE MEMBRÍO, *una población de mil almas, abundan los brezos, las jaras y las cercas de piedra para proteger las huertas y mantener el ganado a buen recaudo.*

MEMBRÍO, RODEADO DE BREZOS Y JARAS

A escasa distancia de la N-521 surge **Membrío** (948 hab.) con su paisaje repleto de brezos, jaras y cercas de piedra para encerrar el ganado o proteger las huertas.

Destaca la **iglesia de Nuestra Señora de Gracia** (siglo XVIII), barroca como la mayor parte de ellas, con fábrica de sillería y mampostería.

EL EMBALSE DE ALCÁNTARA *es el mayor de Europa occidental.*

EL CÉLEBRE PUENTE DE ALCÁNTARA, *de 192 metros de longitud, fue construido en el siglo II, en tiempos del emperador Trajano, por el arquitecto Cayo Julio Lacer. En su centro acoge un gran arco triunfal (bajo estas líneas).*

EL PUENTE ROMANO DE ALCÁNTARA

En la falda de un cerro aparece **Alcántara** (1.740 hab.), asentada en la confluencia de los ríos Tajo y Alagón, junto al embalse de su mismo nombre, el más grande de la Europa occidental.

Famosa por su puente, con numerosos testimonios que hablan de sus orígenes remotos, se convirtió durante la dominación romana en un importante centro debido a su castro. Más tarde, la ocuparon los árabes y pasó a depender del califato de Córdoba. Éstos le dieron el nombre de *al-Kantara-as-Saif* ("el puente de la espada") que en parte todavía conserva porque, según la leyenda, en el interior del puente había enterrada una espada de oro. En 860 cayó en poder de la taifa de Coria.

En 1166 Fernando II la conquistó pero sólo quedó en manos cristianas tras el asedio de Alfonso IX en 1214. Inmediatamente pasó a manos de los caballeros de Calatrava y después a la orden de San Julián de Pereiro que desde ese momento tomó el nombre de Alcántara.

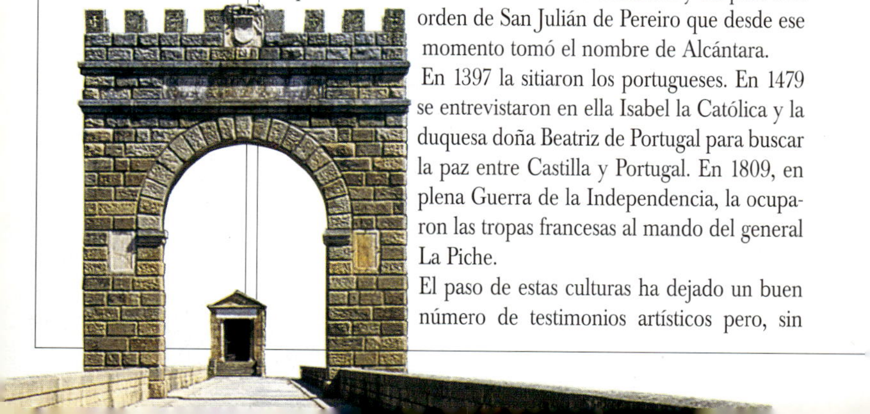

En 1397 la sitiaron los portugueses. En 1479 se entrevistaron en ella Isabel la Católica y la duquesa doña Beatriz de Portugal para buscar la paz entre Castilla y Portugal. En 1809, en plena Guerra de la Independencia, la ocuparon las tropas francesas al mando del general La Piche.

El paso de estas culturas ha dejado un buen número de testimonios artísticos pero, sin

lugar a dudas, el punto preferido por los visitantes es el famoso **puente romano de Alcántara** (siglo II) con una elevación de 57,50 metros sobre el lecho del río, 192 metros de longitud y 8 de ancho.

Construido con piedras regulares almohadilladas, sin argamasa, lo componen seis arcos, los dos del medio iguales entre sí, y el del centro con una altura de 57 metros que se acerca a los 80 midiendo desde el fondo del río hasta la cúspide del arco triunfal. Este arco, que popularmente se denomina **torre del Águila**, tiene 10,50 metros de elevación y 3 de anchura. Una inscripción habla de su artífice, Cayo Julio Lacer, que lo dedicó a los dioses y a Trajano y que, según la misma, *Pontem perpetui mansurum in saecula mundi*, es decir, es un puente destinado a durar por siempre en los siglos del mundo. En el siglo XII, el geógrafo árabe al-Idrisi escribió: *Kantara-as-Saif* figura entre las maravillas del mundo.

ROMANOS, ÁRABES Y CRISTIANOS

A lo largo de sus muchos siglos de vida el puente ha sufrido numerosas mutilaciones, principalmente en 1213, 1809 y 1836. En 1860 se restauró bajo la dirección del arquitecto don Alejandro Millán. En la orilla próxima a la ciudad hay un **templete** que conmemora su construcción a cargo de Cayo Julio Lacer y, en la orilla opuesta, una **torre de defensa** (siglo XVIII) llamada popularmente "torre del Oro". La mejor vista de la ciudad y del puente se obtiene desde el **mirador** que hay a escasos metros del arranque de la antigua **calzada romana** que unía Córdoba con la ciudad portuguesa de Braga.

En el interior de la ciudad se descubre un casco viejo de gran atractivo por las bellas muestras de arquitectura que conserva. En primer lugar merece citarse el **conventual de San Benito** (siglo XVI) construido por los caballeros de la orden de Alcántara sobre una vieja fortaleza árabe. Conserva un **claustro**

EL CONVENTUAL DE SAN BENITO, *en Alcántara, fue construido sobre una antigua fortaleza árabe. Su iglesia (arriba), de estilo plateresco, es obra de Pedro de Ibarra, y en su interior destaca la capilla del comendador de Piedrabuena.*

LA IGLESIA DE SANTA MARÍA *de Almocóvar (en las dos imágenes superiores y abajo), en Alcántara, alberga lápidas sepulcrales de gran interés. Entre ellas, cabe mencionar la de doña María de Vilela, madre de San Pedro de Alcántara.*

LA ERMITA DE LOS HITOS *de Alcántara es la protagonista de una peregrinación que se celebra el domingo siguiente al de Pascua. Arriba, a la derecha, una vista parcial de la plaza de España de la localidad.*

DESDE LAS VIVIENDAS *particulares hasta los edificios históricos, Alcántara alberga un increíble patrimonio arquitectónico. Arriba, a la derecha, el arco de la Concepción. Abajo, detalle de la iglesia de San Pedro, del siglo XVII.*

gótico y una **iglesia** plateresca. En el interior sobresale la **capilla del comendador de Piedrabuena**, don Antonio Bravo de Jerez, cuyo túmulo funerario se trasladó a la iglesia de Santa María de Almocóvar; y la **capilla de fray Nicolás de Ovando**, gobernador de La Española.

El conventual cuenta también con una **hospedería** instalada en un palacio de estilo renacentista, con tres galerías porticadas. La **iglesia de Santa María de Almocóvar** (siglos XIII-XVI) presenta fachada de estilo románico y un interior repleto de **lápidas sepulcrales** entre ellas la de doña María de Vilela, madre de San Pedro de Alcántara. En la **capilla Bautismal** una lápida recuerda que allí recibió las aguas sagradas (siglo XV) San Pedro de Alcántara. En la sacristía se conservan cinco tablas de Luis de Morales el Divino y un Cristo atribuido a Martínez Montañés.

En la misma plaza está la **iglesia de San Pedro de Alcántara**, construida sobre el solar que ocupara la casa natal del santo. Junto a la iglesia hay un **monumento** en su honor.

Otros edificios religiosos de interés son los **conventos de las Comendadoras** y **de San Francisco**, y las **ermitas de Santa Ana, de la Piedad, de la Soledad** y **de los Hitos**.

La comunidad hebrea de Alcántara se estableció en torno a la actual ermita de la Soledad. En el antiguo barrio judío deben visitarse las ruinas de un **morabito** y de la **sinagoga**. Después del edicto de expulsión, los judíos extremeños se refugiaron en tierras portuguesas. De notable importancia resulta también la arquitectura civil. Un paseo por las calles Soledad, Piedad,

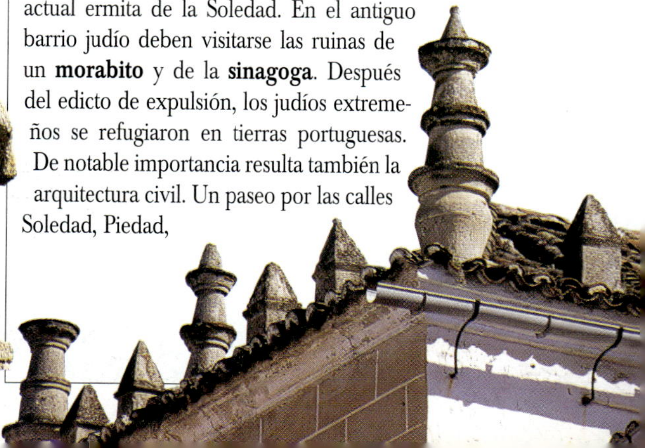

Zapatería, San Pedro de Alcántara y plaza de la Corredera, permite descubrir **casas solariegas** de fachadas blasonadas cuyos mejores ejemplos corresponden a las familias Barco, Torreorgaz, Topete, Escobar, Calderón, Aponte, Barrantes, Roco, etcétera.

La **fuente del Pilar** (siglo XV), el **arco de la Concepción**, construido por mandato del emperador Carlos I, la **muralla árabe** y numerosas **chimeneas** que coronan los tejados de las casas, dan sabor medieval a Alcántara.

MATA DE ALCÁNTARA

Al este de Alcántara, por una carretera que a cierta distancia corre paralela al famoso **embalse de Alcántara**, se llega a **Mata de Alcántara** (401 hab.), bañada por el río del mismo nombre y algunos arroyos, que hasta principios del siglo XVfue un arrabal de Alcántara. Una pequeña parada permite contemplar la **iglesia de Nuestra Señora de Gracia** (siglo XVI).

LA JUDERÍA DE GARROVILLAS

Al este de Mata, por la misma carretera, se accede a **Garrovillas** (2.557 hab.), también llamada Garrovillas de Alconétar, a la izquierda del río Tajo cerca de su confluencia con el Almonde, a un paso del embalse de Alcántara.

Sus orígenes están en una aldea de nombre Garro, agregada a Alconétar. En 1233 recibió el título de villa al haberse arruinado la de Alconétar. Perteneció al ducado de Alba de Aliste y al señorío de don Fernando de la Cerda que pasó después a don Enrique de Guzmán. Su mayor esplendor lo alcanzó entre los siglos XV y XVI gracias al floreciente comercio. De su pasado conserva algunos lugares de interés como una **plaza** porticada, de arcos blancos, ventanas y balcones que todavía sirve de mercado semanal. La **iglesia de San Pedro**, gótica, tiene un **retablo** del siglo XVI y azulejerías (siglo XVI) en los altares. Como curiosidad merece citarse que en los muros de la iglesia hay grabados símbolos esotéricos como el caldero celta y el grial.

MATA DE ALCÁNTARA *fue hasta el siglo XV tan sólo un arrabal de Alcántara. La población está bañada por el río del mismo nombre y por algunos arroyos. Sobre estas líneas, el monumento al emigrante.*

BAJO LOS PÓRTICOS DE LA PLAZA *de Garrovillas se celebra un mercado semanal. Abajo, el Sagrado Corazón, en Mata de Alcántara.*

EN LA ANTIGUA JUDERÍA *de Garrovillas (arriba, placa de una de sus calles) se establecieron en el siglo XIV varias familias hebreas. A la derecha, una de las viviendas de la localidad.*

LA ERMITA DE SAN PEDRO *(arriba) es uno de los puntos más interesantes que pueden visitarse en Ceclavín. Bajo estas líneas, una panorámica de la plaza de la Constitución, en Garrovillas, que acoge destacadas edificaciones góticas y renacentistas.*

Conserva también Garrovillas una magnífica **judería** datada del siglo XIV al establecerse en ella varias familias hebreas como fruto de la repoblación.

Del **convento de San Antonio de Padua** (siglo XVI), fundado por los condes de Alba y Aliste, sólo se conservan el claustro y la iglesia. En los alrededores se puede visitar la **ermita de Nuestra Señora de Altagracia**.

CECLAVÍN, TIERRA DE BUEN VINO

La Ex-523, al norte de Alcántara, conduce a **Piedras Albas**, casi en la frontera portuguesa, era una antigua encomienda de la Zapatería que suministraba calzado a la casa prioral de San Benito, en Alcántara. En la villa sobresale la **iglesia de Nuestra Señora de la Romana** (siglo XV). Al este de Piedras Albas, se emplaza **Ceclavín**, sobre una colina, a la izquierda del río Alagón.

Los romanos la llamaron *Cella Viniaria* ("bodega del vino") o *Cilarium*. Sus afamados caldos, ya apreciados por los romanos, se sirvieron también en la mesa del emperador Carlos V.

A principios del siglo XVI doña Juana le otorgó el título de villa y, en el siglo XVII, durante las guerras entre España y Portugal, fue amurallada.

Sus puntos de interés son la **iglesia de Nuestra Señora del Olmo** (siglo XVI), con órgano y retablo barrocos, declarada monumento histórico-artístico; y la **ermita de San Pedro**.

■ **El castillo de Peñafiel**

Al nordeste de Piedras Albas, por la Ex-214 se llega a **Zarza la Mayor**, junto a la frontera portuguesa. Estuvo poblada en época romana y luego se convirtió en cabeza de una encomienda de la orden de Alcántara. La villa conserva algunos edificios de notable arquitectura. En la linde de la **plaza** se alza el **ayuntamiento,** en la antigua **Real Fábrica de Seda** (siglo XVIII). Le sigue la **iglesia de San Andrés Apóstol** (siglos XVI-XVII). La **plaza de toros** conserva balconadas de madera. La **fuente de la Conceja**, en uno de los extremos de la población, tiene arcos apuntados. De interés también resultan la **casa de la Encomienda** y la **ermita de San Juan Bautista** (siglo XVII), clasicista. Cerca de Zarza, en la misma frontera o "raya" de Portugal, se alza el **castillo de Peñafiel** (siglos XV-XVI) construido sobre una antigua fortaleza del siglo XIII. Al nordeste de Zarza, por la Ex-214, que corre paralela al cauce del Arbajo, se llega a **Moraleja** (6.675 hab.) que recibió el título de villa en 1503, según testifica el **rollo** que todavía se alza en la Alameda.

Resulta muy interesante visitar la **casa de la Encomienda** (siglo XVI), donde se hospedó Felipe V, la **iglesia de la Piedad** (siglo XVI), con notables reformas, y la **ermita de la Virgen de la Vega**. El **castillo de Peñafiel**, baluarte defensivo de la orden de Alcántara, figura entre los mejores ejemplos de arquitectura militar de la zona.

La ermita de San Juan *Bautista (sobre estas líneas y abajo), en Zarza la Mayor,*

se edificó en el siglo XVII. Es de estilo clasicista y cuenta con fábrica de sillería. En la misma población, también vale la pena visitar la iglesia de San Andrés Apóstol, la plaza Mayor y la fuente de la Conceja. Arriba, a la izquierda, vista del curso del río Alagón; nacido en el sur de Salamanca, acaba vertiendo sus aguas al Tajo, frente a Alcántara.

Ruta 7
De Helechosa de los Montes a Navalvillar
Badajoz

LAS VIVIENDAS *de Helechosa de los Montes, en la Reserva Nacional de Cíjara, son una buena muestra de la arquitectura popular local.*

EL AYUNTAMIENTO DE HELECHOSA *de los Montes está coronado por una campana y una veleta. Pero la principal construcción de la localidad es la iglesia de Nuestra Señora de Altagracia (abajo, su campanario). El templo, de aspecto mudéjar, fue construido en el siglo XVI, combinando la piedra, el ladrillo y la madera de la cubierta.*

De Cíjara a la Serena, entre encinas y alcornoques

La ruta arranca del corazón de la Reserva Nacional de Cíjara, que engloba gran parte de la cuenca del embalse del mismo nombre, rodeada de sierras de escasa altura, para seguir hacia la comarca de la Serena, formada por grandes planicies, de ahí su nombre árabe, *serna* ("llanura"). Las dehesas decoran los paisajes con sus encinas y alcornoques.

En plena Reserva Nacional de Cíjara, a orillas del embalse homónimo, **Helechosa de los Montes** (623 hab.) se mece sobre las estribaciones de la **sierra de los Batanes** para formar, junto a las poblaciones de Villarta y Fuenlabrada, la denominada *Calabria*. Los paisajes constituyen uno de sus grandes atractivos. El casco urbano ofrece al visitante un conjunto de casas de arquitectura popular con fachadas esgrafiadas y cubiertas de pinturas.

La **iglesia de Nuestra Señora de Altagracia** (siglo XVI), con cubierta de madera y fábrica de ladrillo y piedra, presenta líneas mudéjares y un **retablo** del siglo XVI.

Cruzando el pantano de Cíjara surge **Bohonal** (138 hab.), en tierras limítrofes con Ciudad Real, con la **iglesia de San Juan Bautista** (siglo XVI).

RESERVA NACIONAL DE CÍJARA

En el extremo nororiental de la provincia de Badajoz se creó, en 1966, para conservar el bosque mediterráneo compuesto por alcornoques, quejigos, encinas y rebollos, esta reserva que

ocupa una superficie de 25.000 ha regadas por el Guadiana. Este inmenso bosque mediterráneo permite la subsistencia de importantes representantes de la fauna ibérica, como linces *(Lynx pardina)*, jabalíes *(Sus scrofa)*, gatos monteses *(Felis sylvestris)*, águilas imperiales *(Aquila adalberti)*, águilas reales *(Aquila chrysaetos)*, buitres negros *(Aegypius monachus)*, buitres comunes *(Gyps fulvus)*, etcétera.

El embalse de Cíjara, *cuya cuenca se encuentra dentro de la Reserva Nacional de Cíjara, está circundado por sierras de poca altura. Sobre estas líneas, vista parcial de la plaza de España de Valdecaballeros, típicamente extremeña.*

Helechosa de los Montes *forma, junto con las poblaciones de Villarta y Fuenlabrada, la llamada "Calabria".*

LA IGLESIA DE SAN MIGUEL ARCÁNGEL, *en Valdecaballeros, contiene inscripciones sobre Vespasiano y Domiciano en su portada.*

PEQUEÑAS CASAS *con fachadas enjalbegadas, ventanas diminutas y cubiertas de teja árabe, clara herencia de antiguas épocas, conforman la fisonomía de los barrios de Perchel (arriba) y Picocerro, en la localidad de Castilblanco.*

FUENTE Y CASA ENCALADA *en Valdecaballeros, localidad situada a 406 metros de altitud. Castilblanco acoge dos ermitas destacables: la de San Matías (abajo) es del siglo XVII y tiene un atrio de ladrillo; y, a la derecha, la de San Cristóbal, del siglo XV.*

■ CASTILBLANCO Y LA ERMITA DE SAN MATÍAS

Al sudoeste de Helechosa de los Montes, en la N-502, se encuentra **Castilblanco** (1.403 hab.) población interesante porque todavía conserva antiguas construcciones árabes, principalmente en los **barrios de Picocerro** y **Perchel**, donde las casas de planta reducida, con fachadas enjalbegadas, ventanitas y cubiertas de teja árabe, son herencia de los días de la dominación musulmana.

La **iglesia de San Cristóbal** (siglo XV), de estilo mudéjar aunque bastante adulterado por reformas posteriores, muestra una gran nave central de arcos ojivales.

Junto a una antigua **cañada de la Mesta** se alza la **ermita de San Matías** (siglo XVII) con atrio de ladrillo.

■ UN BELLO EJEMPLO DE PLAZA EXTREMEÑA

Al oeste de Castilblanco, una carretera, que cruza el **embalse de García de Sola**, lleva a **Valdecaballeros** (1.449 hab.), en la vecindad de la **sierra de la Chimenea**, con paisajes dominados por grandes encinares y monte bajo donde abunda la caza. Los ecologistas se pusieron en pie de guerra para impedir la construcción en Valdecaballeros de una central nuclear. La protesta tuvo éxito y, en su lugar, se ha construido un centro de estudios de la naturaleza. La **plaza Mayor**, bello ejemplo de plaza extremeña, da entrada a un conjunto de arquitectura popular. La **iglesia de San Miguel Arcángel** (siglo XV) conserva, en su portada, algunas inscripciones romanas alusivas a los emperadores Vespasiano y Domiciano. No lejos está el **balneario de Valdefernando**, importante centro termal de Extremadura.

■ Aguas ferruginosas

Al sur de Castilblanco, por la N-502, se accede a la localidad de **Herrera del Duque** (3.772 hab.) en cuyos alrededores hay manantiales de aguas ferruginosas. La villa debe su nombre a los muchos años que perteneció a los duques de Osuna.

El **castillo**, sobre un elevado peñasco, según los expertos corresponde a la época almohade, como denotan los muros desprovistos de huecos y decoración. Carece de torre del homenaje, de cubos y defensas exteriores.

La **plaza Mayor**, rectangular y porticada, merece unos minutos de atención por parte del viajero para descubir sus arcos de medio punto bajo balcones de forja y, en su centro, una **fuente** (siglo XVIII) ochavada, de jaspe.

Dominando el pueblo aparece la **iglesia de San Juan Bautista** (siglo XVI), con dos **puertas** llamadas respectivamente **del Sol** y **de los Pecos**; destaca su torre-campanario. En la capilla mayor (siglo XVII) hay un retablo, renacentista, de Gregorio Prado con pinturas de Correa del Vivar. Entre las piezas de orfebrería sobresale una **custodia** de plata (40 kg) del siglo XVI, obra de Gregorio Borja y Franco Morales.

Del **convento de San Jerónimo** (siglo XVI), fundado por don Antonio de Sotomayor, se conserva la iglesia aunque en muy mal estado. La **casa de la Encomienda**, más conocida como **casa del Congo**, sirvió de residencia a los caballeros de la orden de Alcántara. En las afueras de la villa, a unos 4 km, está la **ermita de la Consolación** con una imagen de la Virgen titular (siglo XV) muy venerada.

■ Pinturas rupestres en la zona de Peloche

Al oeste de Herrera del Duque, siguiendo por una carretera secundaria, a orillas del embalse de García de Sola, está **Peloche** (333 hab.), de orígenes antiquísimos como demuestran un grupo de **pinturas rupestres** esquemáticas descubiertas en varios abrigos de la zona. La **iglesia de San Antonio Abad** conserva una talla de la Virgen del Rosario, gótica, y una talla policromada de San Antonio (siglo XVII).

EN HERRERA DEL DUQUE *pueden visitarse la iglesia de San Juan Bautista (izquierda) y la casa del Congo (arriba, a la izquierda). Bajo estas líneas, una de las calles de la localidad de Peloche, al oeste de Herrera.*

EN LA PLAZA DE ESPAÑA, *en Fuenlabrada de los Montes, se alza el Ayuntamiento de la población.*

LA IGLESIA DE LA ASUNCIÓN *de Nuestra Señora es el monumento más importante que puede admirarse en Fuenlabrada de los Montes. Erigida en el siglo XVI, presenta hermosos contrafuertes y alberga un retablo de Juan de Holanda y Diego de Aguilar.*

■ PAISAJE DE DEHESA

Al sudeste de Herrera del Duque, por un desvío de la N-502, se accede a **Fuenlabrada de los Montes** (2.103 hab.) dominada por un paisaje típico de dehesa, cerca de la **Reserva Natural de Robledillo**. Famosa por su miel, Fuenlabrada conserva algunos edificios de interés como la **iglesia de la Asunción de Nuestra Señora** (siglo XVI), con bellos contrafuertes y un **retablo** de Juan de Holanda y Diego de Aguilar.

■ ARQUITECTURA SERRANA

Al sudoeste de Fuenlabrada de los Montes, por la N-430, tras pasar el **puerto de los Carneros** (748 metros de altitud), se llega a **Garbayuela** (605 hab.), cercana a las tierras de Ciudad Real, dominada por parajes donde crece la jara. Su casco urbano conserva hermosos ejemplos de arquitectura popular. Destaca, además, la **iglesia de San Pedro**, del siglo XVI, con un Cristo articulado (siglo XVI) de estilo gótico. Al sur de Garbayuela, a 2 km escasos del límite de la provincia de Ciudad Real, **Tamujero** (286 hab.) ofrece un casco urbano con bellos ejemplos de la arquitectura popular serrana típica de la zona. En la **plaza** se alza el **Ayuntamiento**, de bellas líneas. La **iglesia de Santo Toribio de Liébana**, edificada en el siglo XIX siguiendo el estilo clásico, completa la visita a la población.

LA IGLESIA DE SANTO TORIBIO *de Liébana es de visita obligada en Tamurejo. Arriba, a la derecha, detalle de una calle de Garbayuela, en la que destaca la iglesia de San Pedro (derecha), que aloja un Cristo articulado del siglo XVI. Al lado, detalle del Ayuntamiento de Fuenlabrada.*

La iglesia de Nuestra Señora *de la Antigua, levantada en Siruela en el siglo XIV, es una de las construcciones más destacadas de la comarca.*

■ Siruela y la ermita del Calvario

Al oeste de Tamurejo, por un desvío de la N-502, se llega a la localidad de **Siruela** (2.509 hab.), en plena sierra de su mismo nombre, que durante la Edad Media recibió el nombre de Villanueva de Siruela. Para algunos autores su nombre es un diminutivo de la antigua *Seria*.

Los restos de estelas tartesias de Ruidero, y otros hallazgos romanos y prerromanos demuestran sus orígenes antiquísimos y su importancia como ciudad en diversas épocas históricas, principalmente durante los tiempos de la Mesta.

Del **castillo** (siglo XIII), construido por los caballeros templarios, quedan escasos restos. La **iglesia de Nuestra Señora de la Antigua** (siglo XIV) figura entre los edificios religiosos más importantes de la comarca. El **convento de las Clarisas** (siglo XVI) tiene una portada con arco de medio punto. Del **hospital de San Francisco** (siglo XVI), fundado por don Francisco de Vargas, subsiste la capilla con portada de medio punto y dos columnas. El **palacio de los duques de Siruela** (siglo XVII), delante del convento de monjas clarisas, conserva una fachada barroca con portada del siglo XVIII.

Completan la visita la **ermita de Nuestra Señora de Altagracia**, gótica, con frescos del siglo XVIII, y la **ermita del Calvario** (siglo XVII), fuera de la villa.

La ermita de Nuestra Señora *del Carmen (arriba) y la iglesia de Santa Catalina (abajo) se encuentran entre las principales obras religiosas de Talarrubias. La primera, del siglo XVIII, incorpora bellos trabajos en yesería; mientras que la segunda, del siglo XVI, combina tres estilos: gótico, mudéjar y renacentista. Arriba, a la izquierda, el palacio de los duques de Siruela, en la población del mismo nombre.*

■ Atalaya Rubia

Al oeste de Siruela, una carretera local permite acceder a la población de **Talarrubias** (3.602 hab.) también llamada Atalaya Rubia, que conserva un patrimonio artístico de gran interés. Algunos historiadores la identifican con la antigua *Leuciana*, una de las mansiones situadas a lo largo del itinerario romano. Más tarde, perteneció al señorío de los duques de Béjar.

EL CONVENTO DE SAN FRANCISCO *de Puebla de Alcocer (derecha) conserva la iglesia y un patio mudéjar.*

LA CASA DE LA INQUISICIÓN *(arriba, una vista parcial) y la plaza Mayor (sobre estas líneas, detalle de una de sus viviendas), en Puebla de Alcocer, merecen una detenida visita.*

EL CASTILLO DE PUEBLA DE ALCOCER *se edificó sobre una antigua fortaleza templaria. Conserva su torre del homenaje en buen estado.*

La **iglesia de Santa Catalina** (siglo XVI) conserva diversos estilos (gótico, mudéjar y renacentista) fruto de numerosas actuaciones sobre la misma.

Muy cerca de aquí está la **ermita de Nuestra Señora del Carmen** (siglo XVIII) con trabajos rococós en yesería y filigrana. En las afueras de la localidad se emplazan la **ermita de San Roque** (siglo XVIII) y la **ermita de la Coronada**.

CASAS SOLARIEGAS EN PUEBLA DE ALCOCER

Al sur de Talarrubias la Ex-413 conduce directamente a **Puebla de Alcocer** (1.550 hab.), en la falda sur de la **sierra de los Lares**. En la parte más alta se dibuja un **castillo** (siglo XV) construido sobre una vieja fortaleza templaria, por el gran maestre de la orden de Alcántara don Gutiérrez de Sotomayor. En un perfecto estado de conservación presenta su **torre del homenaje** desde la cual se contemplan excelentes vistas.

La villa, que en otros tiempos estuvo más abajo de su emplazamiento actual, recibió también el nombre de Aldevieja. Destaca su **iglesia de Santiago**, de estilo mudéjar, con los restos mortales del gran maestre de la orden de Alcántara que construyó el castillo. Además, conserva una imagen de la Virgen Dolorosa (siglo XVIII), un Cristo yacente (siglo XVII) y una gran losa sepulcral bajo la cual yace el rey Pedro I.

El **convento de San Francisco** (siglo XVI) conserva la iglesia y un patio mudéjar. Además, dando un pequeño paseo, se descubren numerosas **casas solariegas**, como la antigua **residencia del duque de Osuna**, la **casona de San Juan de la Puebla** o la **casa de la Inquisición**. La **plaza Mayor** no decepcionará al viajero. En sus alrededores está **Galizuela**, que dependió de la

orden de Alcántara, núcleo de paso de la Mesta, que conserva la antigua **casa del marqués de Someruelo** y la **ermita de la Encarnación** (siglo XVIII).

Sancti Spiritus

Al sudeste de Puebla de Alcocer, en un llano próximo a la **sierra del Cuchillo**, se sitúa **Sancti Spiritus** (373 hab.), a orillas del **embalse de la Serena**, con un casco urbano de arquitectura tradicional donde sobresale la **iglesia del Espíritu Santo**, con fábrica de mampostería encalada y arco porticado en la base de la torre.

La orden del Temple y la orden

Al sudeste de Sancti Spiritus, tras pasar **Garlitos** (796 hab.), donde se conservan la **iglesia de San Juan** y la **ermita de la Virgen de Nazaret**, se llega a **Capilla** (227 hab.) cuyos orígenes remotos delatan las numerosas **pinturas rupestres** con carros y dioses.

Paso obligado de los rebaños de la Mesta, en el siglo XIII quedó en manos de la orden del Temple y, posteriormente, de la orden de Alcántara y del ducado de Béjar.

Su casco viejo lo recorren calles estrechas, tortuosas, siguiendo el trazo medieval, flanqueadas por casas de fachadas enjalbegadas con ventanas repletas de flores.

El **castillo** (siglo XIII), construido por los caballeros templarios sobre una antigua fortaleza árabe, fue remodelado por el maestre de

Las calles de Capilla, *estrechas y tortuosas, conservan el original trazado medieval y están flanqueadas por casas encaladas. También blancas son las viviendas de Sancti Spiritus (arriba), aldea destacable por su arquitectura tradicional.*

La iglesia de Santiago el Mayor, *en Capilla, de estilo mudéjar, se alza sobre la antigua mezquita. Es del siglo XIV y conserva una cripta templaria. Abajo, el castillo de la localidad, del siglo XIII.*

PEÑALSORDO, *de origen medieval, perteneció a la orden del Temple. De entre sus monumentos, destaca la ermita de Santa Brígida (sobre estas líneas), construida en el siglo XIV con mampostería y ladrillo.*

LA LOCALIDAD DE ZARZA CAPILLA *tiene orígenes antiquísimos, como lo demuestran las pinturas rupestres de las cuevas del Estrecho y de Vercialejo. Un edificio remarcable es la iglesia de San Bartolomé (a pie de página y arriba, a la derecha). El templo, levantado en el siglo XVI, mantiene su cabecera policromada original a pesar de las diversas remodelaciones a las que ha sido sometido.*

Alcántara, don Gutiérrez de Sotomayor, conserva sus portadas mudéjares. Otro edificio de interés, la **iglesia de Santiago el Mayor** (siglo XIV), se alza sobre el solar de una vieja mezquita. De estilo mudéjar, conserva una cripta templaria.

DON PEDRO PEÑA, EL SORDO

A escasa distancia de Capilla se encuentra la localidad de **Peñalsordo** (1.672 hab.), de origen medieval. Perteneció a la orden de Alcántara, más tarde al señorío de Capilla y después al ducado de Osuna. Según la tradición su nombre deriva de don Pedro Peña, apodado *el Sordo*.

La **ermita de Santa Brígida** (siglo XVI), de fábrica de mampostería y ladrillo, se ha convertido en la parroquial de la Virgen del Carmen. Presenta dos portadas de estilo clásico.

La **ermita del Cristo** conserva pilastras y dintel de ladrillo. Además, también se descubren hermosas casas solariegas como la **del duque de Osuna**, la **casa consistorial** y la **casa de la Encomienda**, sede de los caballeros de Alcántara.

LAS CUEVAS DEL ESTRECHO Y DE VERCIALEJO

Al sur de Puebla de Alcocer, **Zarza Capilla** (545 hab.) surge en los límites de las tierras cordobesas. De orígenes remotos, como demuestran las **pinturas rupestres** halladas en las **cuevas del Estrecho** y

de Vercialejo, quedó destruida tras la Guerra Civil de 1936-1939 y, posteriormente, dividida en dos sectores: Zarza Capilla de Arriba (la antigua población, destruida en la Guerra Civil), y Zarza Capilla de Abajo (construida a partir de 1955). La **iglesia de San Bartolomé** (siglo XVI) conserva su cabecera poligonal pese a sus varias remodelaciones.

EL SANTUARIO DE NUESTRA SEÑORA *de Belén (en las tres imágenes superiores) es una destacada obra de los templarios, del siglo XIII, en Cabeza de Buey.*

■ CABEZA DE BUEY

Al sur de Zarza Capilla, en las laderas de la **sierra del Pedregoso**, en la zona oriental de la Serena, se encuentra **Cabeza de Buey** (6.190 hab.) muy cerca del valle de los Pedroches cordobés y del Campo de Calatrava manchego. Para algunos autores se identifica con la antigua *Turobriga*. Su nombre presenta ciertas controversias. Para un grupo de expertos deriva de los días de la Mesta y del paso de los rebaños de vacas. Para otros, deriva del árabe *buwayb*, "paso entre montañas".

La proximidad del **castillo de Almorchón** (siglo XIII) demuestra el carácter estratégico de Cabeza de Buey. Construido por la orden del Temple pasó después a los caballeros de Alcántara. En el conjunto destaca la **torre del homenaje**, de planta cuadrada. Cerca del **puerto de la Nava** quedan restos de unas **termas romanas**. Tras la reconquista quedó en poder de la orden del Temple y, después, de los caballeros de Alcántara; en los siglos XV y XVI destacan los comendadores de la familia Rol. Entre sus puntos de interés están el **Ayuntamiento**, porticado, con arcos de medio punto sobre columnas, terraza en la primera planta y remate de pináculos; la **casa de los Valdivia**, la **casa de los Rol**, la **casa de los Muñoz**, la **casa de la Encomienda de Alcántara**, el **hospital de Santa Elena**, y otros muchos más surgidos al amparo de la economía de los siglos XV y XVI propiciada por los rebaños de la Mesta. Entre la arquitectura religiosa destaca la **iglesia de Nuestra Señora de Armentera** (siglo XVI), que tuvo como benefactora a la dinastía de los Rol cuyo cabeza de familia yace enterrado en ella. En su fábrica sobresale la **fachada del Perdón** (siglo XVIII), de estilo barroco.

ESCUDO DE UNA CASA SOLARIEGA, *en Cabeza de Buey. Bajo estas líneas, detalle de una fuente de la localidad. A la izquierda, torre-campanario de la iglesia de Nuestra Señora de Armentera, datada del siglo XVI.*

LA IGLESIA DE NUESTRA SEÑORA *de la Consolación (arriba), en Monterrubio de la Serena, es del siglo* XVI. *La localidad cuenta con otras construcciones de interés, como la ermita de los Cuarenta Mártires y la casa del Cordón, levantada en el siglo* XVI. *Arriba, a la derecha, Benquerencia de la Serena.*

CAMPANARIO *de la iglesia de la Asunción y restos del castillo (abajo), en Benquerencia de la Serena.*

El **convento de la Concepción** (siglo XVI), aunque reconstruido en parte recientemente, conserva un Cristo varón de dolores de la escuela de Mesa y una bonita cruz gótica del siglo XV.

En la carretera que lleva a Castuera, cerca del castillo de Almorchón, el **santuario de Nuestra Señora de Belén** (siglo XIII), construido por los templarios, presenta un patio con sus celdas y anejos. La fábrica conserva escasos elementos originales.

POR LOS PUEBLOS DE LA SERENA

De Cabeza de Buey en dirección oeste, por la Ex-420, a la altura de **Helechal** (418 hab.), lugar de paso de los rebaños de la Mesta, que conserva la **ermita de Nuestra Señora del Risco**, numerosas **pinturas rupestres** y la **iglesia de San Diego de Alcalá**, se encuentra el desvío que conduce a Monterrubio de la Serena (3.210 hab.), fundada en la Edad Media por los caballeros de la orden de Alcántara y, durante mucho tiempo, en manos del priorato de Magacela.

En la **plaza Mayor** se descubren bellos edificios como la **casa del Cordón** (siglo XVI) y la **iglesia de Nuestra Señora de la Consolación** (siglo XVI), gótica, con bóveda de crucería. La **ermita de los Cuarenta Mártires** (siglo XVIII) conserva su portada de piedra. Por una carretera que serpentea las estribaciones

EN LA ERMITA DE LOS MÁRTIRES *(junto a estas líneas) se venera a Nuestra Señora del Buensuceso, patrona de Castuera. En la misma localidad, se encuentran la iglesia de la Magdalena (izquierda), edificada en el siglo XVIII, y el pósito (bajo estas líneas), antiguo almacén de grano, construido en el siglo XVI.*

de la **sierra del Oro**, tras pasar **Puerto Hurraco** (164 hab.), se llega a Benquerencia de la Serena (413 hab.), en la sierra de su mismo nombre, dominada por su **castillo** que ofrece magníficas vistas. Aunque en estado ruinoso, se conservan la puerta principal, la **torre del homenaje**, y algunos fragmentos de las **murallas**. En el pueblo se alza la **iglesia de Nuestra Señora de la Asunción** (siglo XV) con bóveda de crucería.

La casa de la Sirena

Al noroeste de Benquerencia de la Serena, en la conjunción de la Ex-413 y la Ex-420, se encuentra **Castuera** (7.951 hab.), una de las poblaciones más importantes de la comarca, núcleo central de la llamada Real Dehesa de la Serena, sobre una penillanura dominada por las **sierras del Pozatas** y **Pinos**.

Castuera, famosa por sus quesos y turrones, remonta sus orígenes a la Prehistoria como demuestran los restos hallados en su vecindad. Después conoció la colonización romana y la árabe, hasta que pasó a manos de la orden de Alcántara bajo la jurisdicción de Magacela.

Presenta un casco viejo con buenos ejemplos de arquitectura popular, principalmente en el **barrio del Cerrillo**, en la parte alta de la población. También se conservan numerosas **casas solariegas**, de fachadas blasonadas, como las que pertenecieron a los Chávez, Barrante, Calderón, etcétera. Muy interesante es la llamada **casa de la Sirena**. Entre los edificios religiosos destacan la **ermita de San Juan** (siglo XV) y la **iglesia de la Magdalena** (siglo XVIII) cuya fachada aparece decorada con el escudo de la orden de Alcántara. Otros edificios religiosos de interés son la **ermita de Santa Ana** y la **ermita de los Mártires**, ambas construidas en la Edad Media. Una de las casas de la **plaza** conserva una **ventana** mudéjar (siglo XV). La **audiencia Vieja** y el **pósito**, ambos edificios construidos en el siglo XVI, merecen unos minutos de atención por sus líneas.

LA CASA DE LA SIRENA *es una de las numerosas viviendas solariegas de fachadas blasonadas con que cuenta Castuera. Bajo estas líneas, hornacina con la imagen de Santa Ana en el barrio del Cerrillo de esta misma población.*

EL CANCHO RUANO, *en Zalamea de la Serena (sobre estas líneas y arriba, a la derecha), es un enorme monumento funerario romano (de 23,3 metros de altura), con dos plantas, único en la Península.*
A la derecha, la casa de Pedro Crespo, protagonista de una obra de Calderón.

LA ERMITA DE SANTA PRISCILA, *en Zalamea de la Serena, construida en el siglo XV en estilo gótico tardío, está actualmente abandonada.*
A la derecha, monumento en recuerdo del célebre dramaturgo Calderón de la Barca, que ambientó una de sus obras en esta población.

LA CUNA DE LA PRIMERA GRAMÁTICA CASTELLANA

Al sudoeste de Castuera, por la Ex-413, se llega a la localidad de **Malpartida de la Serena** (831 hab.) fundada tras la reconquista. Merece la pena detenerse unos minutos para visitar la **iglesia de Nuestra Señora de la Asunción** (siglo XVI), con el escudo de la orden de Alcántara en su fachada, y una torre de estilo clasicista.

Por la Ex-413, muy cerca a 13 km al sudoeste de Castuera, se encuentra la población de **Zalamea de la Serena** (4.348 hab.) en terrenos regados por el río Ortiga.

Conserva en su vecindad restos históricos de gran valor arqueológico, tales como, diversos **dólmenes**, entre ellos el **tortero de la Vieja**; o el famoso santuario prerromano de Cancho Ruano. Durante la dominación romana se llamó *Julipa* o *Ilpa Menor*, municipio que obtuvo el privilegio de acuñar su propia moneda. Tras la conquista árabe recibió su nombre actual. Tomada por don Pedro Yáñez, maestre de la orden de Alcántara, quedó en manos de la misma y se convirtió en arciprestazgo.

En el siglo XV se fundó en ella la Academia Literaria, donde Elio Antonio de Nebrija (1441-1522), humanista y gramático, escribió su *Gramática de la lengua castellana* (1492), el primer intento de reducir a reglas una lengua romance.

El **castillo** (siglo XV), construido sobre una vieja fortaleza árabe, presenta planta cuadrangular, con la torre del homenaje del tiempo de Carlos I. En este castillo estuvo el palacio del último maestre de la orden de Alcántara, don Juan de Zúñiga; así como, la célebre Academia Literaria.

La **iglesia de Nuestra Señora de los Milagros** (siglo XIII), reedificada en el siglo XV, conserva escasos restos de su fábrica original. En su interior destacan tres capillas de estilo gótico. Según dicen los propios habitantes, que siguen la tradición, todavía se conserva la **casa de don Pedro**

Crespo, protagonista de la obra de Calderón de la Barca, *El alcalde de Zalamea*, representada por el pueblo en verano. Un **monumento a Calderón** recuerda su célebre obra.

El **convento de las Concepcionistas** (siglo XVII) muestra, en la **capilla del Cristo de la Quinta Angustia**, con cúpula, un artesonado, bellos mosaicos y una imagen de Cristo (siglo XVII), obra de Francisco de Mora.

La **ermita de Santa Priscila** (siglo XV), de estilo gótico, está abandonada. Por último, hay que citar el **Cancho Ruano** (siglo VI a.C.) que hasta el siglo V continuó en servicio para incinerar a grandes personalidades.

Se trata de un gran dístilo, de 23,30 metros de altura, monumento funerario único en la Península Ibérica que, en 1931, fue declarado monumento histórico. Consta de dos plantas, habitaciones, almacén, necrópolis y santuario de ofrendas. Durante los trabajos de excavación se descubrieron importantes objetos, entre ellos, calderos etruscos, escarabajos egipcios, pendientes de oro, fíbulas, etcétera. Según el profesor Maluquer corresponde al estilo sirio y lo construyeron buscadores de metales.

■ Los canteros de Quintana de la Serena

Al norte de Zalamea, por la Ex-4.211, aparece **Quintana de la Serena** (5.405 hab.) cuyos orígenes remotos, como en otros tantos sitios, quedan registrados en las **pinturas rupestres** de la **cueva de San José**. De la presencia romana conserva el recinto fortificado de **El Hijovejo** (siglo II a.C.). Después pasó a poder de los árabes y, más tarde, a la orden de Alcántara. Quintana, famosa por sus canteros y su industria del granito, conserva en su casco viejo numerosos edificios donde la piedra granítica juega un papel importante, principalmente a la hora de decorar las fachadas y alzar las fábricas. Además, se tallaron en granito los numerosos blasones que dejan constancia de la hidalguía de la ciudad.

El Hijovejo *(izquierda) es un recinto romano en Quintana de la Serena. Arriba, otra joya de la localidad, la casa prioral de la orden de Alcántara.*

Quintana de la Serena *se ha hecho famosa por sus prestigiosos canteros y su industria del granito. En su casco antiguo pueden verse muchos edificios en los que predomina este material, también presente en los abundantes blasones tallados que reflejan la hidalguía de la ciudad. Bajo estas líneas, el campanario de la iglesia de Nuestra Señora de los Milagros, también en Quintana.*

LA IGLESIA DE NUESTRA SEÑORA *de la Asunción, en Campanario, se levantó en el siglo XV. A la derecha, vista de Magacela, una villa muy rica en cereales. Junto a estas líneas, placa al descubridor Pedro de Valdivia, en Campanario.*

EL CASTILLO DE MAGACELA *fue edificado en el siglo XIII sobre varias construcciones anteriores. El recinto amurallado alberga la iglesia de Santa Ana, la primera parroquia local, con portada mudéjar y una bella pila bautismal.*

La **iglesia de Nuestra Señora de los Milagros** datada del siglo XV, restaurada en el siglo XIX, tiene bóveda, coro, cúpula sobre pechinas y un Cristo de la misericordia.

La **ermita de los Mártires** (siglo XVI), de reducidas dimensiones, conserva sólidos muros de piedra y mampostería. Entre los edificios civiles destacan el **Ayuntamiento** (siglo XVI), antigua cárcel; la **audiencia** y la **casa prioral de la orden de Alcántara**.

■ CAMPANARIO Y MAGACELA

Al nordeste de Quintana se encuentra la población de **Campanario** (5.722 hab.), de origen romano aunque alcanzó su importancia en la Edad Media gracias a los caballeros de Alcántara que la integraron en la Real Dehesa de la Serena.

En el casco urbano se descubre un núcleo de edificios alzados con mampostería encalada y granito, dos elementos claves en esta zona. Además, hay numerosas **casas blasonadas** que hablan del pasado hidalgo de la villa. La **iglesia de Nuestra Señora de la Asunción** (siglo XV) muestra el escudo del gran maestre de la orden de Alcántara, don Juan Zúñiga. Junto a ella se alza el **convento de las Clarisas** que luce en su fachada el escudo de la orden de San Francisco.

El **convento de los Franciscanos** (siglo XVI) y la **ermita de Nuestra Señora de la Piedra Escrita**, con inscripciones latinas en la puerta y en la pila bautismal, y una talla de la Virgen (siglo XIII), completan la visita.

Al oeste de Campanario, por la Ex-4211, se encuentra el desvío que conduce a Magacela (751 hab.), en la falda de una colina rocallosa, en terrenos bañados por los ríos Molar y Ortiga. Una crónica de principios del siglo XX la definía en estos términos: *Las calles de la villa están en pendiente, y sobre las peñas del cerro se alza un montón de ruinas que fue castillo.*

Para los expertos, se trata de uno de los asentamientos más antiguos de la zona. Su nombre deriva, posiblemente, del romano *Magna Cella* ("gran despensa") por la riqueza de sus campos de cereales. Cerca de la villa se conserva un magnífico **dolmen**.

Durante el siglo XIII Fernando III la conquistó a los árabes y, posteriormente, la puso bajo la tutela de la orden de Alcántara a cambio de la ciudad de Trujillo.

El **castillo**, del siglo XIII, se eleva sobre varios monumentos antiguos, entre ellos, una citania ibérica, una villa romana y una fortaleza almohade. Entre los años 1230 y 1240, se convirtió en casa prioral de la orden de Alcántara. Dentro de su recinto puede visitarse la **iglesia de Santa Ana**. Ésta fue la primera parroquia de Magacela, construida sobre la antigua mezquita. En su exterior presenta una portada mudéjar y, en su interior, conserva una pila bautismal datada del siglo XIII.

La **ermita de San Antonio** y la **ermita de los Remedios**, del siglo XVI, que fue un antiguo templo del convento de Alcántara con la tumba de su fundador, don Bravo de Laguna, completan el abanico de los puntos de máximo interés.

La Haba y Don Benito

Después de pasar la población de **La Haba**, que cuenta con 1.491 habitantes, fundada durante el siglo XIV con el nombre de Aldehuela por el gran maestre don Gonzalo Pérez Gallego, y tras contemplar la **iglesia de San Juan Bautista**, con planta de cruz latina y una talla policromada de la venerada Virgen riojana de Valvanera del siglo XVI, la Ex-4.211, en dirección noroeste, conduce a **Don Benito** con 24.305 habitantes, cuyos orígenes se remontan al siglo XV.

Debe su nombre a un poderoso hacendado que en el año 1469 cedió numerosos terrenos a los habitantes de Don Llorente –localidad que fue destruida por las inundaciones del río Guadiana– y a los vecinos de Medellín, cansados de la odiosa tutela del conde homónimo, para construir un nuevo pueblo.

Entre los años 1469 y 1473 quedó completado el mismo.

Varios vestigios prehistóricos *confirman que Magacela es uno de los asentamientos más antiguos de la zona. Abajo, fuente central en la plaza de España de Don Benito.*

La iglesia de Santa María, *en Don Benito, es una hermosa construcción neorrománica del siglo XIX. El elemento más destacado que puede contemplarse en su interior es el coro alto, del que parten las tribunas de balcones y escaleras de caracol. A pie de página, la ermita de Nuestra Señora de la las Cruces, también en Don Benito. Una vez más, se trata de una obra de estilo neorrománico, aunque datada del siglo XVII.*

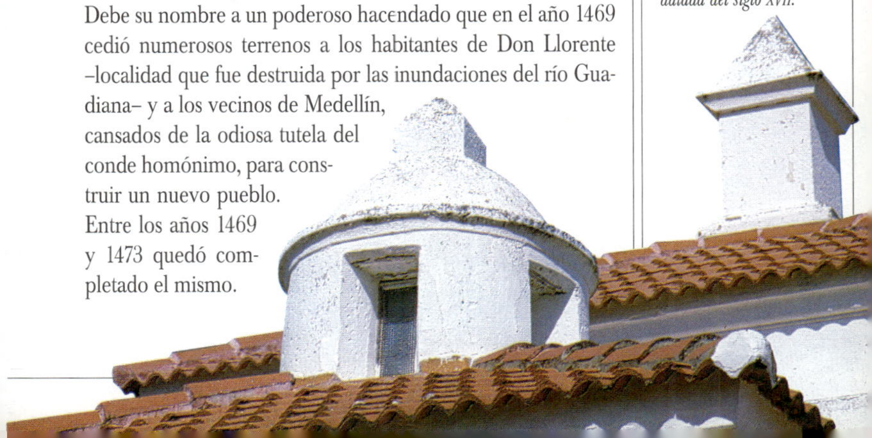

LA ERMITA DE LA VIRGEN *de las Cruces (junto a estas líneas, un detalle exterior), en Don Benito, es una obra del siglo XVII, en la que sobresale el espectacular altar barroco (derecha).*

EL CASTILLO DE MEDELLÍN *(abajo y a pie de página) es de origen romano, aunque fue reedificado en el siglo XIV por el infante Sancho de Castilla. Se trata de uno de los castillos mejor*

conservados de toda España. Consta de dos recintos, divididos a su vez en otros dos por una muralla transversal. Incluye, también, una gran torre del homenaje de planta cuadrada.

En 1614 contaba ya con 8.000 almas. En 1707, durante la Guerra de Sucesión, permaneció fiel a Felipe V y aportó al ejército real 300 hombres; en agradecimiento, el 13 de junio de 1735, el rey le otorgó el título de villa.

Durante la Guerra de la Independencia fue saqueada por los franceses tras la derrota de Medellín. En 1828 se convirtió en cabeza de un partido judicial y, en 1845, la reina Isabel II le otorgó el título de ciudad.

La **iglesia de Santiago** (siglo XVI) presenta tres naves con una capilla lateral, de las varias que tuvo. Destacan sus arcos góticos apuntados y los contrafuertes exteriores. En su campanario ostentó las estatuas de don Benito y su mujer, los fundadores de la villa, destruidas tras un hundimiento.

La **iglesia de Santa María** (siglo XIX), neorrománica, muestra un hermoso coro alto de donde parten las tribunas con balcones y escaleras de caracol. La **iglesia de San Juan Bautista** (XIX) corresponde al mismo estilo. La **iglesia de San Sebastián** (siglo XIII), en el barrio del mismo nombre, consta de una nave de tres tramos, presbiterio y coro alto.

El **hospital de San Antonio** datado del siglo XX, muestra una capilla neorrománica. El **convento de las Carmelitas Descalzas** (siglo XIX) merece citarse por una curiosidad relacionada con el mundo del cine. En el presbiterio se conserva el Cristo de la famosa película *Marcelino, pan y vino.* Por último, hay que mencionar también la **ermita de Nuestra Señora de las Cruces** (siglo XVII), neorrománica, con un altar barroco.

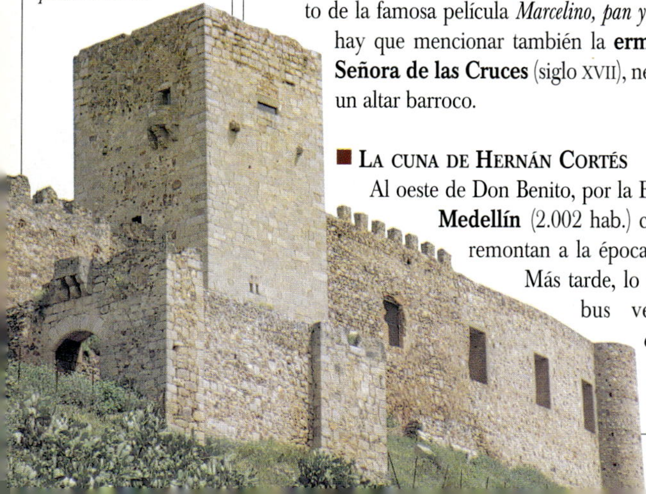

LA CUNA DE HERNÁN CORTÉS

Al oeste de Don Benito, por la Ex-520, se llega a **Medellín** (2.002 hab.) cuyos orígenes se remontan a la época de los tartesios. Más tarde, lo ocuparon las tribus vetonas que se enfrentaron a los romanos. La villa actual se co-

rresponde con la romana *Cecilia Metellina*, fundada en honor de Quinto Cecilio Metelo de quien tomó nombre. En el siglo XV nació en Medellín el conquistador Hernán Cortés (1485-1547) que, en 1504, se alistó en la expedición de Quintero y se estableció en La Española. Participó en la conquista de Cuba (1511) y, en 1519, partió hacia México, país que conquistó tras numerosas vicisitudes y masacres. En 1528, debido a su brutalidad con la población india y a las interminables disensiones con Narváez y Velázquez, el Consejo de Indias lo destituyó y le concedió el marquesado del valle de Oaxaca. En los alrededores de Medellín, durante la Guerra de la Independencia de 1808, tuvo lugar la célebre batalla de su mismo nombre.

El **castillo** (siglo XIV), conserva parte de la barbacana, muestra cuatro puertas, cuatro cubos, dos torres y un aljibe, todo en estado de semiabandono. De la **iglesia de Santa María del Castillo**, dentro del recinto amurallado, sólo quedan restos de un muro. La **iglesia de Santiago** (siglo XIII), sobre la escena del antiguo teatro romano, presenta sillares góticos y portadas renacentistas. La **iglesia de San Martín** (siglo XIII) conserva la **capilla del Cristo de la Misericordia**, barroca. En esta iglesia recibió las aguas bautismales Hernán Cortés.

También destaca el **puente sobre el Guadiana**. La urbanización de la **plaza del Ayuntamiento** motivó el derribo de la **casa natal de Hernán Cortés,** de la que se conserva un dintel. En los alrededores hay restos de la **calzada romana**.

EN LA IGLESIA DE SAN MARTÍN *de Medellín, del siglo XIII, fue bautizado uno de los grandes conquistadores españoles, Hernán Cortés, que nació en esta localidad en el año 1485.*

LA IGLESIA DE SANTIAGO *(arriba) se edificó sobre el escenario del antiguo teatro romano de Medellín. Fue levantada en el siglo XIII y combina sillares góticos con portadas de estilo renacentista. A la izquierda, panorámica del puente sobre el Guadiana. Abajo, monumento a Hernán Cortés, el más famoso medellinense.*

ORELLANA LA VIEJA, *localidad situada a orillas del embalde de Orellana, conserva los restos del palacio-castillo de los Beljida. Junto a estas líneas, la ermita del Cristo del Santo Sepulcro; y, a la derecha, la iglesia de Nuestra Señora de la Asunción, ambas en Villanueva de la Serena.*

VILLANUEVA DE LA SERENA, *que en el siglo XIII era tan sólo una aldea llamada Alaueva, cuenta con un rico patrimonio histórico-artístico.*

■ VILLANUEVA DE LA SERENA

Al oeste de Don Benito se encuentra **Villanueva de la Serena** (18.794 hab.), uno de los principales núcleos de la comarca, cuyos orígenes se remontan al siglo XIII cuando se conoció con el nombre de Aldeanueva. Sin embargo, no muy lejos, en la confluencia del Guadiana con el Júcar, se descubrieron restos de una población romana que algunos autores identifican con la antigua *Vesti* y otros con *Interamnium*, citada en una lápida de Mérida.

En el siglo XIV recibió el título de villa y pasó a llamarse Villanueva. En el XV se instaló en ella un priorato de la orden de Alcántara y recibió el nombre de Villanueva de Lares y, después, el de Villanueva de Magaceda. A partir de 1600 se conoció con el nombre actual. Durante años, en Villanueva se reunió el Honrado Consejo de la Mesta. En el siglo XIX, durante el reinado de Isabel II, recibió el título de ciudad.

Entre los edificios destacan el **Ayuntamiento** (siglo XVI), antigua **casa capitular**, con dos plantas, fachada de piedra y tres arcos de medio punto sobre columnas jónicas. Decora el conjunto un escudo con el lema *Puerta de la Serena.*

Frente al mismo se alza la **estatua de don Pedro de Valdivia**, conquistador de Chile que murió en Tucapel a manos de los araucanos.

En la **iglesia de Nuestra Señora de la Asunción**, herreriana, se conservan la imagen de la Virgen de la Soledad, un Jesús Nazareno de Eduardo Pino, un Cristo de la pobreza de Gabino Amaya y una Virgen de los dolores de Mariano Benlliure. El **monasterio de San Benito** o **casa prioral** (siglo XVII) alberga un cuadro de *La Sagrada Familia*, pintado por Luis de Morales. Cerca del monasterio, la **ermita del Cristo del Santo Sepulcro** muestra un escudo de la casa de Austria.

La **ermita de Santiago** (siglo XVI), patrono de la ciudad; y la **ermita de Jesús Nazareno**, con inscripción y escudo, completan los edificios de interés.

■ Orellana la Vieja y el embalse de Orellana

Al este de Villanueva, **Orellana la Vieja** (3.835 hab.), antiguo señorío de don Juan de Camara (siglo XIII), a orillas del **embalse de Orellana**, ofrece paisajes dominados por las grandes dehesas características de esta zona con numerosos alcornoques, encinares, olivos y matorral. En el pueblo se conservan restos del **palacio-castillo de los Beljida** y la **iglesia de la Inmaculada Concepción** (siglo XVI) con cubierta de madera, torre y portada de medio punto.

■ Navalvillar de Pela

Al este de Orellana, en la linde de la N-430, surge **Navalvillar de Pela** (4.299 hab.), en un llano, al final de las estribaciones de la **sierra de Pela**. No muy lejos, hay restos romanos de la ciudad de *Lacipea*. La **iglesia de Santa Catalina** (siglo XVIII), con torre separada; y la **ermita de la Caridad** (siglo XVII), con cúpula y portada adintelada, es cuanto ofrece la villa.

Navalvillar de Pela, *situado en un llano de las Vegas Altas del Guadiana, está rodeado de encinares, campos de cereales y pastos.*

La iglesia de Santa Catalina *(bajo estas líneas, una vista de su fachada principal) fue erigida en Navalvillar de Pela en el siglo XVIII. En esta villa también destaca otro edificio religioso, la ermita de la Caridad, del siglo XVII, con cúpula y portada adintelada.*

Ruta 8
De Logrosán a Navalmoral de la Mata
Cáceres

NUESTRA SEÑORA DE LAS ANGUSTIAS *(arriba) es una ermita situada en Almaraz. Sobre estas líneas, puente sobre el río Almonte, (siglos XV-XVII), en la localidad de Jaraicejo. Abajo, la ermita de Nuestra Señora del Consuelo de Logrosán. A pie de página, detalle del vía crucis de Valdelacasa de Tajo.*

Las Villuercas, los Ibores y el parque de Monfragüe

Las comarcas de las Villuercas y los Ibores combinan los grandes valles con serranías (rara vez superan los 1.200 metros de altitud) pobladas de encinas, alcornoques, robles y castaños, y extensas masas de brezos, jaras y monte bajo donde la fauna encuentra refugio. Además, la arquitectura presenta unas características propias al haberse utilizado para la construcción los materiales naturales de la zona. Casas de poca altura, con chimeneas de bellas formas, configuran el urbanismo de los Ibores, mientras que en las Villuercas aparecen construcciones de dos pisos levantadas con pizarra y madera de castaño. Por último, se visita el Parque Natural de Monfragüe, que conserva, como pocos lugares, un ecosistema de bosque mediterráneo con una biodiversidad que favorece la reproducción de más de doscientas especies de vertebrados.

De Guadalupe la Ex-401 permite acceder a **Logrosán** (2.618 hab.), famosa por sus minas de estaño y fosforita (cerradas), patria chica del teósofo don Mario Roso de Luna, esoterista y descubridor de un planeta que lleva su nombre, y del médico Juan Sorapán de Rieros (siglo XVII) autor del libro *Medicina española contenida en proverbios vulgares de nuestra lengua* (Granada, 1616), obra posiblemente inspirada cuando actuó de familiar de la Inquisición en Llerena y Granada.

La **iglesia de San Mateo** (siglo XV), de orígenes góticos, muestra elementos renacentistas, principalmente en la bóveda que cubre la planta semicircular de la capilla, gracias a la intervención de Pedro de Ibarra. Además, en su interior se conserva una escultura de la Virgen con el Niño (siglo XIII), protogótica, que corresponde a la patrona de Logrosán, la Virgen del Carrascal.

En la **plaza del Ayuntamiento** se pueden contemplar hermosos soportales con galerías de arcos de medio punto y, en su vecindad, varias **casas señoriales** con bellas fachadas blasonadas (siglos XV-XVI).

En las afueras se puede visitar la **ermita de Nuestra Señora del Consuelo**, barroca, y en el **cerro de San Cristóbal,** restos de algunos asentamientos de la Edad del Bronce y del Hierro.

EN LA PLAZA DEL AYUNTAMIENTO *de Logrosán se pueden contemplar hermosos soportales con galerías de arcos de medio punto y, en su vecindad, varias casas señoriales con fachadas blasonadas. Bajo estas líneas, detalle de la ermita barroca de Nuestra Señora del Consuelo. Abajo, a la izquierda, detalle del interior de la ermita.*

LA PLAZA DEL AYUNTAMIENTO *(a la izquierda de estas líneas) de Torrejón el Rubio, localidad cuyos orígenes se remontan a la Prehistoria, como demuestran algunos hallazgos.*

Detalle escultórico de la iglesia de San Juan Bautista de Berzocana, edificio del siglo XVI, de grandes proporciones.

De los cultivos de cáñamo

Al nordeste de Logrosán, por la carretera de Guadalupe, se llega a **Cañamero** (1.992 hab.), que ocupa las estribaciones de los cerros Castillo y Tomelloso, famoso por sus vinos claretes de alta graduación (14°). Su nombre deriva de los cultivos de cáñamo que florecieron en otro tiempo. Sus orígenes son antiquísimos, como se deduce de la presencia humana en abrigos cercanos al río Ruecas donde abundan las **pinturas rupestres**.

En el casco urbano se alza la **iglesia de Santo Domingo de Guzmán**, con fábrica de mampostería, tres naves, arquería de medio punto y una magnífica torre con un templete hexagonal de estilo barroco.

En la **ermita de Belén**, medieval, se conserva una talla policromada de Nuestra Señora de Belén, patrona de Cañamero, de origen medieval.

SANTO DOMINGO DE GUZMÁN, *iglesia ubicada en Cañamero (en las imágenes superiores, detalle de la portada y vista del interior). Sobre estas líneas y a la derecha, detalles del exterior. El templo consta de tres naves, con fábrica de mampostería y arquería de medio punto.*

Las pinturas rupestres de Berzocana

Al norte de Logrosán, por una carretera que serpentea las estribaciones de la **sierra de Guadalupe**, se llega a **Berzocana** (689 hab.), que en otros tiempos recibió el nombre de Berzocana de San Fulgencio al custodiarse el cuerpo del santo, y también el de Santa Florentina, en su iglesia parroquial. Durante años dependió de Trujillo hasta que recibió el título de villa (siglo XVI) de manos de doña Juana y don Carlos. Los asentamientos, como en otros muchos lugares, se remontan a la prehistoria como demuestran los numerosos abrigos con **pinturas rupestres** (cuevas de los Morales, los Cabritos, Canchos de las Sabanas, y otras). En la zona se han descubierto también restos prerromanos, de la Edad del Bronce, y el famoso tesoro de Berzocana (siglo VIII a.C.), hallado, a mediados del siglo XX, por un pastor que transitaba con su ganado. Expuesto en el Museo Arqueológico Nacional, está compuesto por collares de oro.

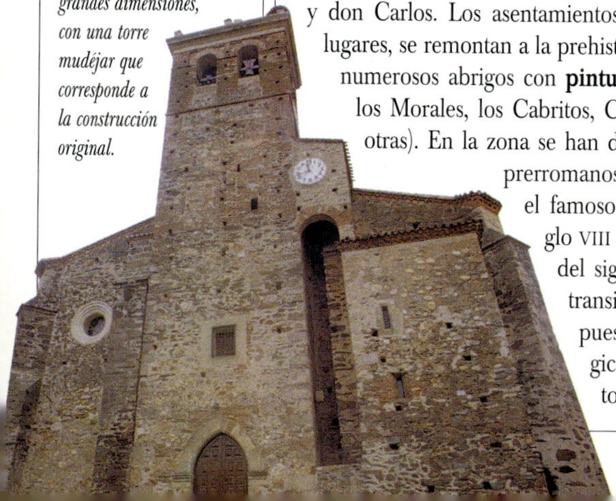

LA IGLESIA DE SAN JUAN BAUTISTA, *del siglo XVI, es un edificio de grandes dimensiones, con una torre mudéjar que corresponde a la construcción original.*

Además, han aparecido en la zona varias **necrópolis romanas** que demuestran la importancia de Berzocana en aquellos tiempos. En un casco urbano, repleto de lajas de pizarra, se alza la **iglesia de San Juan Bautista** (siglo XVI), de grandes proporciones, con una torre mudéjar que corresponde a la fábrica original. El resto obedece a una ampliación del siglo XVI. Consta de tres naves, bóveda de crucería y dos portadas renacentistas (siglo XVI). En la **capilla de los Santos** (siglo XVI) están las reliquias de san Fulgencio (siglo VII), obispo de Écija, y su hermana Santa Florentina, trasladados desde la iglesia sevillana de San Juan de Palma durante la invasión árabe. Además, la iglesia alberga una placa gótica (siglo XVI), procedente de un tríptico, y una cruz procesional (siglo XVI).

Cerca del cancho del Reloj

Al norte de Berzocana, en las estribaciones de la **sierra de Ortijuela**, está la poblacilón de **Solana** en cuyos alrededores se sitúa el **cancho del Reloj** un abrigo con **pinturas rupestres** de la Edad del Bronce. Más interesante resulta la **iglesia de San Miguel Arcángel** que data del siglo XVI, con una fábrica de mampostería y sillares, una torre y un interior con cubierta de entramado de madera a dos aguas.

Cerca de Solana el teósofo Roso de Luna descubrió, en 1898, una estela de pizarra con la figura de un guerrero que se conserva en el Museo Arqueológico Nacional de Madrid.

Al norte de Solana

Al norte de Solana, por una carretera que circula entre las cuencas de la **garganta de Santa Lucía** y el río Berzocana, se llega a **Cabañas del Castillo** (33 hab.). Rodeada de huertas y olivos llama la atención su emplazamiento al pie de un abrupto roquero donde se alzan los restos del **castillo** (siglo XIV) que perteneció a la familia Álvarez de Toledo y después al duque de Frías. Conserva restos de sus murallas y

El interior de San Juan Bautista, *de Berzocana (arriba, a la izquierda, y sobre estas líneas), es impresionante por la amplitud de sus tres naves y por su bellísima bóveda de crucería. El templo, del siglo XVI, posee también dos portadas renacentistas y una torre mudéjar. Al lado, soportales del Ayuntamiento de Berzonaca.*

Iglesia de San Miguel Arcángel *de Solana (arriba), con fábrica de mampostería y sillares. Sobre estas líneas, vista parcial de Solana. Abajo, rollo de Cabañas del Castillo.*

NUESTRA SEÑORA DE LA ENCARNACIÓN *de Retamosa es una iglesia datada del siglo XV (a la derecha, vista general). Posee una interesante portada occidental, realizada en estilo mudéjar a base de ladrillo enjalbegado (sobre estas líneas, un detalle).*

la torre del homenaje de planta cuadrada. La **iglesia de Nuestra Señora de la Peña**, con fábrica de mampostería y ladrillo, tiene portada de estilo mudéjar con arco canopial que recuerda la influencia mudéjar del monasterio de Guadalupe.

DE RETAMOSA A ROBLEDOLLANO

Al norte de Cabañas del Castillo, en plena **sierra de las Villuercas**, se encuentra la localidad de **Retamosa**, cuyo caserío está dominado por un paisaje de excepción. Merece detenerse unos minutos para contemplar algunas **casas indianas**, que reproducen los modelos barrocos del Nuevo Mundo, y la **iglesia de Nuestra Señora de la Encarnación**, con portada de estilo mudéjar.

Al norte de Retamosa, en la **sierra de las Villuercas**, aparece Robledollano, que en otros tiempos recibió el nombre de Medio Robledo por repartirse su término entre **Deleitosa** y Cabañas del Castillo. El viajero puede detenerse unos minutos para contemplar su **iglesia**, de una sola nave, armazón de madera y fábrica de mampostería y ladrillo. En el altar se conserva la decoración de azulejos de estilo Talavera.

ROBLEDOLLANO *(en ambas imágenes superiores). Abajo, a la derecha, detalle del rollo de la localidad de Deleitosa. En la imagen inferior, Robledollano, caserío situado en la sierra de la Villuercas, antiguamente conocido con el nombre de Medio Robledo por el hecho de pertener en parte a Deleitosa y en parte a Cabañas del Castillo.*

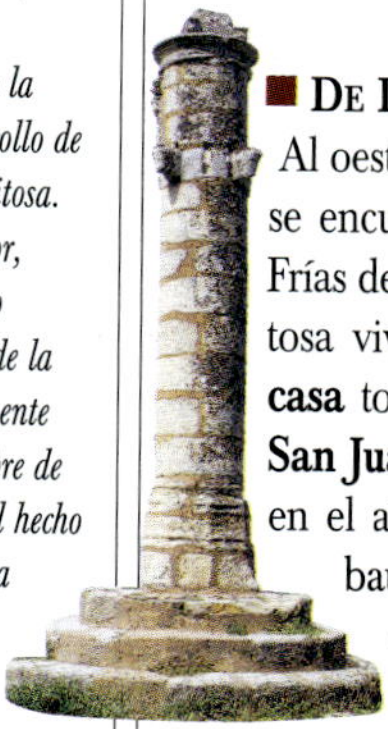

DE DELEITOSA A CASTAÑAR DE IBOR

Al oeste de Robledollano, en la **sierra de Rocacastaño**, se encuentra Deleitosa, que perteneció a los duques de Frías de los cuales se conserva su **casa-palacio**. En Deleitosa vivió algún tiempo San Pedro de Alcántara, cuya **casa** todavía se mantiene en pie. Destaca la **iglesia de San Juan Evangelista**, con un arco carpanel enmarcado en el alfiz de la portada, cubierta de crucería, una pila bautismal trabajada en granito y un Cristo crucificado. Al este de Robledollano, a orillas del río Ibor, está **Castañar de Ibor**, cuyos orígenes se re-

montan a la Edad Media, a los tiempos de la Mesta, cuando se crearon centros de reposo para los pastores y rebaños de la trashumancia. Hace medio siglo se descubrió en la vecindad de Castañar la **cueva de la Cruz,** en cuyas entrañas encierra estalagmitas, estalagtitas y un lago interior. En la villa se encuentra la **iglesia de San Antonio Abad** (silgo XVI) con un altar decorado con azulejos de Talavera y un retablo barroco. El **puente medieval**, de un solo ojo y 15 metros de altura, lo construyó el Honrado Consejo de la Mesta para permitir el paso de los rebaños al otro lado del río Ibor. En la **tasca del Tío Paco** hay un pequeño **museo etnográfico** con objetos de la cultura tradicional de la comarca. Además, como hitos de la historia perviven la **torre de los Moros** y la **Herrería**, una antigua fábrica de aperos de labranza.

Los quesos y bordados de Navalvillar de Ibor

Al sur de Castañar, una carretera zigzagueante permite acceder a la población de Navalvillar de Ibor con 573 habitantes, sobre el río que le da nombre, en una estribación de la **sierra de las Villuercas**, y es famoso por sus quesos y bordados tipo lagarterano. El caserío presenta bellos ejemplos de arquitectura popular. La **iglesia** tiene bóveda de crucería y un interesante **retablo** gótico. Al norte de Castañar de Ibor, en un valle regado por el río Ibor, rodeado de sierras, está **Fresnedoso de Ibor** con una **iglesia** de elementos góticos y barrocos.

CASTAÑAR DE IBOR *(izquierda) se distingue por su arquitectura popular, conocida en toda la comarca. Bajo estas líneas, detalle de la iglesia de San Antonio Abad de Castañar.*

NAVALVILLAR DE IBOR *(izquierda) está situada sobre el mismo río Ibor y en una de las laderas de la sierra de las Villuercas. Cuenta con una destacada arquitectura popular en sus caseríos. Sobre estas líneas, la tasca del Tío Paco, en Castañar de Ibor, que alberga un pequeño museo etnográfico.*

EL CASERÍO DE NAVALVILLAR DE IBOR *presenta bellos ejemplos de arquitectura popular (arriba, detalle de la ventana de una vivienda típica de la población).*

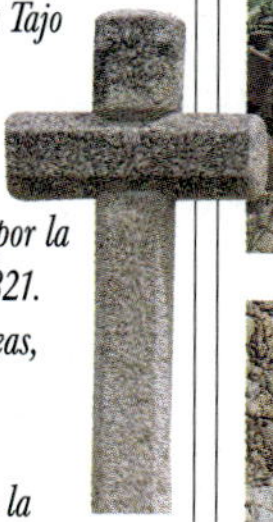

EL VÍA CRUCIS de Valdelacasa de Tajo se encuentra cerca de la ribera del río y fue costeado por la vecindad en 1821. Sobre estas líneas, detalle de una escultura prerromana en la localidad. A la izquierda de estas líneas, detalle de arquitectura popular de Garvín y vista parcial de la carretera que lleva hacia Peraleda de San Román.

IGLESIA DE SAN JUAN BAUTISTA de Peraleda de San Román (arriba), del siglo XVI, con fábrica de mampostería y sillares. Abajo, campanario de la iglesia de Nuestra Señora de la Asunción de Valdelacasa de Tajo, templo con elementos exteriores platerescos y barrocos.

UNA COLONIA DE BUITRES

Valdelacasa de Tajo (618 hab.) es una población famosa por su colonia de buitres y se encuentra cerca de la ribera del río. El pueblo conserva un **vía crucis**, costeado por la vecindad en 1821, donde se celebran procesiones en Semana Santa y durante las Cruces de Mayo.

La **iglesia de Nuestra Señora de la Asunción** datada en los siglos XVII-XVIII, muestra en el exterior, diferentes elementos platerescos y barrocos, entre ellos un pórtico de arcos carpaneles entre semicolumnas. El interior ha sido muy reformado tras sufrir un incendio durante la Guerra Civil de 1936-1939. Muy cerca de la villa quedan las ruinas del **castillo de Espejel**, árabe, y la **ermita de Santa Ana** del siglo XVIII, con una decoración con tendencia barroca.

GARVÍN Y PERALEDA DE SAN ROMÁN

En las laderas de la **sierra de Valdelacasa** y en la ribera del Tajo, se encuentra **Garvín** con 119 habitantes. El pueblo es un caserío de arquitectura popular que alberga la **iglesia de Nuestra Señora de la Asunción** (siglo XVI), con bóveda de crucería y planta rectangular. Al noroeste de Garvín, **Peraleda de San Román** (456 hab.) conserva la **iglesia de San Juan Bautista** (siglo XVI) con una fábrica de mampostería y sillares. En su interior guarda algunos retablos de interés, principalmente el mayor, de estilo clasicista.

El embalse de Valdecañas
(izquierda) represa las aguas del Tajo. Abajo, soportales con arcos nuevos de la plaza Mayor de Bohonal de Ibor.

Un pueblo famoso por sus sillas

En la vecindad del **embalse de Valdecañas**, que represa las aguas del Tajo, **Bohonal de Ibor** (620 hab.) –muy famosa por sus artesanos que tejen sillas de anea– conserva un caserío de arquitectura popular.

Destaca la **plaza Mayor,** con soportales construidos en ladrillo y arcos de medio punto que obligan a pensar en influencias mudéjares. La **iglesia de San Bartolomé** datada en los siglos XVII-XVIII y modificada tras una restauración muy discutida, conserva un artesonado mudéjar decorado con inscripciones romanas. La pila bautismal y algunas imágenes y piezas de orfebrería, proceden de la iglesia de Talavera la Vieja, sumergida bajo las aguas del citado emblase.

No muy lejos de la villa se pueden visitar las ruinas de un **templo romano**, declarado monumento histórico-artístico en el año 1931, de la antigua ciudad de *Augustobriga* (Talavera la Vieja) que fueron trasladadas antes de que el embalse inundara su emplazamiento original.

Iglesia de San Bartolomé *de Bohonal de Ibor (arriba, la espadaña y pila bautismal). Abajo, detalles de la arquitectura popular de Mesas de Ibor, uno de los mayores atractivos de esta población.*

Entre encinas y alcornoques

Al sudoeste de la anterior, poco después de cruzar el río Ibor, está **Mesas de Ibor** (210 hab.), con un caserío donde la arquitectura popular muestra la mejor de sus caras. Cerca del embalse de Valdecañas, aparece rodeada de bellos paisajes donde las encinas y alcornoques proliferan en abundancia.

En las afueras, sobre una garganta del Ibor, se conserva un **puente** medieval construido por el Honrado Consejo de la Mesta para facilitar el paso de los rebaños.

En el pueblo destaca la **iglesia de San Benito Abad** (siglo XVII) con fábrica de sillarejo, una sola nave, cubierta de madera y decoración de cantería con animales y flores.

VALDECAÑAS DE TAJO *(arriba) es famosa por su colonia de buitres. Sobre estas líneas, detalle de la fuente de la Cruz de los Caídos de Almaraz. A la derecha, vista del rollo, del siglo* XV, *de esta localidad. Bajo estas líneas, la ermita de Nuestra Señora de las Angustias de Almaraz. A la derecha, detalle de una escultura contemporánea en la población.*

■ UNA COLONIA DE BUITRES

Valdecañas de Tajo (118 hab.), perteneció a los duques de Frías, ha perdido gran número de habitantes (el censo de 1920 le asignaba 314) desde los años sesenta debido a la construcción del embalse de Valdecañas que suministra agua a los cultivos de Campo Arañuelo.

En su caserío destaca la **iglesia**, con cubierta de pizarra; y, en los alrededores, la **garganta de Descuernacabras**, hábitat de gran número de aves (buitres, águilas, garzas, azores, etc), donde la Sociedad Británica de Ornitología ha instado un observatorio para su estudio.

■ AL NORTE DE VALDECAÑAS

Al norte de Valdecañas, en la carretera de Trujillo, la N-V, surge Almaraz (1.439 hab.), famosa por su central nuclear, la primera de Extremadura, cuyas dos semiesferas se dibujan en el horizonte. La población saltó a las páginas de los medios de comunicación, en agosto de 1982, al confirmarse de manera oficial la posibilidad de un escape radioactivo peligroso. Debido a esto la central redujo su producción al 50%. En 1983 se pidió el cierre de las instalaciones. Pese a la presencia de la central la villa merece unos minutos de atención para visitar la **iglesia de San Andrés** datada en el siglo XVI, con bóveda de crucería y portada renacentista de medio punto flanqueada por columnas pareadas jónicas, friso y pináculos; el **rollo** del siglo XV, un **torreón** del siglo XIV del antiguo castillo, y el **puente** del siglo XVI.

■ Casas de Miravete

Siguiendo por la N-V, poco antes del puerto de Miravete, aparece **Casas de Miravete** (169 hab.) conocida también con el nombre de Casas del Puerto de Miravete y, antiguamente, como Las Ventas de San Andrés.

Los orígenes de la población se remontan a la época árabe cuando se fundó en este lugar una aldea con el nombre de *Medina Albalat*. Conquistada por Alfonso VI, en 1084, en 1110 cayó de nuevo en manos de los árabes. En 1142 los cristianos la conquistaron definitivamente y la llamaron Campana de Albalat. La campana, institución medieval promovida por la Iglesia, tenía como finalidad atender a la población pastoril dispersa.

Entre sus lugares de interés destaca el **castillo** (siglo XVI), propiedad de la familia Zúñiga, baluarte de las tropas francesas en 1809 y de las inglesas en 1812, y la **iglesia de Nuestra Señora de la Asunción** (siglo XVII), en estado de abandono.

CASAS DE MIRAVETE *(izquierda) o Casas del Puerto de Miravete, conocida antiguamente como Las Ventas de San Andrés. Arriba, torreón, del siglo XIV del antiguo castillo de Almaraz. A la izquierda, detalle de un fragmento del muro original de la iglesia de Nuestra Señora de la Asunción de Casas de Miravete, datada del siglo XVII, pero que en la actualidad se encuentra en un triste estado de abandono.*

■ Las vistas del Puerto de Miravete

Tras pasar Casas de Miravete, la carretera enfila la subida al **puerto de Miravete** con 624 metros de altitud, ofreciendo unas vistas extraordinarias.

En 1836 cruzó este puerto el célebre escritor inglés Jorge Enrique Borrow (1803-1881), que hablaba catorce idiomas, enviado por la Sociedad Bíblica de Londres a España para difundir los textos sagrados. Como resultado de su viaje escribió *The Bible in Spain*, donde se lee: *Bajaba yo el puerto de Miravete pensando a ratos en el propósito que me había llevado a España y admirando uno de los panoramas más hermosos del mundo...*

EL PUERTO DE MIRAVETE *está situado a 624 metros de altitud y ofrece una panorámica de vistas extraordinarias (izquierda). En 1836 quedó subyugado por este espléndido paisaje el escritor inglés Jorge Enrique Borrow, un célebre políglota que hablaba catorce idiomas, enviado por la Sociedad Bíblica de Londres a España para difundir los textos sagrados. Como resultado de su viaje escribió la obra "The Bible in Spain".*

NUESTRA SEÑORA DE LA ASUNCIÓN *de Jaraicejo (arriba y a la derecha de estas líneas) es una iglesia construida por el cantero trujillano Sancho de Cabrera a instancias del obispo de Plasencia. Su aspecto exterior es sobrio, posee una sola nave con bóvedas de crucería y dos portadas renacentistas. Arriba, a la derecha, puente sobre el río Almonte, en Jaraicejo, con fábrica de sillería granítica.*

■ EL VERANEO DE LOS OBISPOS

Tras pasar el puerto de Miravete, en un desvío de la N-V, se encuentra **Jaraicejo** (692 hab.). La población fundada en época romana cerca de las vegas del río Almonte y trasladada por los árabes a su emplazamiento actual con el nombre de *Zaferecejo.* A partir del siglo XIII quedó en manos de los obispos placentinos y, desde el siglo XVI, se convirtió en su lugar de veraneo.

El **puente** (siglos XV-XVII), sobre el río Almonte, con fábrica de sillería granítica, nueve ojos, tamajares, rampa y templete de hornacinas góticas, se considera único en su género. Obra del placentino don Pedro González, fue ampliado y remodelado en tiempos de Felipe IV.

El centro de la villa lo preside la **iglesia de Nuestra Señora de la Asunción** (siglo XVI), construida por el cantero trujillano Sancho de Cabrera a instancias del obispo de Plasencia don Gutiérrez de Vargas. De aspecto exterior sobrio, posee una sola nave con bóvedas de crucería y dos portadas renacentistas.

El **convento de monjas franciscanas** (siglo XVI), se convirtió en cuartel de la Guardia Civil. En el centro de la **plaza** mana una **fuente** construida con la columna de un antiguo rollo. Enfrente está el **Ayuntamiento** (siglo XVI), con soportales de arcos de medio punto sobre columnas. Se conservan también el **palacio del Obispo** y la **casa de la Inquisición**. En las calles Talavera y del Aire se ven numerosas **casas solariegas**.

TORREJÓN EL RUBIO *cuenta con una bella iglesia (arriba) datada del siglo XV. Abajo, fuente construida con la columna de un antiguo rollo de Jaraicejo.*

■ CERCA DE LA SIERRA DE LAS CORCHUELAS

Al noroeste de Jaraicejo, a un paso de la **sierra de las Corchuelas** y del Parque Natural de Monfragüe, está **Torrejón el Rubio** (743 hab.), cuyos orígenes se remontan a la prehistoria como demuestran varias estelas funerarias y una figura zoomorfa de la Edad del Bronce.

En el siglo XIII, junto a un fortín o torreón, creció la villa actual que, más tarde, con las políticas de repoblación de Alfonso X y Sancho IV se consolidó como señorío y condado. Merecen una visita la **iglesia** (siglo XV), el **Ayuntamiento** y el llamado **cuartel Viejo**.

PARQUE NATURAL DE MONFRAGÜE *(arriba, a la izquierda), el más famoso de Extremadura, fue creado en 1979 para salvaguardar uno de los enclaves ecológicos más importantes de vegetación y fauna mediterránea. Arriba, acceso al castillo de Monfragüe.*

■ CASTILLO Y ERMITA DE MONFRAGÜE

Al norte de Torrejón el Rubio, por la Ex-524, se pasa junto al **castillo de Monfragüe** (siglo XII), construido sobre el emplazamiento de un antiguo castro reutilizado por los romanos y después por los árabes. Más tarde, quedó en manos, de la orden de Montegaudio y, en 1196, tras su disolución, paso a ser propiedad de la orden de Montfrag, cuyos caballeros trajeron de Jerusalén la imagen de una **Virgen negra**, supuestamente esculpida por San Lucas, que todavía se venera en la ermita junto al castillo.

El castillo conserva dos torres: una cilíndrica (siglo XII), de mampostería, y otra pentagonal (siglo XV). Desde ellas se contempla un paisaje soberbio, magnífico, casi único.

La **ermita de Nuestra Señora de Monfragüe** (siglo XVI) se levanta en parte sobre los restos del castillo. Miles de peregrinos acuden el primer lunes de Pascua para rendir tributo a la Virgen negra.

PUENTE SOBRE EL ARROYO DE LA VID *(arriba), en el Parque Natural de Monfragüe. Sobre estas líneas, el río Tajo, otra de las fantásticas panorámicas que ofrece el parque.*

■ VILLARREAL DE SAN CARLOS

Siguiendo por la Ex-524 en dirección norte, se llega a **Villarreal de San Carlos**, población con algunos ejemplos de arquitectura popular y varias dependencias de la Junta de Extremadura para atender las necesidades del Parque Natural de Monfragüe. Merece la pena visitar el **aula de naturaleza**, el **centro de interpretación** y un núcleo con viejos **chozos** que sirven de un acogedor albergue.

■ PARQUE NATURAL DE MONFRAGÜE

Villarreal de San Carlos da entrada al **Parque Natural de Monfragüe**, el más famoso de Extremadura, creado en 1979 para salvaguardar uno de los enclaves ecológicos más importantes de vegetación y fauna mediterránea. Recorrido por un valle que riegan el Tajo y el Tiétar, entre grandes riscos de cuarcita y pizarra, el parque conserva una vegetación única compuesta por encinas, acebuches, jaras, romeros, cantuesos y alcornoques, donde se refugia una fauna (más de 200 especies de vertebrados) representada por el buitre común, el buitre negro, el águila imperial ibérica, el águila culebrera, el búho real, el halcón común, la cigüeña negra y la nutria.

ENTRE RISCOS DE CUARCITA Y PIZARRA *el Parque Natural de Monfragüe conserva una vegetación única por donde se desenvuelven numerosos animales de diversas especies. Bajo estas líneas, entrada a una cueva, existente en el parque de Monfragüe, en la que se han encontrado interesantes pinturas rupestres.*

CONVENTO DE LAS AGUSTINAS RECOLETAS *de Serradilla (arriba, detalle del interior), cuya iglesia data del siglo XVII. Abajo, a la derecha, detalle de una escultura que decora el exterior del edificio. Bajo estas líneas, una de las calles de la localidad de Serradilla, con sus casas características pintadas de blanco.*

Además, el parque ofrece vistas fantásticas como ocurre en el famoso **salto del Gitano**, a pie de carretera y con un mirador que permite contemplar las buitreras, o el **puente del Cardenal**, en la conjunción del Tajo y el Tiétar, construido en 1450 sobre un viejo puente romano.

EL TESORO DE SERRADILLA

Al oeste de Villarreal de San Carlos, en las estribaciones de la **sierra de Santa Catalina**, se emplaza **Serradilla** (2.027 hab.) con sus casas de color blanco que flanquean la plaza donde se alza el Ayuntamiento. Sus orígenes se remontan a la época romana, como demuestra la **fuente del Campanillo**, aunque los primeros documentos escritos no aparecen hasta el siglo XIII. En la vecindad del pueblo se descubrió el famoso tesoro de Serradilla, compuesto por varias joyas prehistóricas depositadas en el Museo Arqueológico de Cáceres. La **iglesia de Nuestra Señora de la Asunción**, gótica, con añadidos barrocos, consta de tres naves con armadura de madera sustentada por arcos sobre columnas. En su interior alberga un **órgano** barroco y un **retablo mayor**, en cuya hornacina central se muestra la Virgen titular. En la iglesia del **convento de agustinas recoletas**, renacentista, se conserva una imagen del Cristo de la victoria, patrón de la villa. La comunidad custodia también una buena colección de pintura barroca.Para completar la visita se puede acudir al **Museo Etnológico** (calle Cuatro Lobos), que muestra objetos de artesanía popular y algunas antigüedades.

UN LUGAR CON BUENA VISTA

Cerca de la N-630, la antigua "ruta de la Plata", está **Mirabel** (892 hab.) o Miravel, que significa lugar de donde se goza de buena vista sobre una extensión de terreno. El pueblo se emplaza sobre un elevado cerro. La población del territorio se remonta a la prehistoria como demuestran los muchos **dólmenes** de la zona. En el siglo II la ocuparon los

cartagines y después los romanos. En época árabe quedó integrada en la taifa de Badajoz bajo el gobierno de los Beni Aftas. En el siglo XII la conquistó Alfonso VIII.

El **castillo** (siglo XVI) se alza sobre una antigua fortificación árabe del siglo X. En el siglo XV pasó a ser propiedad de don Francisco de Zúñiga, que lo acondicionó como residencia.

La **iglesia** muestra fábrica de mampostería con sillería de granito. En la capilla mayor se conserva un arco de triunfo apuntado. El **retablo mayor**, en el cuerpo superior, alberga un cuadro que representa el Corazón de Jesús (1907).

La **casa de los Marqueses** tiene sobre la puerta, con dintel de dovelas, un escudo de la familia Zúñiga. El **antiguo hospital** (siglo XVI) en el siglo XVIII abandonó sus funciones sanitarias y paso a ser cuartel de la Guardia Civil hasta la década de los sesenta. En la **plaza** se conserva un **rollo**, antiguo emblema del dominio señorial.

En Campo Arañuelo

Cerca de Navalmoral de la Mata, en la Ex-511, surge **Toril**, pequeña aldea rodeada de dehesas y praderías, en la comarca de Campo Arañuelo.

La **iglesia** (siglo XVI), de planta rectangular y una sola nave, conserva tres arcos de medio punto, dos de ellos de sillería sobre fustes de granito. En la sacristía, adosada al ala norte, se contempla una **pila bautismal** de granito labrada con diversos motivos. Como la iglesia está en ruinas, desde el siglo XVIII, el Ayuntamiento construyó en 1995 una pequeña ermita bajo la advocación de San Blas.

En los límites de la provincia de Toledo

De Toril, por la Ex-511, se llega a **Navalmoral de la Mata** (15.819 hab.), capital del Campo de Arañuelo, en los límites de la provincia de Toledo, de escaso interés arquitectónico debido a que no ha conservado su casco viejo.

Sin embargo, merece la pena visitar la **iglesia de San Andrés** (siglos XVI-XVIII), de estilo gótico-plateresco, en cuyo interior alberga un retablo renacentista, una pila bautismal y un órgano (siglo XVIII); la **iglesia de Nuestra Señora de los Ángeles** (siglo XVIII) y un **rollo**.

En las cercanías de Serradilla *se pueden contemplar vistas magníficas (arriba, a la izquierda, el río Tajo). En la imagen superior, rollo en la plaza de Mirabel. Sobre estas líneas, detalle de la ventana de la iglesia de esta misma localidad.*

Ayuntamiento de Toril *(bajo estas líneas), pequeña aldea rodeada de dehesas y praderías, en el límite ya con Toledo. Abajo, la ermita de la localidad.*

Ruta 9
De Coria a Casares de las Hurdes
Cáceres

Por las comarcas vírgenes del norte extremeño

SALTO DE AGUA, EN DESCARGAMARÍA, *un paisaje de gran fuerza y belleza. El río Árrago ha sido el principal diseñador de la estructura de esta población enclavada en la sierra.*

Estas dos comarcas extremeñas, al norte de la comunidad autónoma, en el límite, en algunas zonas, con las tierras salmantinas de Castilla y León, conservan una naturaleza poco o nada alterada por manos humanas, gracias a su situación un tanto apartada de las principales vías de comunicación. No obstante, los yacimientos de oro y estaño atrajeron desde antiguo la codicia de muchos pueblos, principalmente de Roma, que incluyó estas tierras en la provincia *Lusitana,* cuya capital *Emerita* (Mérida) estaba a más de 200 kilómetros de estos parajes.

En el punto donde convergen las carreteras 526, 511 y 512, surge **Coria** (10.187 hab.), la población más importante de las vegas del Alagón, sobre una colina que se prolonga en la llanura hacia el norte.

La antigua Coria la fundaron los romanos con el nombre de *Caurium*, palabra que para algunos deriva del celta *car* (fortaleza) y el eusquera *zuria* (blanco) de donde resultaría *Carzuria*, es decir, la fortaleza blanca. Tolomeo la cita con el nombre de *Cauria Vetona*, capital de los vetones en la antigua *Lusitania.* En época visigoda se convirtió en sede episcopal y el nombre de uno de sus obispos figura en las actas del concilio de Toledo. En el siglo VIII cayó en manos de

EL CASTILLO DE CORIA, *que data del siglo XV, se levanta sobre los restos de una antigua fortaleza templaria. Don Juan Correa empezó las obras al ceder el conde de Coria, don Gutiérrez de Solís, el señorío de la ciudad a la casa de Alba.*

los árabes que decidieron llamarla *Al-karika*. En 1191 Alfonso VIII la conquistó definitivamente a los árabes, la convirtió nuevamente en sede episcopal y construyó su catedral. Enrique IV la hizo capital de un condado en propiedad de don Guiérrez de Cáceres, y después pasó a manos de don García Álvarez de Toledo para convertirse en marquesado.

La villa ofrece un dédalo de edificios de gran interés, como el castillo, las murallas romanas y la catedral, todos declarados monumento histórico-artístico. El **castillo** (siglo XV) se alza sobre los restos de una antigua fortaleza templaria.

ORILLA DEL RÍO ELJAS *en Valverde del Fresno (izquierda). Sobre estas líneas, una de las calles de la localidad de Coria, la población más importante de las vegas del Alagón, situada sobre una colina que se prolonga hacia el norte en una ondulada llanura.*

LA VILLA DE CORIA *es un laberinto de calles y edificios de gran interés. El castillo, las murallas romanas y la catedral han sido declarados monumentos histórico-artísticos. Arriba, detalle de una calle del casco urbano.*

LAS MURALLAS DE CORIA, *de perímetro irregular, que se adapta a la orografía del terreno, mantienen en pie más de veinte torres cuadradas y cuatro puertas. Arriba y a la derecha, detalles de la puerta de San Francisco.*

En el siglo XV, don Juan Correa, empezó las obras al ceder el conde de Coria, don Gutiérrez de Solís, el señorío de la ciudad a la casa de Alba. Los sillares de granito dibujan una planta pentagonal, irregular, alrededor de la cual se alza un tambor almenado. Destaca la **torre del homenaje**, con saeteras y cornisa de bolas alojadas en falsos arquillos.

LA CATEDRAL DE CORIA, *adosada a la muralla, se alza sobre los restos de una antigua mezquita.*

LA CORIA MONUMENTAL

El paseo debe comenzar en las **murallas romanas** (siglos III-V), bello ejemplo de la arquitectura defensiva que milagrosamente ha llegado a nuestros días. Compuestas por sillares de granito en la base y mampostería y pizarra en la parte alta, conservan encastradas algunas **estelas funerarias romanas**.

Las murallas, de perímetro irregular que se adapta a la orografía del terreno, mantienen en pie más de veinte torres cuadradas y cuatro puertas: la de **la Gula**, la de **San Pedro** (ambas con la primitiva traza romana), la de **San Francisco** y la **del Sol**, las dos del siglo XVI.

La **plaza Mayor** muestra unos maravillosos balcones corridos que sirven a la vez de tribuna para las corridas de toros. El **Ayuntamiento Viejo** que data del siglo XVII, no conserva elementos de su primitiva fábrica debido a las reformas.

La **catedral de Nuestra Señora de la Asunción** (siglo XV), adosada a la muralla, se alza sobre los restos de una antigua mezquita. Las diferentes remodelaciones y reformas han convertido su fábrica en una amalgama de estilos, entre otros, gótico, renacentista, plateresco y barroco.

Conserva la **puerta del Evangelio**, gótica, obra de Martín de Solórzano, con arquivoltas, decoración calada, con lienzos de decoración plateresca donde destaca la **tribuna de las Reliquias**. La **puerta del Perdón**, plateresca, obra de Pedro de Ibarra, tiene columnas y preciosos relieves entre medallones, frisos y otros elementos renacentistas. En el interior alberga un **retablo mayor** del

siglo XVIII con imágenes de Alejandro Carnicero, la **rejería** del siglo XV, de Hugo de Ras, la **sillería del coro** del siglo XV, con fina tracería gótica; dos **órganos**, **retablos** laterales, **pinturas**, **imágenes**, objetos de liturgia, etcétera. Entre las capillas destaca la de **las Reliquias** del siglo XVIII con diversos relicarios y una arqueta de plata que, según la tradición, encierra nada más ni nada menos que el mantel de la Última Cena. En la parte de la epístola yace doña Catalina Díez, esposa de don Martín Caballero, maestro de obras que en 1487 dirigió la fachada principal. En la parte del evangelio yace don García de Galarza, obispo de Coria en tiempos de Felipe II.

El **claustro**, gótico, y la **torre-campanario**, barroca, diseñada por don Manuel Lara Churriguera, sobresalen en el conjunto. El **palacio episcopal** (siglo XVII) con portada de sillería, ocupa el lado derecho de la plaza de la Catedral. Muestra una puerta adintelada bajo un ancho friso. Adosado también a la muralla está el **palacio de los duques de Alba** (siglo XVI), renacentista, con mirador de columnas jónicas.

La **cárcel eclesiástica** (siglo XVIII), en la calle Oscura, luce en la portada el escudo del obispo don García Alvarado. El **convento de la Madre de Dios** (siglos XV-XVII) muestra su fachada a lo largo de la calle Pizarro. Además, conserva un pequeño claustro renacentista con galerías a dos niveles. En la iglesia hay retablos barrocos.

La **Iglesia de Santiago** (siglo XVI), con espadaña barroca; la **cárcel Real**, el **seminario Viejo** y la **alhóndiga** son otros de los edificios que merecen la atención del visitante. En las afueras surgen el **puente romano**, reconstruido en el siglo XVI y el **hospital de San Nicolás de Bari** (siglo XVI) con portada de pilastras toscanas.

NUESTRA SEÑORA DE LA ASUNCIÓN *tiene dedicada la catedral de Coria, una obra del siglo XV. Arriba, a la izquierda, uno de los dos órganos y las bóvedas. Arriba, la capilla de las Reliquias. Al lado, arca de plata.*

LA PUERTA DEL PERDÓN *(arriba) es plateresca y posee preciosos relieves.*

LA CÁRCEL ECLESIÁSTICA *(izquierda) muestra en la portada el escudo del obispo García Alvarado. Abajo, detalle del palacio de los duques de Alba.*

REBAÑO DE CABRAS *en Calzadilla, población situada sobre una pequeña elevación del terreno, en tierras regadas por las aguas del río Árrago, cerca del embalse de Borbollón.*

■ REGADA POR EL RÍO ÁRRAGO

Al nordeste de Coria, por la Ex-512 aparece la localidad de **Calzadilla** (577 hab.), sobre una pequeña elevación del terreno, en tierras regadas por el río Árrago, cerca del **embalse de Borbollón**, donde hay un club náutico.

Sus orígenes se remontan a la época celta como demuestra un **castro** en la **barranca del Peral**. Antiguamente se le llamó Calzadilla de la Cuesta por la calzada romana que por allí pasaba y unía Coria con Guijo. Sin embargo, otros autores señalan que su nombre deriva de una mujer árabe llamada Alexa.

■ UNA VILLA DE CASAS SOLARIEGAS

Al noroeste de Moraleja, en la **sierra de Santa Olalla**, se emplaza **Cilleros** (2.218 hab.) en medio de una campiña salpicada de encinas y viñedos que producen un vino (blanco ligero) muy popular en la zona.

La ciudad se identifica con la antigua *Cellarium* (bodega) de los romanos, aunque algunos autores discrepan e identifican esta ciudad con Ceclavín.

La villa conserva su casco viejo repleto de **casas solariegas** con fachadas blasonadas abiertas al exterior por amplios balconajes sobrevolados por aleros. Detrás del **Ayuntamiento** se alza la **casa Grande**. Más interesante resulta la visita de la **iglesia de Nuestra Señora de los Apóstoles** (siglo XVI), obra de Pedro de Ibarra, con una sola nave, armazón de madera sobre arcos y cubierta de bóveda estrellada.

NUESTRA SEÑORA DE LOS APÓSTOLES *(arriba), del siglo XVI, iglesia de una sola nave de la localidad de Cilleros. Sobre estas líneas, soportales del Ayuntamiento de esta población.*

LA VILLA DE CILLEROS *conserva su casco viejo repleto de casas solariegas (arriba, una de sus calles). A la derecha, ermita del Santo Cristo de Asonia de Calzadilla.*

■ Un museo al aire libre

Al nordeste de Cilleros, por la Ex-513 aparece **Hoyos** (1.038 hab.), antigua residencia de verano de los obispos de Coria, con un casco viejo repleto de bellas muestras de arquitectura popular y salpicado por casonas señoriales que hablan de la presencia de los obispos. Calles estrechas y empinadas, plazoletas y callejuelas convierten a Hoyos en un museo al aire libre donde abundan las portadas de medio punto, los sillares de granito, las ventanas geminadas, los balcones de forja, las molduras y demás detalles arquitectónicos.

En la **plaza Mayor** está la **iglesia de Nuestra Señora del Buen Varón** (siglos XV-XVI), declarada monumento histórico-artístico, sobre un templo anterior de la época tardorrománica cuya portada todavía se conserva. Además, en sus muros hay **estelas sepulcrales** romanas, dos puertas góticas a ambos lados, bóvedas estrelladas, una torre-campanario piramidal y un retablo (siglo XVIII) con una talla de la Virgen titular (siglo XIII).

■ Con un aire medieval

De Hoyos, en dirección a Valverde del Fresno, un desvío en la Ex-513 permite acceder a **Trevejo**, fundada en el siglo XII. Fue declarada monumento de interés artístico porque conserva su aire medieval y tradicional, tanto en las

El casco viejo de Hoyos *está lleno de bellas muestras de arquitectura popular, Antiguas casonas señoriales hablan de la presencia de religiosos de tiempos en los que la villa fue residencia de verano de los obispos de Coria.*

Nuestra Señora del Buen Varón *de Hoyos, cuenta con dos bellas puertas góticas (arriba, detalle de una de ellas). Abajo, el campanario piramidal.*

LA POBLACIÓN DE TREVEJO *(a la derecha, una panorámica), declarada monumento histórico-artístico, conserva su aire medieval y tradicional tanto en las casas de granito como en su castillo musulmán. Fue fundada en el siglo XII.*

LAS CASAS DE TREVEJO *son de granito y teja árabe, con bellos dinteles en las puertas y ventanas.*

VILLAMIEL *es un pequeño caserío de calles angosyas y empinadas.*

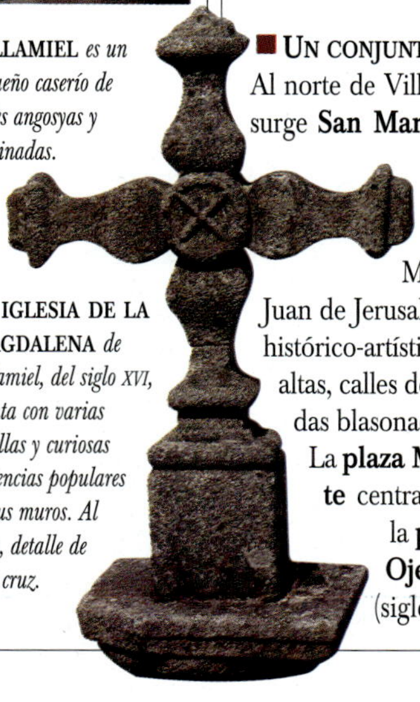

LA IGLESIA DE LA MAGDALENA *de Villamiel, del siglo XVI, cuenta con varias capillas y curiosas sentencias populares en sus muros. Al lado, detalle de una cruz.*

casas de granito y teja árabe, con bellos dinteles en las puertas y ventanas, como en su **castillo** musulmán, con murallas y torre del homenaje. En la **iglesia de San Juan**, junto al castillo, se conservan enterramientos y lápidas antiguas excavadas en la roca.

■ DAR EL *CHOQUI*

Al norte de Trevejo, por la misma carretera de acceso a este último, se llega a **Villamiel** (709 hab.), población que se encuentra en la ladera de la **sierra de la Cachaza**, para contemplar un caserío de diversas calles empinadas, casas de arquitectura popular serrana y sendos edificios de interés histórico como es el **palacio del Deán** del siglo XVII y la **iglesia de la Magdalena** del siglo XVI, con varias capillas y curiosas sentencias populares en sus muros sobre la vida y la muerte de los hombres. En Villamiel las mujeres conservan un juego popular en que intervienen dos bolas de madera de higuera (una grande y otra pequeña) y que consiste en golpear o dar el *choqui* o *toqui* con la grande a la pequeña.

■ UN CONJUNTO URBANO DE INTERÉS HISTÓRICO-ARTÍSTICO

Al norte de Villamiel, por una carretera sumamente sinuosa, surge **San Martín de Trevejo** (1.025 hab.), en la vertiente oeste del Jálama. Es de origen celta, como demuestran algunos ídolos descubiertos, aunque la villa actual se remonta a la Edad Media cuando perteneció a la orden de San Juan de Jerusalén. Su conjunto urbano, declarado de interés histórico-artístico, presenta casas de entramado, galerías altas, calles de arroyo encauzado, casas solariegas de fachadas blasonadas, poyos en las puertas y demás.

La **plaza Mayor**, porticada, con arcos y dinteles, y **fuente** central, da paso al **palacio del Comendador**. En la **plaza de San Martín** destacan el **palacio de Ojesto** y la **iglesia de San Martín de Tours** (siglos XVI-XVII) con retablos barrocos, tallas

SAN MARTÍN DE TREVEJO *(a la izquierda, una calle) cuenta con un conjunto urbano declarado de interés histórico-artístico. Arriba, soportales de la plaza Mayor.*

CALLE TÍPICA *de Valverde del Fresno (izquierda). Al lado, capiteles de la iglesia de la Asunción de Eljas. Abajo, detalle de una ventana de la casa de los Frades, del siglo* XVIII*, en Valverde del Fresno.*

góticas, procedentes de un retablo de Alcántara, y tres tablas pintadas por Luis de Morales *el Divino*. La gente de estas serranías todavía utiliza una forma dialectal, el *mañegu*, mezcla de bable, gallego, portugués y castellano.

■ EN LAS INMEDIACIONES DE LA FRONTERA

Al oeste de San Martín de Trevejo, en los límites de Salamanca y Portugal, se encuentra **Eljas** (1.184 hab.), coronada por su **castillo** (siglo XIV) edificio que ha sido muy reformado en épocas posteriores a su construcción.

La población, que ha crecido en torno al castillo, conserva su aspecto medieval dominado por la **iglesia de Nuestra Señora de la Asunción** (siglo XV).

Al oeste de Eljas, por la Ex-513 se llega a **Valverde del Fresno** (2.773 hab.), separada de Portugal por la **sierra de la Malvana**. Conserva un casco viejo con casas de arquitectura popular de entramado de madera y adobe.

La **plaza Mayor**, con soportales de madera, da paso a la **casa de los Frades** (siglo XVIII) y a la **iglesia de Nuestra Señora de la Asunción** (siglo XVI), obra de Pedro de Ibarra, con sillares perfectamente encajados, torre con espadaña, bóveda de crucería, púlpito de piedra labrada y varios retablos barrocos.

LA IGLESIA DE NUESTRA SEÑORA *de la Asunción, en Valverde del Fresno data del siglo* XVI*. Es obra de Pedro de Ibarra, realizada con sillares encajados, y posee torre con espadaña (abajo) bóveda de crucería, púlpito de piedra labrada y varios retablos barrocos.*

LA PLAZA MAYOR *de Villasbuenas de Gata (arriba, detalle de una casa) reúne las mejores muestras artísticas de la localidad. Villasbuenas se halla en las estribaciones de la sierra, entre un frondoso arbolado.*

VILLASBUENAS DE GATA *cuenta con interesantes obras monumentales, como la iglesia de Nuestra Señora de la Consolación, del siglo XVI. Detrás del templo, se encuentra la célebre casa de la Mujer Panzuda.*

Muy cerca de la frontera portuguesa se encuentran los restos del **castillo de Salvaleón** datado del siglo XII, bajo la tutela de la orden del Temple por mandato del rey leonés Fernando II.

LA SENCILLEZ DE UN CASCO URBANO

Al salir de Valverde del Fresno, la Ex-513, en dirección este, permite llegar a **Villasbuenas de Gata** (545 hab.), en las estribaciones de la **sierra de Gata**, para recorrer su casco urbano de casas llenas del atractivo de la sencillez. En la **plaza** están los mejores edificios de la ciudad, como la **iglesia de Nuestra Señora de la Consolación** (siglo XVI) y, detrás de ella, la célebre **casa de la Mujer Panzuda** con el relieve de una mujer desnuda, símbolo que identificaba a los prostíbulos.

EL PUEBLO MÁS HERMOSO Y UN OLMO CENTENARIO

Siguiendo en dirección este, un desvío en la Ex-513 permite alcanzar **Santibáñez el Alto** (535 hab.) que figura entre los pueblos más hermosos de la comarca, sobre la **sierra de los Ángeles**. Conserva un núcleo urbano de calles empinadas y retorcidas, con aljibes y casas bajas de granito y techumbres de pizarra, que se desparraman en torno al **castillo** (siglo IX). Fue construido por los árabes y ocupado, después, en el siglo XIII, por los caballeros de la

EL CASTILLO DE SANTIBÁÑEZ EL ALTO, *del siglo IX, fue construido por los árabes, y en siglo XIII, ocupado por los caballeros de la orden de Alcántara.*

orden de Alcántara, a cuya encomienda perteneció la villa. El castillo presenta restos de sus murallas, tres puertas de arco y cinco torres de defensa redondas. Desde este agradable lugar se contemplan magníficas panorámicas presididas por el **embalse de Borbollón**. Junto al castillo se alza la **iglesia de San Pedro** (siglo XVI), con fábrica de mampostería y sillería.

Al norte de la anterior, en las estribaciones de la **sierra de Gata**, está **Torre de Don Miguel** (718 hab.) donde tenía su "torre" el comendador de Santibáñez el Alto. Antes de entrar en la villa aparece la **ermita del Cristo de la Misericordia** (siglo XVI), con una portada atribuida a Pedro de Ibarra.

El caserío conserva el tipismo serrano en la arquitectura de sus casas populares, en sus calles estrechas y, también, en sus magníficas **casas blasonadas**.

La **plaza Mayor** la preside un **olmo con más de quinientos** años y la **iglesia de la Asunción** que data del siglo XVI, con fábrica de granito atribuida a Pedro de Ibarra. Conserva gárgolas y bóvedas de crucería estrellada.

Entre Torre de Don Miguel y Gata están los restos del **castillo de Almenara** (siglo IX), de origen árabe, con torre del homenaje (siglo XIV) de planta poligonal.

■ Entre pinares y olivares

En plena **sierra de Gata**, se emplaza **Gata** (1.303 hab.) rodeada de pinares, olivares y terrazas de cultivo. Gata se identifica con la antigua *Catobriga* romana, llamada por los árabes *Albaranes.* Posteriormente, perteneció a la orden de Alcántara y a la encomienda de Santibáñez el Alto, pero después quedó exenta y, hasta 1837, tuvo gobernador político y militar.

El caserío conserva sus calles estrechas con casas de fachadas enjalbegadas y techumbres de teja árabe. El haberse convertido en cabeza del partido judicial favoreció la construcción de **casas señoriales** con escudos en sus fachadas.

La **fuente del Chorro** da entrada a la **iglesia de San Pedro** (siglo XVI), tardogótica con notables bóvedas de crucería y un

La iglesia de la Asunción *de Torre de Don Miguel, del siglo XVI, tiene fábrica de granito. Sobre estas líneas, detalles en las calles de la localidad de Santibáñez el Alto.*

Ermita del Cristo de la Misericordia *de Torre de Don Miguel (izquierda). Sobre estas líneas, detalle de una callejuela de la localidad. A la izquierda y abajo, la iglesia de San Pedro de Gata, del siglo XVI, en la que destacan sus bóvedas de crucería y retablo de Pedro de Paz y pinturas del artista Pedro de Córdoba.*

LA POBLACIÓN DE CADALSO *(arriba) se encuentra sobre un cerro rodeado de vegetación.*

DESCARGAMARÍA *es la penúltima población del norte de la comarca. Conserva un bonito núcleo rural de callejuelas estrechas, algunas con bellos pasadizos que le confieren un aire medieval. La arquitectura popular muestra casas de tres plantas (arriba, detalle de una vivienda), construidas con los elementos propios de la sierra. Arriba, a la derecha, salto del río Árrago a su paso por la localidad.*

CRUCERO, *en Torre de Don Miguel. Arriba, detalle de cerámica en la iglesia de San Julián, en Descargamaría.*

magnífico **retablo** de Pedro de Paz con pinturas de Pedro de Córdoba. La **plaza Mayor** muestra un **escudo** de los Reyes Católicos rodeado por el toisón de oro de Carlos I sobre el pilón de la fuente. En los alrededores quedan algunos restos del **convento de Nuestra Señora de Moteceli** y de una antigua **calzada romana**.

UNAS CALLES MUY ESTRECHAS

Sobre un cerro rodeado de vegetación exuberante, se emplaza **Cadalso** (621 hab.). Éste es un pueblo con un núcleo de casas típicas serranas y calles estrechas. La **iglesia de la Concepción** (siglo XV), fortificada, muestra fábrica de granito atribuida a Pedro de Ibarra.

La penúltima población del norte de la comarca, **Descargamaría** (270 hab.), conserva un núcleo rural de callejuelas estrechas, algunas con bellos pasadizos que le dan un aire medieval. La arquitectura popular ha dado lugar a casas de tres plantas construidas con los elementos propios de la sierra. Cervantes elogió el vino de esta villa. La **iglesia de San Juan el Hospitalario** (siglo XVI), con fábrica de mampostería, conserva un retablo mayor de Lucas Mitata. La **ermita del Santo Cordero** (siglos XV-XVI) tiene artesonado mudéjar, y la **ermita del Humilladero** (siglo XVI), a 1 km del centro de la villa, alberga un retablo del siglo XV.

ROBLEDILLO DE GATA Y SU VINO DE *PITARRA*

Cerca de Descargamaría se encuentra **Robledillo de Gata** (187 hab.), la última de las poblaciones de la **sierra de Gata** en su parte norte. El pueblo conserva la tradición de su arquitectura popular con paredes de

pizarra, voladizos, techumbres de teja árabe, pasarelas de madera y profundas bodegas en los sótanos donde envejece el vino de *pitarra* de Robledillo, famoso en toda la comarca. En la parte alta está la **iglesia de Nuestra Señora de la Asunción** (siglo XVI), de planta hexagonal y pórtico circular, con un Cristo muy venerado que se atribuye a la escuela de Gregorio Hernández.

Primer alto en Las Hurdes

Muy cerca de Robledillo de Gata, en la **sierra de los Ángeles** que baña el río del mismo nombre, se encuentra **Ovejuela** (167 hab.). El pueblo está rodeado de diversos paisajes hurdanos de gran belleza donde surgen sierras de cumbres redondeadas, pequeños arroyos de aguas limpias, cascadas de escasa altura, y abundante vegetación compuesta por robles, pinos, castaños y demás. El viajero ha entrado en la comarca mítica de Las Hurdes. Una pista forestal lleva hasta el **nacimiento del río de los Ángeles**, la **cascada del Chorro**. No es el único paisaje que deleitará al viajero. Antes de llegar a la villa, el río Ovejuela forma un paisaje difícil de olvidar. En el lugar denominado el **Chorritero** nace el río Ovejuela. En la villa sólo cabe mencionar la **fuente de la Espigadora**.

En dirección a Pinofranqueado se encuentra la población de **Sauceda** (133 hab.), con poco que ver pero mucho que escuchar porque los lugareños gustan de narrar viejas leyendas que hablan de grandes pozos de oro, doncellas árabes encantadas y gnomos que guardan los tesoros subterráneos de la tierra.

Un pueblo principal

En la linde de la Ex-512 aparece **Pinofranqueado** (640 hab.), uno de los principales pueblos de Las Hurdes a cuyos alrededores se agrupan once alquerías que hacen las delicias de los amantes de la naturaleza. En el río de los Ángeles se forma una gran **piscina natural** que ha servido para instalar un camping, un aula de naturaleza y algu-

Robledillo de Gata *(a la izquierda, una vista parcial) es la última población de la sierra de Gata en su zona norte. El pueblo conserva su arquitectura popular. Sobre estas líneas, detalle de la portada de la iglesia de Nuestra Señora de la Asunción, en Robledillo.*

La arquitectura de raíz popular *de Robledillo de Gata (arriba, un detalle) mantiene paredes de pizarra, voladizos, techumbres de teja árabe, pasarelas de madera y profundas bodegas en los sótanos donde envejece el famoso vino de "pitarra" de Robledillo.*

PINOFRANQUEADO *es uno de los principales centros de Las Hurdes bajas, y en torno a él se agrupan numerosas y atractivas alquerías. Es un lugar ideal pora los amantes de la vida tranquila y de los bellos paisajes del norte extremeño. La localidad es conocida también por la gran piscina natural en el río de Los Ángeles.*

nos restaurantes. Los orígenes de la población son antiquísimos, como demuestran los **petroglifos** de la Edad del Bronce descubiertos en el lugar llamado **La Zambrana**. El nombre de la villa recuerda la exención de tributos que le otorgó la casa de Alba.

En la **plaza Mayor** se alza la **iglesia de Nuestra Señora de la Encina** (siglo XVII) con notables reformas del siglo XVIII. En los alrededores quedan restos del **convento de los Ángeles** (siglo XIII), construido por Francisco de Asís y residencia de San Pedro de Alcántara como padre guardián.

LA ARQUITECTURA TRADICIONAL *hurdana (arriba, unos ejemplos) cuenta con numerosas alquerías, entre las que cabe destacar la de Castillo. Aquí el viajero puede disfrutar de parajes únicos.*

LAS ALQUERÍAS DE LOS ALREDEDORES DE PINOFRANQUEADO

Como se ha comentado, en los alrededores de **Pinofranqueado** se emplazan once alquerías entre las cuales destacan **Avellanar**, con el **molino** más antiguo de la comarca; **Castillo**, un buen ejemplo de la arquitectura tradicional hurdana, donde, en el paraje del **Tesito de los Cuchillos**, se conserva un **petroglifo** de la Edad del Bronce; **Erías**, que ocupa el emplazamiento de un antiguo castro, en la entrada muestra un **arco** típico hurdano; **Horcajo,** en cuyas inmediaciones se halla la **cueva de Riscoventana,** que ha dado objetos prehistóricos; y **Aldehuela**, con una bella muestra de arquitectura popular hurdana.

En estas alquerías el viajero puede disfrutar de paisajes únicos, pero también de una gastronomía de primera. Además, pueden adquirirse cachimbos de brezo, miel, polen, candiles de piedra y sombreros de bálago entre otros muchos productos artesanos.

IGLESIA DE NUESTRA SEÑORA DE LA *Encina, de Pinofranqueado, del siglo XVII, aunque con reformas del siglo XVIII.*

Las Calabazas

En dirección norte, la Ex-512 lleva a **Caminomorisco**, cuyo nombre deriva de los moriscos deportados de las Alpujarras a Portugal que cruzaban por estas tierras. Antiguamente recibió el nombre de Las Calabazas. Caminomorisco, el municipio más grande de Las Hurdes, conserva en su término restos de la Edad del Bronce que testifican la población prerromana de la zona.

Su caserío presenta un núcleo de casas de arquitectura popular donde abundan los balcones y aleros de madera con cierto parecido al modelo de construcción de la sierra de Gata. Sus alquerías se distribuyen sobre un pisaje de vegetación autóctona dominado por eucaliptos. Destaca la **casa de la Cultura,** que guarda un ídolo de la Edad del Bronce.

A 10 km, por una pista forestal que transita entre densos pinares de repoblación, aparece el **Chorreón del Tajo** también llamado **mirador del Alavea** o **del Aceña**, donde nace el río del mismo nombre.

La huella de tres culturas

En plena **sierra de Altamira**, al sudeste de Caminomorisco, se emplaza **Casar de Palomero** (765 hab.) en medio de unos parajes dominados por los olivos, castaños y pinos, junto al río de los Ángeles. Su caserío presenta la arquitectura popular típica con casas entramadas y pizarrosas que crecieron al amparo de las tres comunidades, tres culturas y tres religiones distintas que habitaron el pueblo.

En primer lugar destaca el **barrio árabe** o **Hanete**, después el **barrio judío** o los **Barreros** y, por último, el **barrio cristiano** o de la **ermita del Cordero**. Alrededor de la **plaza Mayor** subsisten varias casas de entramados de adobe, madera y pizarra propias de Las Hurdes. En el **santuario de**

Río de los Ángeles *a su paso por Casar de Palomero (izquierda). Arriba, muestras de arquitectura popular de Caminomorisco.*

Casar de Palomero *se emplaza en plena sierra de Altimira, en medio de unos parajes dominados por olivos, castaños y pinos. Su caserío (arriba) presenta la arquitectura popular típica. Abajo, detalle de la cúpula del santuario de la Cruz Bendita, que data del siglo XVII, de bella factura.*

LA IGLESIA DE SANTA CATALINA *de Cambroncino, con portada clásica, construida por el obispo de Coria, se la conoce popularmente por iglesia de las Lástimas.*

COLMENAS *(arriba) en Nuñomoral, población que se sitúa en el corazón de la sierra de Las Hurdes. A la derecha, detalle de una fuente existente en la plaza de la Constitución de Cambroncino. Abajo, la espadaña de la iglesia de Nuestra Señora de la Asunción de Nuñomoral, en Las Hurdes orientales.*

la Cruz Bendita (siglo XVII), de bella arquitectura, con tres portadas, la principal con columnas, se conserva una reliquia de la santa Cruz apedreada por los judíos en el siglo XV. En las afueras se alza la **ermita de la Pastora**.

LA IGLESIA DE LAS LÁSTIMAS

En la linde de la Ex-512, no lejos de Caminomorisco, se encuentra **Cambroncino** (244 hab.), donde resulta imprescindible hacer un alto para visitar la construcción religiosa más importante de la comarca, la **iglesia de Santa Catalina,** llamada popularmente **iglesia de las Lástimas** (siglos XVII-XVIII), con portada clásica construida por el obispo de Coria, y fábrica que se ajusta a la arquitectura tradicional hurdana. También resulta muy interesante la visita a un **ídolo** antropomorfo, grabado sobre un tipo de piedra que en Las Hurdes recibe el nombre de *rieña.*

EN EL CORAZÓN DE LA SIERRA DE LAS HURDES

Siguiendo en dirección norte, se encuentra el desvío que por **Rubiaco** (124 hab.), donde el río Hurdano se abre, lleva a **Nuñomoral** (364 hab.), el centro rural más importante de la zona oriental de Las Hurdes.

La población, que se sitúa en el corazón de la **sierra de Las Hurdes,** conserva la **iglesia de Nuestra Señora de la Asunción,** con fábrica de mampostería. Sin embargo, lo más importante son las excursiones que desde ella se emprenden.

No lejos están **La Meancera** y el **volcán del Gasco**, de camino a **Cerezal**, en la confluencia de los ríos Hurdano y Malvellido. Desde la alquería de **El Gasco**, con un

Casares de las Hurdes *se encuentra ubicada sobre una atalaya en plena sierra, rodeada de otras pequeñas alquerías como Casarrubia, La Huerte, Robledo, Carabusino y Heras. A la izquierda de estas líneas, detalle del rincón de una vivienda de esta alquería, una de las más bellas y típicas de la zona.*

Casa de estilo popular *(arriba) de Nuñomoral. Sobre estas líneas, otro ejemplo de construcción típica, en Casares de las Hurdes.*

paisaje dominado por los brezos, se llega al **chorro de la Miacera**, la cascada más grande de Las Hurdes, en cuya umbría arranca el volcán del Gasco, un roquero donde los romanos construyeron algunos hornos. En estas alquerías los artesanos elaboran cachimbos con rocas volcánicas, aguardientes de uva que antes de que el bosque se degradara fueron de madroño y otros productos confeccionados con materiales de la zona, como la madera de castaño.
No lejos de Nuñomoral, en el límite de la provincia de Salamanca, **Aceitunilla** (195 hab.) presume de poseer **los mejores danzarines de Las Hurdes**, los *galicianos* o *regojeros*, que participan en numerosas fiestas de la comarca.

■ Una atalaya rodeada de olivos

Al norte de Nuñomoral, pasando por **Asegur**, una de las alquerías más típicas de la zona con casas de mampostería y pizarra, está Casares de las Hurdes, sobre una atalaya rodeada de olivos y alquerías diminutas, como Huetre, Robledo, Heras y otras. En la zona se han descubierto numerosos **petroglifos** con símbolos mágico-religiosos, como en la **peña Rayá**, la **sepultura de la Mora**, **Carrascales** y **Fuente del Risco**. En las **cuevas del Teso del Espinar**, de **Juntanos**, de **la Mora** y de **la Seta** se han descubierto númerosas "piedras de rayo". Éstas consisten en unas hachas de piedra pulimentada que el vulgo ha atribuido a la caída de un rayo. Cerca de Casares, los aficionados a realizar excursiones a pie pueden llegar a alcanzar los maravillosos **picos de Rayado** y **Bodoya**, y disfrutar del **nacimiento del río Hurdano**.

Espadaña *existente en Casares de las Hurdes (arriba). A la izquierda, cruz de piedra, plantada en una de sus antiguas calles.*

Guía Práctica

Para tener en cuenta

Los mejores alojamientos, los museos y sus tesoros artísticos; los establecimientos donde degustar los mejores platos y, cómo no, el inconfundible sabor de sus embutidos ibéricos; qué comprar y dónde hacerlo. Todo lo que hay que saber para sacar el máximo partido al viaje.

MUSEOS

PROVINCIA DE BADAJOZ

BADAJOZ
Exposición Monográfica de la Batalla de la Albuera
Biblioteca Municipal de la Albuera
Tel. 924 48 03 05
Numerosos datos y objetos, armas, trajes militares, planos y maquetas que hacen referencia a la célebre batalla que enfrentó a las tropas francesas con las anglo-lusas-españolas el 16 de mayo de 1811.

Museo Arqueológico Provincial de Badajoz
Pl. José Álvarez y Sáenz de Buruaga
Tel. 924 22 23 14
Secuencia cronológica siguiendo la evolución de las culturas asentadas en la provincia de Badajoz.

Museo de Bellas Artes
Duque de San Germán, 3
Tel. 924 21 24 69
1.200 piezas de pintura y escultura que representan a más de 300 artistas, la mayoría de los siglos XIX y XX.

Museo de la Catedral Metropolitana de Badajoz
Pl. de España, s/n
Tel. 924 22 39 99
Interesante muestra de pintura de los siglos XVII al XIX.

Museo Etnográfico Extremeño González Santana de Olivenza
Pl. de Santa María, s/n
Tel. 924 49 02 22
Fondos integrados por 7.000 piezas, donadas en su mayoría por Francisco González Santana, que da nombre al museo. El resto de donaciones provienen de particulares y donaciones.
Utillaje agrícola, talleres que reproducen el antiguo ambiente laboral y restos arqueológicos son una buena muestra de las colecciones que se exhiben.

Museo Extremeño e Iberoamericano de Arte Contemporáneo de Badajoz
Calle del Museo, 2
Tel. 924 26 03 84
Las colecciones del MEIAC se concentran en el arte más actual, desde la década de los 80 y abiertas a todos los lenguajes plásticos, y con exclusividad, del arte español, extremeño, portugués e iberoamericano.

FUENTE DE CANTOS
Casa Museo de Zurbarán
Tel. 924 50 02 11
Situada en la casa natal del insigne pintor, nacido en 1598.

PROVINCIA DE CÁCERES

CÁCERES
Museo Árabe Yusuf Al Burch
Cuesta del Marqués, 4
Tel. 927 24 63 47

Museo Arqueológico Provincial
Pl. de las Veletas, 1
Tel. 927 24 72 34
Un gran repaso arqueológico, etnográfico y artístico.

Museo de Historia y Cultura Casa Pedrilla y Casa-Museo Guayasamín de Cáceres
Rda. San Francisco, s/n
Tel. 927 24 16 33
Casa Pedrilla ofrece obras de artistas cacereños y de personajes de Cáceres que destacaron en las letras, la investigación o la cultura, amplio recorrido por la historia de Extremadura. Por su parte, la casa Guayamín presenta una interesante colección de arte precolombino y colonial.

Museo Municipal Massa Solís
Palacio Mirón-Pl. Publio Hurtado, 13
Tel. 927 24 16 33
Exposición monográfica de las obras del pintor natural de Mijadas Massa Solís. Trabajos llenos de colorido y originalidad.

GUADALUPE
Museos del Monasterio
Real Monasterio de Guadalupe
Tel. 927 36 70 00
La UNESCO lo ha declarado Patrimonio de la Humanidad.
Impresionante marco para deleitarse con las colecciones de bordados, libros miniados, esculturas, pinturas...

GUIJO DE GRANADILLA
Casa-Museo Gabriel y Galán
Pl. de Gabriel y Galán
Exposición de muebles y objetos pertenecientes al poeta.

HERVÁS
Museo Pérez Comendador
Asensio Neila, 5
Tel. 927 48 16 55
Muestra una perfecta simbiosis cultural del matrimonio Pérez Lerroux. Escultura y pintura.

El edificio de la alcazaba de Badajoz conserva la entrada y dos recias torres

MALPARTIDA DE CÁCERES
Museo Vostell de Arte Moderno
Ctra. de los Berruecos, s/n.
Tel. 927 27 50 03
Expresión del arte de vanguardia.

MÉRIDA
Archivo Histórico Municipal y Museo de Geología
John Lennon, 5
Tel. 924 33 06 02

Excavación Arqueológica y Centro de Interpretación de la Iglesia Santa Eulalia de Mérida
Subsuelo de la iglesia de Santa Eulalia. Avda. de Extremadura, s/n
Objetos, textos, maquetas y otros recursos sobre el yacimiento arqueológico.

Museo del Arte y la Cultura Visigoda de Mérida
Santa Julia, 3
Tel. 924 30 01 06
Impresionante colección de piezas, vestigio cultural de la época visigoda.

Museo del Ferrocarril
Moreno de Vargas, 10
Tel. 924 30 37 63

Museo Nacional de Arte Romano de Mérida
José Ramón Mélida, 2
Tel. 924 31 16 90
Piezas extraídas de los edificios emeritenses dedicados a espectáculos públicos (teatro, anfiteatro y circo), vestigios de cultos imperiales que se desarrollaron en la ciudad y de los ritos funerarios típicos.

PASARÓN DE LA VERA
Museo Pecharromán
Luis Garzón, 37
Interesantes colecciones pictóricas.

PLASENCIA
Museo del Marqués de Mirabel
Tel. 927 41 27 66

Museo de la Catedral
Pl. de la Catedral, s/n
Tel. 924 41 48 52
Impresionante muestra de arte sacro.

Museo Etnográfico Textil Pérez Enciso de Plasencia
Marqués de la Puebla, s/n
Tel. 927 42 18 43
Los fondos provienen de la segunda colección del placentino Pedro Pérez Enciso. Alfarería, cerámica, metal, indumentarias, mantas de lana, objetos de madera es lo que se aprecia en la primera sala-resumen del Museo.

PEDROSO DE ACIM
Convento El Palancar
Reproducción del primitivo recinto donde vivió austeramente San Pedro de Alcántara, con una interesante obra de Magdalena Lerroux, que hace referencia al santo, realizada en mosaico.

SERRADILLA
Convento del Santo Cristo de las Agustinas Recoletas
Magnífica colección de pintura barroca de las mejores firmas españolas de la época.

TRUJILLO
Casa Natal de Pizarro
Tel. 927 32 26 77

YUSTE
Museo Histórico-Artístico del Monasterio
Las dependencias utilizadas por Carlos V durante su estancia en Yuste, muebles y otros objetos utilizados por el monarca, así como el lugar en el que estuvo enterrado el rey hasta su traslado al monasterio de El Escorial.

PARADORES

PROVINCIA DE BADAJOZ

MÉRIDA
Parador Vía de la Plata ★★★★
Pl. de la Constitución, 3
Tel. 924 31 38 00
82 habitaciones.

ZAFRA
Parador Hernán Cortés ★★★★
Pl. Corazón de María, 7
Tel. 924 55 45 40
45 habitaciones.

PROVINCIA DE CÁCERES

CÁCERES
Parador de Cáceres ★★★★
Ancha, 6
Tel. 927 21 17 59
31 habitaciones.

GUADALUPE
Parador de Guadalupe ★★★★
Marqués de la Romana, 12
Tel. 927 36 70 75
40 habitaciones.

JARANDILLA DE LA VERA
Parador Carlos V ★★★★
Ctra. Plasencia
Tel. 927 56 01 17
53 habitaciones.

En la torre del Ayuntamiento de Plasencia destaca la figura del abuelo Mayorga

TRUJILLO
Parador de Trujillo ★★★★
Santa Beatriz de Silva, 1
Tel. 927 32 13 50
46 habitaciones.

HOTELES

PROVINCIA DE BADAJOZ

BADAJOZ
Confortel Badajoz ★★★★
Ctra. N-V, km 3, 930.
Tel. 924 44 37 11
120 habitaciones.

Gran Hotel Zurbarán ★★★★
Pso. de Castelar, s/n
Tel. 924 22 37 41
215 habitaciones.

Lisboa ★★★
Avda. Díaz Ambrona, 13
Tel. 924 27 29 00
176 habitaciones.

Río ★★★
Avda. Díaz Ambrona, 13
Tel. 924 27 26 00
90 habitaciones.

Cervantes ★★
Trinidad, 2
Tel. 924 22 37 10
38 habitaciones.

Condedu ★★
Muñoz Torrero, 27
Tel. 924 22 46 41
34 habitaciones.

Beatriz ★
Abril, 20
Tel. 924 23 35 56
28 habitaciones.

De las Heras ★
Pedro de Valdivia, 6
Tel. 924 22 40 14
11 habitaciones.

Niza ★
Arcoaguero, 45
Tel. 924 22 38 81
14 habitaciones.

Niza II ★
Arcoaguero, 45
Tel. 924 22 31 73
15 habitaciones.

Victoria ★
Luis de Camoens, 3
Tel. 924 27 16 62
16 habitaciones.

ACEDERA
Acueducto G. Ruta ★
Ctra. N-430, km 135
Tel. 924 86 09 81
17 habitaciones.

ACEUCHAL
Frijón ★
Ctra.Villalba, 1
Tel. 924 68 73 21
10 habitaciones.

ALANGE
Varinia Serena ★★
Baños, 63
Tel. 924 36 52 13
35 habitaciones.

Atenea ★
Nueva, 22
Tel. 924 36 53 66
5 habitaciones.

Juan de Dios ★
José Antonio, 36
Tel. 924 36 52 62
24 habitaciones.

La Cordobesa ★
Nueva, 8
Tel. 924 36 53 23
16 habitaciones.

Marín ★
Baños, 6
Tel. 924 36 53 85
25 habitaciones.

ALBURQUERQUE
Las Alcabalas ★★
Ctra. Valencia de Alcántara, s/n
Tel. 924 40 11 02
14 habitaciones.

Machaco ★★
Pozo Concejo, 29
Tel. 924 40 01 81
24 habitaciones.

ALMENDRALEJO
Dulcinea ★★★
Ctra. Sevilla
Tel. 924 67 03 33
11 habitaciones.

Espronceda ★★★
Ctra. Sevilla, km 652
Tel. 924 67 04 74
37 habitaciones.

Vetonia ★★★
Ctra, N-630, km 647
Tel. 924 67 11 51
30 habitaciones.

España ★★
San Antonio, 77
Tel. 924 67 01 20
26 habitaciones.

Sheila ★★
Ortega Muñoz, s/n
Tel. 924 67 11 58
12 habitaciones.

Los Ángeles ★
Macarena, 2
Tel. 924 67 03 19
33 habitaciones.

BENQUERENCIA DE LA SERENA
La Panadería ★★
Carretera, 2
Tel. 924 76 15 43
6 habitaciones.

CASTUERA
Barón del Pozo ★★
Ctra. Vieja de Andújar, km 33
Tel. 924 14 60 00
26 habitaciones.

Paraíso ★
Divinos Morales, 8
Tel. 924 76 01 48
19 habitaciones.

DON BENITO
Vegas Altas ★★★
Avda. Badajoz, s/n
Tel. 924 81 00 05
80 habitaciones.

Miriam ★★
Donoso Cortés, 1
Tel. 924 81 15 39
22 habitaciones.

Veracruz ★★
Ctra. Don Benito-Villanueva, km 101
Tel. 924 80 11 84
53 habitaciones.

Miriam II ★
Donoso Cortés, 2
Tel. 924 81 15 39
36 habitaciones.

Ortiz ★
Fernan Pérez, 28
Tel. 924 81 04 45
18 habitaciones.

FREGENAL DE LA SIERRA
Cristina ★★★
Puerto, s/n
Tel. 924 70 00 40
39 habitaciones.

Fregenal ★★
Orihuela Grande, 2
Tel. 924 72 01 27
14 habitaciones.

GUAREÑA
El Coto ★
Ctra. Don Benito, s/n
Tel. 924 35 03 78
23 habitaciones.

HERRERA DEL DUQUE
El Torreón ★★
Villanueva, 12
Tel. 924 64 20 42
28 habitaciones.

JEREZ DE LOS CABALLEROS
Los Templarios ★★★
Ctra. Villanueva, s/n
Tel. 924 73 16 36
49 habitaciones.

Oasis ★★
El Campo, 18
Tel. 924 73 18 36

MÉRIDA
Las Lomas ★★★★
Avda. Reina Sofía, 78
Tel. 924 31 10 11
134 habitaciones.

Tryp Medea ★★★★
Avda. Portugal, s/n
Tel. 924 37 24 00
126 habitaciones.

Emperatriz ★★★
Pl. de España, 19
Tel. 924 31 31 11
41 habitaciones.

Nova Roma ★★★
Suárez Somonte, 42
Tel. 924 31 12 61
55 habitaciones.

Zeus ★★★
Avda. Reina Sofía, s/n
Tel. 924 31 81 11
44 habitaciones.

Cervantes ★★
Camilo José Cela, 8
Tel. 924 31 49 61
30 habitaciones.

Lusitania ★★
Oviedo, 12
Tel. 924 31 61 12
19 habitaciones.

Vettonia ★
Calderón de la Barca, 26
Tel. 924 31 14 62
14 habitaciones.

MONESTERIO
Leo ★
P°. Extremadura, N-2A
Tel. 924 51 64 28
13 habitaciones.

Moya ★
P°. Extremadura, 278
Tel. 924 51 61 36
36 habitaciones.

MONTERRUBIO DE LA SERENA
Coto de la Serena ★★
Pl. de España, 6
Tel. 924 63 51 69
7 habitaciones.

MONTIJO
Gran Sol de Extremadura ★
Avda. El Progreso, 10
Tel. 924 45 61 32
25 habitaciones.

NAVALVILLAR DE PELA
Don Juan ★★
Ctra. N-340, km 139
Tel. 924 86 06 06
23 habitaciones.

El Imprevisto ★★
Ctra. N-340, km 145
Tel. 924 86 03 11
22 habitaciones.

OLIVENZA
Heredero ★★★
Ctra. Comarcal 426, km 23,7
Tel. 924 49 08 35
70 habitaciones.

Los Amigos ★
Avda. del Perú, 1
Tel. 924 49 07 25
8 habitaciones.

La iglesia de Santa María, edificación románica del siglo XIX ubicada en Don Benito

ORELLANA LA VIEJA
Castillo de Orellana ★★
Cerro de la Herrería
Tel. 924 86 70 02
35 habitaciones.

PUEBLA DE SANCHO PÉREZ
Zafra ★★★
Ctra. N-630, km 345
Tel. 924 55 44 69
26 habitaciones.

Las Noritas ★★
Ctra. Badajoz-Granada, km 74, 500
Tel. 924 55 41 71
23 habitaciones.

SANTA MARTA DE LOS BARROS
Kika ★
Tte. Coronel Seguin, 47
Tel. 924 69 05 27
13 habitaciones.

TALAVERA LA REAL
Mayca II ★
Ctra. N-V, km 386
Tel. 924 44 10 21
20 habitaciones.

VILLAFRANCA DE LOS BARROS
Romero ★★
Ctra. N-630, km 666
Tel. 924 52 54 08
32 habitaciones.

VILLANUEVA DE LA SERENA
El Emigrante II ★
Concepción, 3
Tel. 924 84 54 11
27 habitaciones.

ZAFRA
Huerta Honda ★★★
López Asme, 30
Tel. 924 55 41 00
46 habitaciones.

Don Quijote ★★
Huelva, 3
Tel. 924 55 47 71
12 habitaciones.

El Ancla ★★
Pl. España, 8
Tel. 924 55 43 82
15 habitaciones.

Las Palmeras ★
Pl. Grande, 14
Tel. 924 55 22 08
12 habitaciones.

ZALAMEA DE LA SERENA
Trajano ★★
Ctra. Castuera
Tel. 924 78 02 81
20 habitaciones.

PROVINCIA DE CÁCERES

CÁCERES
Gran Hotel Cáceres Golf ★★★★
Ctra, N-630, km 558
Tel. 927 23 46 00
103 habitaciones.

Meliá Cáceres ★★★★
Pl. San Juan, 11
Tel. 927 21 58 00
86 habitaciones.

V Centenario ★★★★
Urb. Castellanos
Tel. 927 23 22 00
138 habitaciones.

Alcántara ★★★
Avda. Virgen de Guadalupe, 14
Tel. 927 22 39 00
67 habitaciones.

Extremadura ★★★
Avda. Virgen de Guadalupe, 5
Tel. 927 22 16 04
68 habitaciones.

Alfonso IX ★★
Moret, 20
Tel. 927 24 64 00
37 habitaciones.

Ara ★
Juan XXIII, 3
Tel. 927 22 39 58
62 habitaciones.

Iberia ★
Pintores, 2
Tel. 927 24 76 34
31 habitaciones.

Los Naranjos ★
Alfonso IX, 12
Tel. 927 24 35 08
14 habitaciones.

Metropol ★
Obispo Segura Sáez, 5
Tel. 927 22 56 50
29 habitaciones

Pasarón ★
Ctra. 630, km 555,5
Tel. 927 23 28 50
30 habitaciones

ALCÚESCAR
Cruce de las Herrerías ★
Ctra. N-630, km 590,6
Tel. 927 38 40 66
22 habitaciones

ALISEDA
El Ciervo ★
Ctra. N-521, km 29,3
Tel. 927 27 74 84
20 habitaciones.

BAÑOS DE MONTEMAYOR
La Glorieta ★★
Avda. de las Termas, 83
Tel. 923 42 80 18
36 habitaciones.

CABEZUELA DEL VALLE
Aljama ★
Federico Bajo, s/n
Tel. 927 47 22 91

CAÑAMERO
Ruiz ★★
Pablo García Garrio, 2
Tel. 927 15 70 75
26 habitaciones.

CAÑAVERAL
Puerto de los Castaños ★
Ctra. N-630, km 505
Tel. 927 30 01 11
22 habitaciones.

CORIA
Montesol ★
Puente del Hierro, s/n
Tel. 927 50 10 49
16 habitaciones.

La magnífica cascada del Diablo, en la localidad de Villanueva de la Vera, acoge a numerosos bañistas en verano

CUACOS DE YUSTE
Moregon ★
Avda. Constitución, 77
Tel. 927 17 21 81
15 habitaciones.

Vera ★
Avda. Constitución, 5
Tel. 927 17 21 78
15 habitaciones.

GUADALUPE
Hispanidad ★★
Avda. Conde de Barcelona, 1
Tel. 927 15 42 10
35 habitaciones.

Hospedería del Real Monasterio ★★
Pl. Juan Carlos I, s/n
Tel. 927 36 70 00
47 habitaciones.

JARAÍZ DE LA VERA
Jefi ★
Avda. Garganta, 7
Tel. 927 46 13 63
16 habitaciones.

JARANDILLA DE LA VERA
Jaranda ★
Avda. Soledad Vega, 101
Tel. 927 56 02 06
22 habitaciones.

JARILLA
Jarilla ★
Ctra. N-630, km 448,5
Tel. 927 48 92 74
13 habitaciones.

JERTE
Los Arenales ★★
Ctra. N-110, km 368
Tel. 927 47 02 50
18 habitaciones.

LOSAR DE LA VERA
Antigua Casa del Heno ★
Finca Valdepimienta
Tel. 927 19 80 77
8 habitaciones.

MALPARTIDA DE CÁCERES
Peña Cruz ★★
Avda. Muñoz Torrero, s/n
Tel. 927 27 62 92
12 habitaciones.

MALPARTIDA DE PLASENCIA
Cañada Real ★★★
Ctra. C-511, km 42
Tel. 927 45 94 07
61 habitaciones.

Santa Marta ★
Ctra. N-630, km 491
Tel. 927 45 32 60
16 habitaciones.

MIAJADAS
Triana ★★★
Avda. García Siñériz, 149
Tel. 927 34 71 21
32 habitaciones.

El Cortijo ★★
Ctra. Don Benito, km 1
Tel. 927 34 79 95
20 habitaciones.

La Torre ★
Ctra. N-IV, km 293
Tel. 927 34 78 55
31 habitaciones.

NAVALMORAL DE LA MATA
Brasilia ★
Ctra. N-V, km 180
Tel. 927 53 07 50
43 habitaciones.

Moya ★
Ctra. N-V, km 180
Tel. 927 53 05 00
39 habitaciones.

PINOFRANQUEADO
El Puente ★
Pº. Extremadura, 36
Tel. 927 67 43 27
15 habitaciones.

PIORNAL
La Serrana ★★★
Ctra. Garganta, km 1,5
Tel. 927 47 60 34
20 habitaciones.

PLASENCIA
Alfonso VIII ★★★
Alfonso VIII, 32
Tel. 927 41 02 50
57 habitaciones.

Azar ★★★
Ctra. N-630, km 474
Tel. 927 42 18 33
48 habitaciones.

Esperanza ★★
Pol. Ind. parcela 5ª
Tel. 927 42 41 28
25 habitaciones.

Alpemar ★
Avda. Salamanca
Tel. 927 42 19 42
20 habitaciones.

Los Álamos ★
Ctra. Cáceres, s/n
Tel. 927 41 15 50
47 habitaciones.

Rincón Extremeño ★
Vidrieras, 6
Tel. 927 41 11 50
12 habitaciones.

TORRE DE SANTA MARÍA
Las Glorias ★
Cruce carretera
Tel. 927 38 85 22
9 habitaciones.

TORREJÓN EL RUBIO
Carvajal ★
Pº. Pizarro, 54
Tel. 927 45 52 54
13 habitaciones.

TRUJILLO
Las Cigüeñas ★★★
Avda. Madrid, s/n
Tel. 927 32 12 50
78 habitaciones.

Perú ★★
Avda. Madrid, s/n
Tel. 927 32 07 45
31 habitaciones.

VALENCIA DE ALCÁNTARA
El Clavo ★
Ramón y Cajal, 4
Tel. 927 58 02 68
17 habitaciones.

VALVERDE DEL FRESNO
La Palmera ★★
Avda. Santos Robledo, 10
Tel. 927 51 03 23
22 habitaciones.

CAMPINGS

PROVINCIA DE BADAJOZ

MÉRIDA
Mérida
Ctra N-V. km 336,6
Tel. 924 30 34 53

Lago Proserpina
Lago de Proserpina
Tel. 924 12 30 55

CASAS DE TURISMO RURAL

PROVINCIA DE BADAJOZ

CABEZA DEL BUEY
El Chaparral Bajo
Ctra. de Almadén, s/n
Tel. 924 60 00 74
91 56 97 43
6 habitaciones dobles.

La Loma
Finca La Loma
Tel. 924 60 03 27
2 habitaciones sencillas y 1 doble.

Las Setecientas
Finca Las Setecientas. Ctra. C-413 Castuera-Puebla de Alcocer, km 63,5
Tel. 924 14 60 24
689 05 68 04
6 habitaciones dobles.

MALCOCINADO
El Agostero
Pizarro, 23
Tel. 924 89 90 10
95 461 52 57
4 habitaciones dobles.

MONTERRUBIO DE LA SERENA
El Coto de la Serena
Pl. de España, 7
Tel. 924 63 51 69
689 64 10 21
7 habitaciones dobles.

La Fiesta del Jarramplas, en Piornal, cuenta con un misterioso personaje

PERALEDA DEL ZAUCEJO
Casa Rural
Palomas, 1
Tel. 924 63 67 44
2 habitaciones dobles.

PUEBLA DE ALCOCER
La Botica
Fernando Hernández Gil, 24
Tel. 924 62 03 15
2 habitaciones dobles y 2 individuales.

TÁLIGA
Finca Pallarés
Ctra. Barcarrota-VVA del Fresno, km 15
Tel. 924 42 20 48
4 habitaciones dobles y 2 sencillas.

VALDETORRES
La Morera
Ctra. Guareña, s/n
Tel. 924 36 85 49
6 habitaciones dobles.

LA NAVA DE SANTIAGO
Villa Teresa
Ctra. La Roca-La Nava de Santiago, km 13,8
Tel. 924 12 30 97
3 habitaciones dobles y 1 individual.

PROVINCIA DE CÁCERES

CÁCERES
Castillo de las Seguras
Ctra. Nac. Badajoz-Cáceres, km 11,1
Tel. 927 23 47 25
5 habitaciones dobles.

ALCÁNTARA
Casa Candi
Cuatro Calles, 8
Tel. 927 39 00 28/07 79
3 habitaciones dobles.

ACEBO
Casa del Cabrero
Finca Las Albercas-El Becerril
Tel. 927 14 17 24
2 habitaciones dobles.

El Pajar
Finca Las Albercas-El Becerril
Tel. 927 14 17 24
689 40 07 50
5 habitaciones dobles.

BROZAS
El Vaqueril
Ctra. Comarcal 523, s/n
Tel. 927 19 10 01
608 10 17 10
4 habitaciones dobles y dos con salón.

CABEZABELLOSA
El Taller
Barrero, 6
Tel. 927 48 90 44
4 habitaciones dobles.

CABEZUELA DEL VALLE
La Chinata
Ctra. de Hervás-Puerto de Honduras
Tel. 927 47 00 87
19 40 61
3 habitaciones dobles.

CUACOS DE YUSTE
La Vera de Yuste
Teodoro Perianes, 17
Tel. 927 17 22 89
6 habitaciones dobles.

GARGANTA LA OLLA
El Abuelo Marciano
Cruce Jaraíz-Garganta La Olla Km, 2,9
Tel. 927 46 04 26
608 10 09 05
5 habitaciones dobles.

GATA
Casa Maire
Humilladero, 66
Tel. 927 67 20 79
5 habitaciones.

GUIJO DE SANTA BÁRBARA
Camino Real
El Monte, 27
Tel. 927 56 11 19
6 habitaciones dobles.

HERGUIJUELA
Casa Rural Sta. Marta
Finca Santa Marta. Ctra Trujillo-Guadalupe, km 14
Tel. 927 31 92 03
3 habitaciones dobles.

La Florentina
Ctra. C-524, km 94,4
Tel. 927 22 57 44
49 00 02
3 habitaciones dobles.

Los Almendros
Ctra. C-524, km 94,4
Tel. 927 22 57 44
49 00 02
4 habitaciones dobles y 1 individual.

JARAÍZ DE LA VERA
Tía Paca
Pl. Mayor, 24
Tel. 927 17 06 92
4 habitaciones dobles.

LOSAR DE LA VERA
La Antigua Casa del Heno
Finca Valdepimienta
Tel. 927 19 80 77
8 habitaciones dobles.

NAVACONCEJO
El Molino del Sol
Ctra. C-110 PK 373,3.
Paraje de las Guerrilas
Tel. 927 47 03 13/ 00 45
4 habitaciones dobles.

Finca La Casería
Ctra. C-110 PK 378,5
Tel. 927 17 31 41
6 habitaciones dobles.

PIORNAL
Casa Verde
Libertad, 38
Tel. 927 22 07 09
6 habitaciones dobles.

La Majada de Albarrán
Ctra. Local desde la N-110 a Piornal, km 11,6
Tel. 608 00 38 06
6 habitaciones dobles.

ROBLEDILLO DE GATA
Azabal
Matadero, 3
Tel. 927 67 10 73
4 habitaciones dobles.

Cazapolen
Puente, 8
Tel. 927 67 11 09
3 habitaciones dobles y 1 individual.

Cosmopolita
Plazuela, 7
Tel. 927 67 10 48
2 habitaciones dobles con baño completo y 1 con aseo.

El Pontón
La Puente, 20
Tel. 927 50 17 97
50 40 83
3 habitaciones dobles con baño completo y 1 con aseo.

Luna Menguante
Congosto, 14
Tel. 927 67 10 48
1 habitación doble con baño y 3 dobles con aseo.

Apartamentos Casa Manadero
Manadero, 2
Tel. 927 67 11 18
5 apartamentos.

SAN MARTÍN DE TREVEJO
Casa Zoila
San Peiru, 1
Tel. 927 51 31 30
5 habitaciones dobles.

La Huerta de Valdomingo
Camino de la Piscina, s/n
Tel. 927 51 31 30
689 40 07 50
4 habitaciones dobles.

TEJADA DE TIÉTAR
La Vallejera
Ctra. Comarcal Plasencia-Jaraíz de la Vera, km 15,3
Tel. 927 41 67 92
6 habitaciones dobles.

TORREJÓN EL RUBIO
La Cañada
Virgen de Guadalupe, 5
Tel. 927 45 50 88/52 60
4 habitaciones dobles.

TREVEJO
La Veleta
Cristo, 5
Tel. 927 14 40 97
4 plazas.

VALENCIA DE ALCÁNTARA
El Regato
Huerta Luna, s/n
Tel. 927 49 10 78
4 habitaciones dobles.

VILLAMIEL
El Hornillo
Ctra. Cilleros-Villamiel
Tel. 927 19 30 61
5 habitaciones dobles.

Fuente Arcada
Ctra. Valverde-Hervás. C-513 pk 23,5
Tel. 927 19 30 81
5 habitaciones dobles con baño completo.

BALNEARIOS

PROVINCIA DE BADAJOZ

BADAJOZ
Balneario de Alange
Baños, 58
Tel. 924 36 51 06/52 13/53 05
Horario especial para visitar las termas romanas del balneario, declaradas monumento de interés nacional.
Aguas: indicadas para afecciones del sistema nervioso, aparato locomotor, ginecopatías, afecciones del aparato respiratorio, disreacciones alérgicas, alteraciones del aparato circulatorio y apoyo al entrenamiento deportivo.

Balneario de Valfernando
Ctra. de Valdecaballeros a Guadalupe, a 2 Kms
Tel. 924 64 32 12
Aguas: ideales para afecciones del aparato locomotor, del sistema digestivo y alteraciones del aparato circulatorio.

Fuentes del Trampal
Ctra. Comarcal de Carmonita, km 3,2
Tel. 924 57 04 10/29
Aguas: ideales para estados anémicos, procesos crónicos del aparato locomotor, afecciones cutáneas, alergias y artrosis.

Garganta la Olla conserva en el casco viejo sus casas de arquitectura popular

PUEBLA SANCHO PÉREZ
Balneario El Raposo
El Raposo, s/n
Tel. 924 12 30 18
608 92 27 85
Aguas indicadas para alteraciones diseo-ligamentosas, reumatología, geriatría, etc.
20 habitaciones.

PROVINCIA DE CÁCERES

CÁCERES
Balneario San Gregorio
Príncipe de Asturias, 1. Ayuntamiento de Brozas
Tel. 927 39 50 03/ 06
Aguas: ideales para afecciones reumáticas, procesos dermatológicos, afecciones digestivas, sistema nervioso y enfermedades bronco-pulmonares.

Baños de Montemayor
Avda. de las Termas, 52
Tel. 923 42 83 02/80 05
Desde Semana Santa hasta octubre.
Aguas: indicadas especialmente para tratamientos reumatológicos y respiratorios.

BAÑOS
Balneario
Avda. Calvo Sotelo, 24
Tel. 927 42 80 05
91 habitaciones.

MONTÁNCHEZ
Balneario Fuentes del Trampal
Tel. 927 12 30 18
12 habitaciones.

RESTAURANTES

PROVINCIA DE BADAJOZ

BADAJOZ
Aldebarán
Avda. de Elvas
Urb. Guadiana
Tel. 924 27 42 61
Uno de los mejores restaurantes de la región. Cocina extremeña y vasca.

Almírez Machaco
Sánchez de la Rocha, 3
Tel. 924 40 01 81

Casa Azcona
Avda. Díaz Ambrona, 20
Tel. 924 27 33 92
Cocina regional, de un sencillo y exquisito sabor casero. Precios estupendos.

Cocina Portuguesa
Muñoz Torrero, 1
Tel. 924 22 41 50

Churrasquería Viveco
Sánchez de la Rocha, 9
Tel. 924 27 01 86

El Blasón de Alcántara
Ctra. Olivenza, km 3
Tel. 924 25 24 94

Guerrero
Ctra. Olivenza, km 6
Tel. 924 23 55 16

La Alacana
Avda. Díaz Ambrona, 13
Tel. 924 27 07 05

La Esquina
Avda. Ricardo Carapeto, 44
Tel. 924 25 00 88

La Granadilla
Fco. Guerra, 6
Tel. 924 24 81 06

La Toja
Avda. de Elvas, 22
Tel. 924 27 34 77
Cocina gallega de calidad, viveros propios de marisco, caza en temporada.

Los Gabrieles
Vicente Barrantes, 21
Tel. 924 22 00 91
Cocina autóctona, con barra para picoteo.

Los Monjes
P°. de Castelar, s/n
Tel. 924 22 21 42
En el hotel Zurbarán, cocina nacional de calidad.

Martín Fierro
Rep. Argentina, 14-B
Tel. 924 25 86 02
Embutidos y emparedados.

Detalle del palacio del marqués de Monsalud, en Almendralejo

Mesón El Tronco
Muñoz Torrero, 16
Tel. 924 22 20 76
Especialidad: embutidos ibéricos, queso de Castuera, cocido extremeño y caldereta de cordero.

Mesón Zacarías
Cañada Sancha Brava, 9
Tel. 924 23 68 53
Especialidad: cordero asado, chuletón de ternera, perdiz estofada y tarta de almendras.

Orellana II
Godofredo Ortega Muñoz, 18-A
Tel. 924 25 87 53

Picasso
Díaz Ambrona, 44
Tel. 924 24 65 60

Rías Baixas
General Saavedra Palmeiro, 13
De la misma propiedad que La Toja. Barra para tapeo de calidad.

Simbo
Alcáraz Alenda, s/n
Tel. 924 25 24 74

Venta Don José
Ctra. N-IV, km 393
Tel. 924 25 16 33

ALMENDRAL
Rocamador
Carretera Badajoz-Huelva, km 41,1
tel. 924 48 90 00
Restaurante del bello hotel del mismo nombre. Cocina de aires vascos, de alta calidad.

ALMENDRALEJO
El Paraíso
Ctra. N-630 (Gijón-Sevilla), km 652
Tel. 924 66 10 01
Cocina regional: *cojodongo*, cocido extremeño, trucha del Jerte y cordero del pastor.

Nando
Ricardo Romero, 12
Tel. 924 66 12 71
Cocina casera, buenos precios.

DON BENITO
Agora
Institución Ferial
Tel. 924 81 07 51
Excelente materia prima para una cocina de la región con calidad.

Alejandro
Ctra. Medellín, km 94,5
Tel. 924 80 17 10
Especialidad: criadillas con perdiz, paletilla de cabrito al horno, pescados frescos y torta de La Serena. Vinos de Tierra de Barros.

JEREZ DE LOS CABALLEROS
La Ermita
Dr. Benítez, s/n
Tel. 924 73 14 76
Embutidos ibéricos.

Oasis
Campo, 18
Tel. 924 73 12 44
Cocina extremeña, buena bodega.

LLERENA
Gallego
Ctra. Badajoz-Granada, km 112,7
Tel. 924 87 00 50
Cocina gallega: mariscos de temporada, chuletón de ternera, carnes a la brasa. Excelente bodega galaico-extremeña.

Los Ángeles
Ctra. de la Estación, 19
Tel. 924 87 01 97
Cocina de la región, productos de calidad.

MEDELLÍN
Quinto Cecilio
Cerro Pirulito, s/n
Tel. 924 82 28 01
En lo alto de la montaña, un lugar espectacular. Exquisita cocina de la región.

MÉRIDA
Briz
Félix Valverde Lillo, 5
Tel. 924 30 42 10
Amplia selección de tapas.

Casa Nano
Castelar, 3
Tel. 924 31 82 57

Cervantes
Camilo José Cela, 10
Tel. 924 31 49 61

Cuatro Caminos
Cardero, 3
Tel. 924 30 12 55

Cuéllar
Ctra. Circunvalación
Tel. 924 31 42 19

Edma
Castelar, 8
Tel. 924 30 12 60

El Antillano
Félix Valverde Lillo, 15
Tel. 924 30 15 74
Guisos extremeños y suculentas tapas.

El Caballo
Avda. Reina Sofia, 78
Tel. 924 30 37 47
En el hotel Las Lomas. Excelente cocina de mercado.

El Conventual
Romero Leal, 11
Lo mejor, las tapas.

El Encinar
Avda. Portugal, s/n
Tel. 924 37 24 00
En el hotel Tryp Medea. Excelente cocina nacional y regional.

El Miajón
Avda. J. Fdez. López, 10
Tel. 924 30 25 05

Emperatriz
Pl. España, 19
Tel. 924 31 31 11

España
Pl. España, 14
Tel. 924 30 42 80

La Perla Extremeña
Camino de Mirandilla, 1
Tel. 924 33 06 04

Los Milagros
Ctra. N-630, km 278
Tel. 924 31 76 61

Lusitania
Oviedo, 12
Tel. 924 31 61 12

Mesón El Cazador
Vía de la Plata, s/n
Tel. 924 30 19 62

Mesón Extremeño
José Ramón Mélida, 50
Tel. 924 30 39 74

Naya
Cardero, 7
Tel. 924 30 42 07

Nicolás
Félix Valverde Lillo, 13
Tel. 924 31 96 10
Cocina casera, excelente servicio y bodega bien surtida.

Puente
Avda. Reina Sofía, s/n
Tel. 924 31 11 13

Quini
Ctra. Circunvalación
Tel. 924 30 42 53

Quintanilla
Graciano, 8
Tel. 924 31 86 01

Tanto el queso de cabra como el de oveja han pasado por certámenes y ferias con gran éxito

Rafael
Avda. Marqués de Paterna, 3
Tel. 924 30 42 54

Rafael-2
Santa Eulalia, 15
Tel. 924 30 22 93

Rufino
Pl. Santa Clara, 2
Tel. 924 30 53 12
Espléndida barra para el tapeo. Platos de caza, pescados frescos y excelente queso de La Serena.

Verato
Don Benito, 1
Tel. 924 31 99 01

Via Flavia
Pl. del Rastro, 9
Tel. 924 30 24 54

Victoria
Sagasta, 37
Tel. 924 33 07 30

Zeus
Avda. Reina Sofía, s/n
Tel. 924 31 81 11

OLIVENZA
Dosca
Pl. de la Constitución, 15
Tel. 924 49 10 65
Lo mejor de la cocina extremeña, con interesantes notas de innovación.

ZAFRA
Barbacana
López Asme, 30
Tel. 924 55 41 00
Cocina de la región con cierta dosis de creatividad. Servicio impecable.

El Ancla
Pl. de España, 8
Tel. 924 55 43 82
Excelentes platos: hojaldre de verduras, vieiras gratinadas, cochinillo asado y caldereta de cordero

La Cabaña
Recinto Ferial, s/n
Tel. 924 55 21 06
Materia prima de calidad, productos de temporada, pescados frescos.

PUEBLA DE LA REINA
Mesón la Jara-Casa Andrés
Luis Chamizo, 14
Tel. 924 36 00 05
Cocina extremeña de muchísima calidad, puesta al día, con recetas originales.

VILLANUEVA DE LA SERENA
Los Juncos
Magacela, 44
Tel. 924 84 18 58
Cocina casera, excelente calidad y servicio impecable.

PROVINCIA DE CÁCERES

CÁCERES
Alaska
Avda. Ruta de la Plata, 12
Tel. 927 23 11 94
Carnes de ternera.

Atrio
Avda. de España, 30
Tel. 927 21 38 01
Uno de los grandes restaurantes de España. Cocina innovadora, de altísima calidad. Bodega impresionante, servicio impecable. Carta de puros.

Bodega Medieval
Orellana, 1
Tel. 927 24 54 58
Cuidada cocina de la tierra y buenos vinos.

Casa Agustín
Floriano Cumbreño, 4
Tel. 927 23 37 93

Casa Severo
Gómez Becerra, 29
Tel. 927 21 23 07
Especializado en ancas de rana.

Chiara
Pl. San Juan, 2
Tel. 927 24 73 03
Cocina italiana.

Donde Manuel
Gómez Becerra, 14
Tel. 927 24 22 32

El Figón de Eustaquio
Pl. San Juan, 12
Tel. 927 24 81 94
Cocina extremeña, y productos de calidad.

El Gran Mesón
Gral. Ezponda, 7
Tel. 927 24 77 26

El Rincón de Julio
Sánchez Manzano, 3
Tel. 927 21 73 19

La Dorada
Antonio Hurtado, 14
Tel. 927 22 53 05

La Posada
Pintores, 34
Tel. 927 26 00 09

La Troya
Juan XXIII, 1
Tel. 927 24 13 28

Los Siete Robles
Ctra. Monroy, s/n
Tel. 927 18 02 43
Lo mejor, el pulpo a la gallega.

Malvasía
Catedrático Antonio Silva, 5
Tel. 927 21 45 41

Mesón El Asador
Moret, 34
Tel. 927 22 38 37
Tapas, excelentes vinos extremeños.

Mesón Ibérico
Pl. San Juan, 10
Tel. 927 22 29 59
Surtidos de jamón ibérico y quesos extremeños.

La dehesa de bellotas y alcornoques es el hábitat en el que los cerdos ibéricos hallan su medio idóneo

Mesón Orense
Gral. Yagüe, 11
Tel. 927 22 47 57

Oquendo
Avda. Virgen de la Montaña, 5
Tel. 927 21 11 32
Pescados del Cantábrico.

Palacio de los Golfines
Olmos, 2
Tel. 927 24 05 66
En un espléndido palacio del siglo XV, cocina sencilla pero exquisita.

Puchero
Virgen Montaña, 8
Embutidos ibéricos de la mejor calidad.

Torre de Sande
Los Condes, 3
Tel. 927 21 11 47
Ubicado en un bellísimo e histórico palacete. Cocina de autor, totalmente rompedora. Merece la pena probarla.

Torreorgaz
Sancha, 6
tel. 927 21 17 59
El restaurante del parador. Cocina regional de calidad. Buena bodega.

ALCÁNTARA
El Puente
Avda. Mérida, s/n
Tel. 927 39 03 83
Cocina regional y embutidos ibéricos.

Gudín
Pl. de Portugal, 4
Tel. 927 39 01 43
Cocina regional y casera.

Kantara al Saif
Avda Mérida, s/n
tel. 927 39 09 78
Comida casera, buenos precios.

CORIA
Copacabana
Cervantes, 76
Tel. 927 50 19 92
Carnes a la brasa.

Mesón El Bobo de Coria
Pizarro, 6
Tel. 927 50 07 95
Cocina y vinos de la región.

GARGANTA LA OLLA
La Vera
Toril, 5
Tel. 927 17 96 33
Cocina de la región: migas, caldereta de cabrito, carnes a la brasa y bollo de higos.

GUADALUPE
Cerezo
Gregorio López, 20
Tel. 927 36 73 79
Especialidad: Migas, caldereta de cordero, chuletas de cabrito, revuelto de trigueros y arroz con leche.

Hospedería del Real Monasterio
Pl. Juan Carlos I, s/n
Tel. 927 36 70 00
Cocina casera, excelente relación calidad-precio.

Mesón el Cordero
Alfonso Onceno, 24
Tel. 924 36 71 31
Cocina regional de excelente calidad. También, tienda de productos extremeños.

Mesón Extremeño
Pl. de Santa María
Tel. 927 36 73 60
Cocina de la zona: sopa de puchero, caldereta extremeña.

HERRERA DEL DUQUE
El Príncipe
Cerrillo, s/n
Tel. 924 65 01 48
Cocina regional, buenos precios.

Mesón La Quinta Rueda
Avda. de Extremadura, 6
Tel. 924 65 03 64
Espectaculares parrilladas.

HERVÁS
La Vaca Brava
Cerrillo, s/n
Tel. 927 48 12 38
Carnes asadas a la brasa, vino de Pitarra de cosecha propia.

Mesón Nardi
Braulio Navas, 19
Tel. 927 48 13 23
Carnes asadas y vino de la tierra.

HOYOS
Il Cigno
Avda. Extremadura, 33
Tel. 927 51 44 13
Cocina italiana y regional. El mejor restaurante de Las Hurdes. Buenos precios.

JARANDILLA DE LA VERA
El Labrador
Calvo Sotelo, 123
Tel. 927 56 07 91
Cocina extremeña, junto con recetas de otros puntos de la Península. Muy buena elaboración.

Jaranda
Calvo Sotelo, 91
Tel. 927 56 02 06
Cocina de la región

Punta Pario II
Pizarro, 8
Tel. 927 56 03 92
Carta sencilla y muy extremeña: embutidos ibéricos, sopa de tomate, *cuchifrito*, rabo de toro estofado, magro con pimientos, callos y queso de cabra.

LOGROSÁN
La Parrilla
Ctra. Villanueva, s/n
Tel. 927 36 08 07
Cocina de la zona y buenos vinos de Tierra de Barros.

Los Rosales
El Palomar, s/n
Tel. 927 36 02 20
Embutidos ibéricos, carnes a la brasa, vino de Cañamero y Pitarra.

LOSAR DE LA VERA
Antigua Casa del Heno
Finca Valdepimienta
Tel. 927 19 80 77
Delicias extremeñas.

Carlos V
Avda. Extremadura, 45
Tel. 927 57 06 36
Cocina casera de alta calidad. Un ejemplo, el cabrito criado por los propietarios.

MONTÁNCHEZ
Los Halcones
Virgen del Castillo, 2
Tel. 927 38 00 08
Embutidos de la región, especialidades del cerdo y cochinillo, vinos de Rioja y Pitarra.

Montecalabria
General Margallo, 2
Tel. 927 38 02 16
Cocina regional, embutidos ibéricos y muestras de cerdo en época de matanza.

NAVALMORAL DE LA MATA
Los Arcos de Barán
Regimiento de Argel, 6
Tel. 927 53 30 60
Carnes, paletilla de cordero o cabrito, parrilladas y pescado fresco. Postres caseros y vinos extremeños.

Moya
Ctra. N-V, km 180
Tel. 927 53 05 33
Carnes y asados. Vinos de Tierra de Barros.

PLASENCIA
Acueducto
Sor Valentina Mirón, 13
Tel. 927 42 16 84

Alfonso VII
AlfonsoVII, 32
Tel. 927 41 02 50
En el hotel del mismo nombre. Cocina regional.

En tierras extremeñas se dan cita una larga lista de trabajos artesanales

Alpemar
Avda. Salamanca, s/n
Tel. 927 42 19 42

Casa Juan
Arenillas, 5
Tel. 927 42 40 42

El Carro
Avda. de la Vera, 18
Tel. 927 41 40 81

El Paraíso
Ctra. del Valle, km 403
Tel. 927 41 35 13

El Rincón Extremeño
Vidrieras, 6
Tel. 927 41 11 50
Tapas y cocina regional.

Gredos
Pl. Mayor, 4
Tel. 927 42 10 81

La Alacena de Chus
Higuerillas, 2
Tel. 927 41 37 86
Cocina de corte innovador.

La Despensa Extremeña
Avda. Cáceres, s/n
Tel. 927 41 87 15

La Taberna Extremeña
Vidrieras, 2
Tel. 927 42 18 63
Cocina típica de la zona.

Los Monjes
Sor Valentina Mirón, 24
Tel. 927 42 08 08

Puerta Talavera
Talavera, 30
Tel. 927 42 42 69
Cocina regional, con sabios intentos renovadores. Raciones abundantes, trato amable y buenos precios.

Rigoletto
Puerta del Sol, s/n
Tel. 927 42 10 86

Rina
San José, 1
Tel. 927 41 15 42

PERALES DEL PUERTO
La Taberna Encantada
Pl. del Reloj, 4
Tel. 924 51 41 74
Cocina imaginativa a buen precio.

SAN MARTÍN DE TREVEJO
Los Cazadores
San Pedro, s/n
Tel. 924 51 32 48
Cocina casera, servicio amabilísimo.
Precios excepcionales por lo económicos.

TRUJILLO
La Cadena
Pl. Mayor, 5
Tel. 927 32 14 63
Cocina regional de mucha calidad, postres caseros.

La Majada
Ctra. N-V, km 259
Tel. 927 32 03 49
Cocina casera, embutidos ibéricos. Amplia carta de vinos.

Mesón Troya
Pl. Mayor, 10
Tel. 927 32 13 64
Excelente cocina regional, raciones abundantes. Menú a precio único.
Un auténtico espectáculo en sí mismo.

Pizarro
Pl. Mayor, 13
Tel. 927 32 02 55
Uno de los pioneros de la auténtica cocina extremeña. Calidad en la elaboración y en la materia prima.
Vinos extremeños.
Es conveniente reservar mesa.

COMPRAS

PROVINCIA DE BADAJOZ

BADAJOZ
Carnicería Alberto
San Isidro, 6
Carnes de calidad, embutidos ibéricos.

Embutidos Pepe
Virgen de Guadalupe
Embutidos, quesos y jamones, todo de calidad.

La Casa de los Jamones
Ctra. de Córdoba, km 2,6
Jamones y embutidos ibéricos.

La Perla
Sto. Domingo, 71
Embutidos y bacalao.

La Encina
Castelar, 5
Artesanía extremeña.

La Vinatería
Martín Cansado, 9 B
Vinos nacionales, con profusión de extremeños.
Productos exquisitos.

ALMENDRALEJO
Bodegas Inviosa
Avda. Paz, 19
Elabora los mejores vinos de Tierra de Barros.

Confitería Delgado
Real
Exquisita pastelería, también es cafetería.

Convento de Santa Clara
Palacios, s/n
Dulces de almendra con miel.

El Danubio
Ctra. Sevilla, km 311
Excelente repostería.

Sabores Extremeños
Gonzalo Hernández, 5
Productos de la tierra, exquisito licor de bellotas.

DON BENITO
La Bodeguilla
Fuente, 42
Vino, dulces y mermeladas artesanales.

JEREZ DE LOS CABALLEROS
Institución Ferial
Pl. San Agustín, 1
Tel. 924 73 03 84
Embutidos.

La Jamonería
Templarios, 8
Embutidos, carnes frescas y exquisiteces.

Matadero Luis Narváez
Villanueva, s/n
Jamón, lomo y otros embutidos.

LLERENA
Artesanía Minerva
Ctra. Guadalcanal, s/n
Taller de cerámica y escultura.

Cogasa
Cañuelo, 12
Quesos, jamones y embutidos.

Convento de las Clarisas
Calvo Sotelo, 23
Dulces almendrados y corazones de monja.

MÉRIDA
Balbina Esteban
José Ramón Mélida, 18
Artesanía en vidrio

Confitería Gutiérrez
Pl. de España, 5
Elabora los populares caramelos de Santa Eulalia.

Convento de las Madres Concepcionistas
Santa Beatriz de Silva, 4
Almendrados y pasteles.

Garylop
José Ramón Mélida, 24
Cerámica típica de la comarca.

Mercado de Calatrava
Pl. de Abastos, s/n
Variedad de productos extremeños.

Mithua
José Ramón Mélida. 35
Vidriería y cerámica.

Resti
Pontezuelas, 1
Fábrica de embutidos, excelentes jamones.

Ultramarinos Zancada
Santa Eulalia, 38
Embutidos y vinos extremeños.

OLIVENZA
Casa Fuentes
Calle de los Baldosines
Técula-mécula y otros dulces oliventinos.

VILLAFRANCA DE LOS BARROS
Falces
Carretera Castejón
Pasteles de elaboración propia.

ZAFRA
Cerámica Extremeña
Pl. Corazón de María, 8
Cerámica típica regional.

Convento de Santa Clara
Sevilla, 3
Mantecados, corazones de obispo, mazapanes y polvorones.

La Gourmetería
Sevilla, 8
Embutidos, conservas y ahumados.

Olga
Pl. de España, s/n
Cerámica, latón y cuero.

Pastelería Argentina
Sevilla, 5
Repostería artesanal.

PROVINCIA DE CÁCERES

CÁCERES
Aparicio
Rodríguez Moñino
Vinos y licores.

Convento de San Pablo
Pl. de San Pablo
Repostería.

Convento de Santa Clara
Pl. de Santa Clara
Repostería.

El Gourmet de la Bellota
Pl. de San Juan, 6
Embutidos, conservas, vinos y licores.

El Palacio de los Vinos
Ancha, 4
En un bello palacete, vinos de toda España. Zona de degustación y picoteo.

Jamonería de Pintores
Pintores, 30
Productos del cerdo ibérico, vino, licores y dulces de la tierra.

Jacinta González
Pl. San Jorge, 5
Cerámica y gorros de Montehermoso

Juan Mostazo
San Antón, 6
Embutidos y vinos.

Mansaborá
Pl. San Juan, 13
Cerámica y otras variedades de artesanía.

Monasterio Santa María de Jesús
Olmo, 6
Repostería.

Pastelería Estila
Avda. Montaña
Los pasteles son riquísimos.

Pastelería La Parisina
Rodríguez Moñino
Pasteles y repostería de calidad.

Waechtersbach Española
Pol. Las Capellanías
Vajillas y cerámicas.

GARGANTA LA OLLA
Muchos vecinos venden vino de Pitarra a granel, licores de frutas y mermeladas artesanales.

GUADALUPE
Las Altamiras
Convento, 8
Roscos de yemas, *muégados* almendrados y roscos de San Blas.

Cobres Guadalupe
Cruz del Humilladero, 3
Objetos de cobre y latón.

La pieza más destacada de la alcazaba árabe de Mérida es el aljibe

Hijos de Juan Poderoso
Pl. de Santa María, 31
Calderería.

HERVÁS
Longinos
Rabilero
Cestería.

Muebles
Varias cooperativas de fabricantes venden directamente sus muebles, realizados principalmente con madera de castaño.

LOGROSÁN
En cualquier establecimiento del pueblo se puede adquirir una excelente cecina, así como los populares dulces de la región como la bolla de chicharrones, perrunillas y bollos dormidos.

MONTÁNCHEZ
Álvaro Galán
Obispo Senso, 67
Embutidos.

Antonio Caravaca
Fuente Santa Cruz, 6
Embutidos.

Dehesa Extremadura
Ctra. Gral, s/n
Embutidos.

Hijas de Vicente Fernández
Baluarte, 40
Embutidos.

Jamones Casa Bautista
Lectoral Lozano, 18
Jamones y embutidos.

Vicente Sánchez
Remedios, 7
Trabajos en mimbre.

PLASENCIA
Gregorio García
Rda. del Salvador, 49
Alfarería.

Joaquín El Pozo
Rda. del Salvador, 49
Forjas.

Juan José Leno
Ctra. Ciudad Rodrigo, s/n
Tinajas.

La Casa del Jamón
Sol, 18
Embutidos y jamones ibéricos.

La Despensa de Extremadura
Ctra. Gral. (salida Dirección Sur)
Variedad de productos regionales.

Pastelería Virgen del Puerto
Pl. San Esteban.
La mejor pastelería de la villa.

Vicente Martín
Tesito, 7
Joyas de filigrana.

TRUJILLO
Casa Leo
Calle Nueva
Chorizos y quesos.

Cerámica Margarita
Pl. Mayor, 18
Cerámica típica extremeña.

Singular cabina de teléfonos, construida en madera, existente en la localidad de Hervás

Convento de San Pedro
San Pedro, 5
Bordados.

Convento de Santa Clara
Pl. de Santa Clara
Dulces, bizcochos y tartas.

Cueros Diego Pablos
Pl. Mayor
Objetos de cuero.

Domingos Pablos
Pl. San Judas, 12
Objetos de mimbre.

Pepe Mateos
Altozano, 7
Jamones de pata negra.

Poter y Taller
San Pedro, 12
Cerámica y bjetos de barro.

TURISMO

PROVINCIA DE BADAJOZ

BADAJOZ
Oficina de Turismo
Pl. Libertad, 3
Tel. 924 22 27 63

Oficina Municipal de Información Turística
Pje. San Juan, s/n
Tel. 924 22 49 81

JEREZ DE LOS CABALLEROS
Oficina de Turismo
Pl. de San Agustín, 1
Tel. 924 73 03 84

PROVINCIA DE CÁCERES

CÁCERES
Oficina de Turismo
Pl. Mayor, 37
Tel. 927 24 63 47

ALCÁNTARA
Oficina de Turismo
Avda. de Mérida, 21
Tel. 927 39 08 63

ALMENDRALEJO
Centro de Iniciativas Turísticas
Mérida, 17
Tel. 924 67 01 62

CORIA
Oficina de Turismo
Avda. de Extremadura, 39 A
Tel. 927 50 13 51

GUADALUPE
Oficina de Turismo
Pl. de Santa María, s/n
Tel. 927 15 41 28

JARANDILLA DE LA VERA
Oficina de Turismo
Tel. 927 56 04 60

MÉRIDA
Oficina de Turismo
José Álvarez Sáez de Buruaga
Tel. 924 31 53 53

TRUJILLO
Oficina de Turismo
Pl. Mayor, s/n
Tel. 927 32 26 77

ZAFRA
Oficina de Turismo
Pl. de España, s/n
Tel. 924 55 10 36

TELÉFONOS DE INTERÉS

PROVINCIA DE BADAJOZ

BADAJOZ
Aeropuerto
Ctra. Badajoz-Balboa
Tel. 924 21 04 00

RENFE
Carolina Coronado, s/n
Tel. 924 27 11 70

Autobuses
José Rebollo López,
Tel. 924 25 86 61

PROVINCIA DE CÁCERES

CÁCERES
RENFE
Avda. Alemania, s/n
Tel. 927 23 50 61

Autobuses
Ctra. Gijón-Sevilla
Tel. 927 23 25 50

MÉRIDA
Estación Autobuses
Avda. Libertad, s/n
Tel. 924 37 14 04

RENFE
Cardero, s/n
Tel. 924 31 81 09

PLASENCIA
Oficina de Turismo
Del Rey, 8
Tel. 927 42 21 59

Mapa Índice

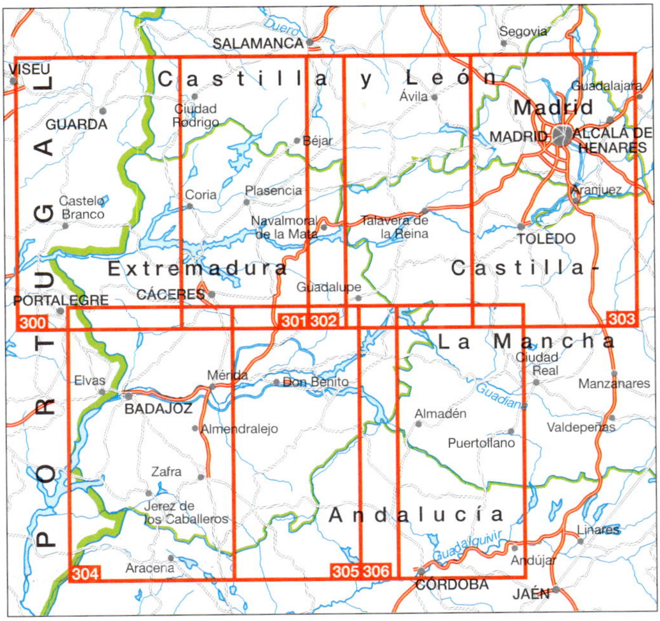

SIGNOS CONVENCIONALES

1:855.000

- Autopista con enlace - Estación de servicio (Borges, Amei, 13)
- Autopista en construcción
- Carretera de cuatro o más carriles, de una o dos calzadas - en construcción
- Ruta de larga distancia - en construcción
- Carretera nacional - Carretera principal importante
- Carretera principal - Carretera secundaria
- Otros viales (pistas y caminos)
- Numeración de carreteras: carretera europea - autopista carretera nacional - otras (E 6, A 4, N IV, 333, 442, 123)
- Pendiente - Ferrocarril (10%)
- Transbordador de automóviles - ~fluvial
- Distancias en kilómetros en autopistas (75, 9, 3)
- Distancias en kilómetros en las demás carreteras (12, 7, 2)
- Aeropuerto - Aeródromo
- Cueva - Torre - Faro - Vista panorámica
- Hotel aislado - Refugio de montaña - Albergue de juventud - Centro de vacaciones
- Motel - Camping - Playa
- Frontera de estado - Paso fronterizo
- Límite regional

Trancoso
Muralha
Tamanhos
Pinhel
Souro Pires
Caldas da Cavaca
Pena Verde
Sátão
Penalva do Castelo (Insua)
Vila Franca das Naves
Malta
Vale Verde
Almeida
Fuerte Concepción
Villar de Ciervo
Aldea del Obispo
Castillejo de Martín Viejo
Castelo de Penalva
Chãs de Tavares
Fornos de Algodres
Celorico da Beira
Ratoeira
Freixedas
Vendada
Avelãs de Ambom
Carvalhal
Safurdão
Gallegos de Argañán
Carpio de Azaba
Vila Cortês da Serra
Cortiço da Serra
Cabeça Alta 1287
Pêro Soares
Jarmelo
Pínzio
Castelo Mendo
Vilar Formoso
Fuentes de Oñoro
Espeja
Cativelos
Linhares
Arrifana
Guarda
Nespereira
Gouveia
Folgosinho
Trinta
Cerdeira
Malhada Sorda
Nave de Haver
Serra da Estrela
Seia
Vila Fernando
Adão
Vilar Maior
Ituero de Azaba
El Bodón
R. Mondego
Manteigas
Valhelhas
Gonçalo
Rapoula do Côa
Fuenteguinaldo
Sacraparte
Nave
Alfaiates
Aldeia da Ponte
La Alberguería de Argañán
Robleda
Loriga
Poço do Inferno
Teixoso
Belmonte
Centum Callas
Carvalhal
Castelo de Cinco Quinas
Sabugal
Sortelha
Souto
Peñaparda
Villasrubias
Penhas da Saúde
Covilhã
Caria
Fóios
Navasfrías
Tortosendo
Reserva Natural Parcial da Serra da Malcata
Mezas 1265
El Payo
Pto. de Perales
Gata
Paul
Alcaria
Capinha
Benquerença
Valverde del Fresno
Eljas
Fatela
Penamacor
San Martín de Trevejo
Torre de Don Miguel
Hoyos
La Fatela
Fundão
Castelejo
Silvares
Alpedrinha
Nsa. Sra. Bom Sucesso
Perales del Puerto
Vale de Prazeres
Pedrógão
Cilleros
R. Erjas
R. Erges
Orca
Penha Garcia
Medelim
Moraleja
Emb. de Arrago
Calzadilla
São Vicente da Beira
Soalheira
Monsanto
Muralha Rom.
Almaceda
Lardosa
São Miguel de Acha
Proença-a-Velha
R. Ponsul
Egitânia (rom.)
Vegaviana
Coria
Murallas
Tinalhas
Idanha-a-Nova
Muralha
Lousa
Alcafozes
Barragem da Idanha
Salgueiro do Campo
Alcains
Escalos de Baixo
Pescueza
Sarzedas
Penafiel
Zarza la Mayor
Portaje
Castelo Branco
Ladoeira
Zebreira
Salvaterra do Extremo
Ermita del Encinar
Emb. de Portaje
Nossa Senhora de Nércoles
Segura
Ceclavín
Castrum São Marthino
Represa
Piedras Albas
Acehúche
Sarnadas de Ródão
Monforte da Beira
Puente Romano
Emb. de Alcántara
Serrasqueira
Monte Fidalgo
Rosmaninhal
Mata de Alcántara
Garrovillas
Alcántara
Vila Velha de Ródão
Malpica do Tejo
R. Tejo
R. Tajo
Cedillo
Herrera de Alcántara
Villa del Rey
Montalvão
Cabajo
Santiago de Alcántara
Ermita del Buen Jesús
Brozas
Navas del Madroño
Nisa
Póvoa e Meadas (Nossa Senhora da Graça)
R. Sever
R. Salor
Membrío
Muralha
Barragem do Poio
Barragem da Póvoa
Salorino
Herreruela
Sierra del Colorado
Erm. Ntra. Sra. de la Luz
Arroyo de la Luz
Beirã
Alpalhão
Castelo de Vide
Marvão
Valencia de Alcántara
703
Torrico de San Pedro
Aliseda
Malpartida de Cáceres
Alagoa
Ermita del Hito
Sierra de San Pedro
Vale do Peso
São Salvador da Aramenha
Ribeira de Nisa
San Vincente de Alcántara
Castillo de Piedrabuena
Flor da Rosa
Fortios
Mártires
Serra de São Mamede
Pto. del Clavín (412)
Crato
863
Reguengo
Jola
Portalegre
Catedral
304

La Fuente de San Esteban
Retortillo
Martín de Yeltes
San Muñoz
Carrascal del Obispo
Vecinos
E 803
630
Galisancho
Valdecarros
Monterrubio de la Sierra
Fresno-Alhándiga
Las Veguillas
Cabrillas
R. Huebra
Garcigalindo
Anaya de Alba
384
Sancti-Spiritus
Valdecarpinteros
Aldehuela de Yeltes
Tamames
Tejeda y Segoyuela
512
Frades de la Sierra
134
Galinduste
Horcajo Medianero
Diego Álvaro
Emb. de Santa Teresa
Berrocal de Salvatierra
Ciudad-Rodrigo
Morasverdes
515
El Cabaco
525
Linares de Riofrío
Endrinal
Arevalillo
Mercadillo
Guijuelo
Serradilla del Arroyo
Valero
Los Santos
Cespedosa
Gallegos de Solmirón
Monasterio de la Peña de Francia
Sequeros
Fuentes de Béjar
Santibáñez de la Sierra
Sta. María del Berrocal
La Alberca
Puerto de Las Batuecas
(1250)
Miranda del Castañar
Castilla y León
Extremadura
Martiago
Riomalo de Arriba
Cristóbal
Ledrada
Santibáñez de Béjar
Villar de Corneja
Piedrahíta
515
Sanchotello
Sorihuela
Vegas de Domingo Rey
Sotoserrano
R. Alagón
La Horcajada
La Aldehuela
Puerto Viejo
(1100)
Puerto de Vallejera
(1202)
Béjar
Becedas
Aldehuela
Cerezal
Vegas de Coria
Montemayor del Río
Palacio Ducal
Candelario
Santa María de los Caballeros
El Barco de Avila
Caminomorisco
Lagunilla
Tremedal
Parque Regional Sierra de Gredos
146
Pinofranqueado
La Garganta
Pto. de Tornavacas
(1275)
R. Tormes
La Aliseda de Tormes
Descargamaria
La Pesga
Baños
Casas del Puerto de Tornavacas
Navalonguilla
Marchagaz
Mohedas
Hervás
Abadía
El Estrozadero
Navalguijo
2271
630
Emb. de Gabriel y Galán
Tornavacas
Jerte
Mesas Altas
Sierra de Gredos
Zarza de Granadilla
1826
Camocho
2240
Montes de Tras la Sierra
Villanueva de la Sierra
Ahigal
Casas del Monte
Cabezuela del Valle
Emb. de Borbollón
E 803
Navaconcejo
Madrigal de la Vera
Emb. de Valdeobispo
Castillo de Caparra
R. Jerte
Aldeanueva de la Vera
Losar de la Vera
Villanueva de la Vera
203
Guijo de Coria
Monasterio de Yuste
Cabezabellosa
Jarandilla de la Vera
Palacio de Rosarito
Oliva de Plasencia
110
Piornal
Valverde de la Vera
Montehermoso
Valdeobispo
Barrado
Cuacos de Yuste
Pasarón de la Vera
Jaraíz de la Vera
Carcaboso
Plasencia
Acueducto rom.
Barquilla de Pinares
Morcillo
Tiétar del Caudillo
El Batán
Malpartida de Plasencia
Rosalejo
Galisteo
Talayuela
R. Tiétar
Palacio Nuevo de Fresnedoso
R. Alagón
Riolobos
Majadas
108
Torrejoncillo
Holguera
La Bazagona
E 90
NV
Mirabel
Navalmoral de la Mata
81
Castillo de Montfragüe
Emb. Arrocampo-Almaraz
Casatejada
Monasterio del Palancar
Parque Natural de Monfragüe
Emb. de Torrejón
Castillo Monroy
Peraleda de la Mata
Portezuelo
Ermita de Santa Catalina
Serradilla
Serrejón
Belvis de Monroy
Casas de Millán
Almaraz
Cañaveral
Torrejón el Rubio
R. Tajo
Emb. de Valdecañas
NV
Bohonal de Ibor
Talaván
134
Hinojal
Campillo de Deleitosa
Santiago del Campo
Jaraicejo
Fresnedoso de Ibor
Monroy
Deleitosa
R. Almonte
Emb. de Alcántara
Palacio Burdallo Grande
Castañar de Ibor
E 803
Aldea de Trujillo
Torrecillas de la Tiesa
Robledollano
Casar de Cáceres
Castillo de Espejel
Palacio Real
Roturas
Aldeacentenera
Cáceres
Cáceres el Viejo
Santa Marta de Magasca
Palacio de Casillas
Emb. de Cáceres
Castillo Granja de Mirabel
Trujillo
Virgen de la Montaña
521
El Arca del Agua
Sierra de Fuentes
Palacio de Magasquilla
Madroñera
Berzocana
Guadalupe
Valdesalor
Torreorgaz
Torrequemada
Plasenzuela
La Cumbre
NV
1004
Garciaz
Emb. de Cancho del Fresno
100
E 803
Cañamero
Emb. del Salor
Torremocha
E 90
Logrosán
630
R. Salor
R. Tamuja
Ibahernando
102
Ruinas ibéricas
Aldea del Cano
Puerto de Santa Cruz
Valdefuentes
305
Zorita

Alba de Tormes
Valdecarros
Santiago de la Puebla
Alaraz
Salmoral
Mancera de Arriba
Cabezas del Villar
Herreros de Suso
S. Pedro del Arroyo
S. Juan de la Encinilla
Las Berlanas
Mingorría
Cardeñosa
Berrocalejo de Aragona
Maello
Igl. de S. Sebastián
Tolbaños
Aldeavieja
Galisancho
Fresno-Alhándiga
Anaya de Alba
Galinduste
Diego Álvaro
Horcajo Medianero
Emb. de Santa Teresa
Arevalillo
Mercadillo
Cespedosa
Gallegos de Solmirón
Sta. María del Berrocal
Santibáñez de Béjar
Villar de Corneja
Piedrahíta
La Horcajada
La Aldehuela
Grandes
Muñico
Ortigosa de Rioalmar
Puerto de las Fuentes (1499)
Muñogalindo
Padiernos
Ávila
Urraca-Miguel
Sierra de Ávila
Muñana
Villatoro
Bonilla de la Sierra
Puerto de Villatoro (1399)
Serrota
Niharra
Riofrío
R. Adaja
Solosancho
Mengamuñoz
Puerto de Menga (1566)
Navalacruz
Ulaca
Puerto de Navalmoral (1514)
Puerto de Paramera (1416)
Puerto del Boquerón (1323)
La Cañada
S. Bartolomé de Pinares
Puerto de Arrebatacapas (1068)
Barraco
San Juan de la Nava
Navalmoral
Burgohondo
Cebreros
Emb. de Burguillo
El Tiemblo
Toros de Guisando
CORDILLERA
Navacepedilla de Corneja
Puerto de la Peña Negra (1909)
Herguijuela
Santa María de los Caballeros
El Barco de Ávila
San Martín del Pimpollar
Hoyocasero
Navatalgordo
Navaluenga
R. Alberche
Navacepeda de Tormes
R. Tormes
Puerto del Pico (1352)
Navarrevisca
Serranillos
Puerto de Mijares (1570)
Piedralaves
Casillas
La Adrada
La Aliseda de Tormes
Casas del Puerto de Tornavacas
Navalonguilla
Parque Regional Gredos
El Arenal
Mijares
San Esteban del Valle
Gavilanes
Casavieja
Sotillo de la Adrada
Cadalso de los Vidrios
El Estrozadero
Navalguijo
Sierra de
Almanzor
Monasterio de San Pedro de Alcántara
Sierra de Gredos
Guisando
Mombeltrán
Pedro Bernardo
Ermita de Fuente Santa
R. Tiétar
Cenicientos
La Iglesuela
Higuera de las Dueñas
Santuario de Ntra. Sra. de Chilla
Arenas de San Pedro
Lanzahíta
Buenaventura
Madrigal de la Vera
Candeleda
Poyales del Hoyo
Cuevas del Águila
Navamorcuende
Pelahustán
Losar de la Vera
Villanueva de la Vera
Palacio de Rosarito
Castilla y León
Castilla - La Mancha
El Real de San Vicente
Nombela
Valverde de la Vera
Montesclaros
Castillo de Bayuela
Hormigos
Emb. de Rosarito
Parrillas
Marrupe
R. Alberche
El Casar de Escalona
Navalcán
San Román de los Montes
Emb. de Cazalegas
Barquilla de Pinares
Las Ventas de San Julián
Segurilla
Tiétar del Caudillo
Mejorada
Cazalegas
Domingo Pérez
Rosalejo
Emb. de Navalcán
Velada
Corchuela
Lucillos
Gamonal
Cebolla
Murallas romanas
Talavera de la Reina
R. Tajo
La Mata
Castillo de Villalba
Oropesa
Navalmoral de la Mata
La Calzada de Oropesa
Lagartera
Calera y Chozas
La Pueblanueva
Malpica de Tajo
El Carpio de Tajo
Castillo Monroy
Peraleda de la Mata
Torrico
Ermita de Bienvenida
Las Herencias
San Bartolomé de las Abiertas
Palacio de la Sierrecilla
Belvis de Monroy
Emb. de Azután
El Bercial
Villarejo de Montalbán
Emb. de Valdecañas
Valdeverdeja
El Puente del Arzobispo
Belvís de la Jara
Alcaudete de la Jara
San Martín de Pusa
Bohonal de Ibor
Aldeanueva de Barbarroya
Retamoso
Valdelacasa de Tajo
Campillo de Deleitosa
Los Navalmorales
Villar del Pedroso
La Estrella
Fresnedoso de Ibor
Los Navalucillos
Navahermosa
Aldeanueva de San Bartolomé
La Nava de Ricomalillo
Castañar de Ibor
Robledo del Mazo
Castillo Dos Hermanas
Robledollano
Navatrasierra
Mohedas de la Jara
Robledo del Buey
El Campillo de la Jara
Roturas
Cervales
Montes
Puerto de S. Vicente (807)
Navas de Estena
Castillo Granja de Mirabel
Anchuras
El Arca del Agua
Monasterio de Guadalupe
R. Guadarranque
Guadalupe
Alía
Valdeazores
Berzocana
Castillo Granja de Valdefuentes
Castilla - La Mancha
Extremadura
Emb. de Cancho del Fresno
Cañamero
Reserva Nac. de Cíjara
R. Estena
Parque Natural Cabañeros
Logrosán
Guadisa
Emb. de García de Sola
Helechosa
Horcajo de los Montes
Ruinas ibéricas
Palacio Cast. de Cíjara
305
306

MADRID
GETAFE
Alcorcón
Móstoles
Leganés
Fuenlabrada
Pozuelo de Alarcón
Alcobendas
San Sebastián de los Reyes
Torrejón de Ardoz
Alcalá de Henares
Colmenar Viejo
Collado-Villalba
Arganda
Pinto
Valdemoro
Ciempozuelos
Aranjuez
Toledo
Villacañas
Madridejos
Consuegra
Sta. Cruz del Valle de los Caídos
S.Lorenzo de El Escorial
C E N T R A L
d e T o l e d o

300
Serra de São Mamede
Reguengo
Jola
Castillo de Piedrabuena
Santa María del Mercado
Castillo de Azalaga
Alburquerque
La Codosera
Pto. del Clavín
Aldea del Cano
Estena
Puebla de Obando
Pto. de la Cobacha
Pto. de los Conejeros
Esperança
Ermita de Carrión
Arronches
La Roca de la Sierra
Villar del Rey
Carmonita
Cordobilla de Lácara
Nossa Senhora da Graça dos Degolados
Nsa. Sra. do Rosário
Ouguela
R. Xévora
R. Zapatón
Bótoa
Barragem do Caia
Ermita de S. Pedro
Aljucén
Azeiteiros
Muralha
Campo Maior
La Nava de Santiago
Santa Eulália
Mirandilla
Barbacena
Valdebótoa
Novelda del Guadiana
Guadiana del Caudillo
Esparragalejo
Trujillanos
Vila Fernando
Gévora del Caudillo
Montijo
La Garrovilla
Mérida
Aqueduto da Amoreira
Elvas
BADAJOZ
Talavera la Real
Puebla de la Calzada
Torremayor
Calamonte
Don Álvaro
Vila Boim
Alvarado
Lobón
Arroyo de San Serván
R. Guadiana
R. Guadajira
Ciladas (S. Romão)
Juromenha
San Francisco de Olivenza
Torremegía
Villarreal
La Albuera
Entrín Bajo
Corte de Peleas
Solana de los Barros
Almendralejo
Olivenza
Valverde de Leganés
San Benito de la Contienda
Ruinas Romanas
Alor
Torre de Miguel Sesmero
Almendral
Aceuchal
Rosário
Santa Marta
Villalba de los Barros
Villafranca de los Barros
Castillo
Nogales
Erm. de Ntra. Sra. de los Santos
Convento de Rocamador
La Morera
La Parra
Aldeia de Ferreira
Cheles
Alconchel
Táliga
Barcarrota
Ribera del Fresno
Salvaleón
Fuente del Maestre
Salvatierra de los Barros
Feria
Los Santos de Maimona
Higuera de Vargas
La Lapa
Alcázar
Zafra
Mourão
Villanueva del Fresno
Valle de Matamoros
Burguillos del Cerro
Alconera
Puebla de Sancho Pérez
Valle de Santa Ana
Jerez de los Caballeros
Medina de las Torres
Zahinos
Valverde de Burguillos
Calzadilla de los Barros
Granja
Barragem do Alqueva (em constr.)
Valuengo
Emb. de Valuengo
Oliva de la Frontera
La Bazana
Pto. Beltrana
Valencia del Mombuey
Valencia del Ventoso
Fuente de Cantos
Póvoa
Ribeira de Ardila
R. Ardila
Pto. de Tablado
Amareleja
Extremadura
Andalucía
Fregenal de la Sierra
Ermita de San Isidro
Santo Amador
Rib. da Murtega
Bodonal de la Sierra
Safara
Barrancos
Encinasola
Higuera la Real
R. Murtigas
Segura de León
Calera de León
Santo Aleixo da Restauração
Convento de Tomina
Cumbres de en Medio
Monesterio
La Contienda
Cumbres de San Bartolomé
Cabeza la Vaca
Tentudía
Sobral da Adiça
Parque Natural
Cumbres Mayores
Fuentes de León
Santa María de Tentudía
Aroche
Hinojales
Arroyomolinos de León
Cañaveral de León
Pto. de las Marismas
Rosal de la Frontera
El Puerto
La Corte
Sierra de Aracena
Cala
Vila Verde de Ficalho
Galaroza
Emb. de Aracena
y Picos de Aroche
Cortegana
Jabugo
Corteconcepción
Santa Olalla del Cala
Fuente del Oro
Fuenteheridos
Aracena
Gruta de las Maravillas
Alájar
Almonaster la Real
Erm. de Sta. Eulalia
Linares de la Sierra
Higuera de la Sierra
Zufre
Rivera de Huelva
Cabezo Gordo
Santa Bárbara de Casa
San Telmo
Emb. de Perejil Odiel
Valdelamusa
E90
NV
E803
630
432
435
433

301
302
Torremocha
Ibahernando
Puerto de Santa Cruz
Ermita de Santa Ana
Zorita
Logrosán
Ruinas ibéricas
102
Valdefuentes
Robledillo de Trujillo
Villamesías
Montánchez
994
Arroyomolinos de Montánchez
Almoharín
Abertura
Alcollarín
Campo Lugar
Escurial
Miajadas
91
Emb. de Sierra Brava
Castilblanco
Valdecaballeros
R. Salor
R. Tamuja
R. Cubilar
138
Herrera del Duque
430
Ermita de San Bartolomé
E 90
NV
Madrigalejo
Los Guadalperales
Casas de Don Pedro
Navalvillar de Pela
Orellana de la Sierra u Orellanita
Vivares
Rena
Ruecas
Santa Amalia
Castillo de la Encomienda
Valdivia
Orellana la Vieja
Talarrubias
Emb. de Orellana
Ermita de S. Bartolomé
Parque Natural
Cornalvo
Pedro Mérida
Medellín
Villanueva de la Serena
Don Benito
R. Guadiana
103
Puebla de Alcocer
Siruela
Sancti-Spíritus
Mérida
Valdetorres
La Coronada
La Haba
Ermita de los Remedios
Magacela
104
R. Zújar
Risco
Canal del Zújar
R. Guadámez
Villagonzalo
Guareña
Erm. de Ntra. Sra. de la Antigua
Campanario
Emb. del Zújar
La Serena
Alange
Manchita
Oliva de Mérida
Peñalsordo
Zarza-Capilla
Ermita de San José
Quintana de la Serena
Embalse del Golondrón
Palomas
Puebla de la Reina
Castuera
Belén
Malpartida de la Serena
Valle de la Serena
Benquerencia de la Serena
Tiros
961
Cabeza del Buey
Helechal
Higuera de la Serena
Zalamea de la Serena
Esparragosa de la Serena
Puerto Hurraco
420
Puebla del Prior
Hornachos
943
Retamal
Monterrubio de la Serena
Puerto de Castuera
(673)
Belalcázar
Campillo de Llerena
848
Santa Inés
Virgen de Fátima
Extremadura
Andalucía
Ermita del Cristo de las Injurias
Presa de los Molinos
Castaños y Trasierra
Hinojosa del Valle
Llera
Peraleda de Zaucejo
Hinojosa del Duque
Ermita de S. Bartolomé
R. Matachel
Valencia de las Torres
Blázquez
Valsequillo
202
Maguilla
La Granjuela
Higuera de Llerena
Villagarcia de la Torre
Granja de Torrehermosa
San Sebastián
Peñarroya-Pueblonuevo
432
Bienvenida
790
Berlanga
Castillo de Ricamonte
139
Llerena
Ahillones
Azuaga
La Cardenchosa
La Coronada
Fuente Obejuna
Emb. de Sierra Boyera
Bélmez
200
Valverde de Llerena
Calaveruela
733
Argallón
Navalcuervo
Trasierra
Reina
Ojuelos Altos
Villanueva del Rey
Monesterio
Fuente del Arco
R. Viar
Malcocinado
La Cardenchosa
R. Bembézar
Guadalcanal
Puebla del Maestre
Alanís
Cuevas de Santiago
Castillo de Névalo
Santa María de Nava la Zapatera u Hoya de Sta. María
Emb. de El Pintado
Parque Natural
San Nicolás del Puerto
Parque Natural de la Sierra de Hornachuelos
El Pintado
Rivera de Huesna
Tiesa
673
de la Sierra Norte de Sevilla
El Real de la Jara
Cazalla de la Sierra
Emb. de Bembézar
San Calixto
Castaño
647
La Ganchosa
Virgen del Robledo
Las Navas de la Concepción
Las Aljabaras
Ermita del Monte
Constantina
Emb. del Retortillo
Convento de los Ángeles
Emb. de la Breña
Almadén de la Plata
El Pedroso
450
Emb. de El Pintado (Derivación)
455
Hornachuelos

302
Emb. de García de Sola
Reserva Nac. de Cíjara
Parque Natural Cabañeros
Horcajo de los Montes
Helechosa
Castilblanco
Palacio-Castillo de Cíjara
Embalse de Cíjara
Villarta de los Montes
Alcoba
El Robledo
Fontanarejo
Arroba de los Montes
Valdecaballeros
Herrera del Duque
Castillo de Herrera
Fuenlabrada de los Montes
Extremadura
Castilla - La Mancha
Estrecho de las Hoces
Garganta de Retama
R. Bullaque
Porzuna
Pto. de Quejigares
Puebla de Don Rodrigo
R. Guadiana
Castillo de Miraflores
Castillo de Mortara
Garbayuela
Ermita de S. Bartolomé
Castilnegro
Valronquillo
Luciana
Piedrabuena
Ermita de San Blas
Tamurejo
Agudo
Pescadera
Saceruela
Castillo de Hojalora
Alcolea de Calatrava
Castillo de Herrera
Sancti-Spiritus
Siruela
Baterno
Risco
Garlitos
R. Esteras
Pto. del Rayo
Castillo de Calabazas
Abenójar
Los Pozuelos de Calatrava
Corral de Calatrava
Peñalsordo
Puerto Grande
Duranés
Cabezarados
R. Tirteafuera
Villamayor de Calatrava
Chillón
Gargantiel
Zarza-Capilla
Virgen del Castillo
Almadén
Fontanosas
Navacerrada
R. Guadalmez
Castillo Aznarón
Almadenejos
Ermita de la Santa Brígida
Almodóvar del Campo
Cabeza del Buey
Gualdálmez
Castillo Manzaire
Puertollano
Castillo de Vioque
Alamillo
Bienvenida
Brazatortas
Castilla - La Mancha
Andalucía
Castillo de Mochuelo
Cabezarrubias del Puerto
Hinojosas de Calatrava
Belalcázar
Santa Eufemia
San Benito
Ermita del Cristo de las Injurias
Ermita de San Juan
Emb. de Montoro
Pto. de Niefla
Guijo
El Viso
Hinojosa del Duque
Torrecampo
Rio Montoro
Villaralto
Dos Torres
R. Guadalmez
Ermita de San Isidro
Solana del Pino
Ermita de S. Bartolomé
Añora
Pedroche
Cuevas de Peña Escrita
Fuencaliente
Conquista
Villanueva del Duque
Alcaracejos
Pozoblanco
Villanueva de Córdoba
Azuel
Pto. Calatraveño
Parque Natural Sierra de Cardeña y Montoro
Cardeña
Bélmez
Espiel
Chimorra
Venta del Charco
Villanueva del Rey
R. Cuzna
Cortijo de Garci-Gómez
Emb. de Puente Nuevo
Villaharta
Obejo
Torrecilla
Castillo de Névalo
Villaviciosa de Córdoba
Emb. de Yeguas (en constr.)
El Vacar
R. Guadalbarbo
R. Guadiato
Santa Brígida
Ermita de la Fuensanta
R. Guadalquivir
Embalse de Guadalmellato
Emb. de S. Rafael Navallana (en constr.)
Ermita de la Virgen del Sol
Cerro Muriano
Adamuz
Montoro
Marmolejo
Villafranca de Córdoba
Algallarín
Santuario de N. Señ. de Linares
Pedro Abad
Villa del Río
Arjonilla
Arroyo Salado
Castaño
Las Aljabaras
Parque Natural de la Sierra de Hornachuelos
Santa María de Trassierra
Real Monasterio de San Jerónimo
Emb. de la Breña
Alcolea
El Carpio
Lopera
Castillo de las Siete Torres
Medina Azahara
Mezquita Catedral
Bujalance
Arjona
Villarrubia
El Higuerón
Cañete de las Torres
Porcuna
Almodóvar del Río
Majaneque
Córdoba
Ermita de Alharilla

D

E

F

G